保育の今を問う
児童家庭福祉

馬場茂樹
[監修]

和田光一/横倉 聡/田中利則
[編著]

ミネルヴァ書房

刊行にあたって

　子どもは決して一人では生きていけないし，成長していけない。

　子どもが生きていく上で支えとなっているのは，家庭であり，学校であり，地域社会である。

　現代社会においては，都市化にともなう核家族化，就業環境の変化，近隣関係の希薄化などを背景に，家庭や地域の子育て力が低下すると同時に，結婚や子育てに関する価値観の変化などから少子化が急速に進んでいる。この現象は，子供を産み育て，結婚しても子どもを持って働きたいと希望しているにもかかわらず，施策が不十分なために，結果として少子化が進んでしまっているものと考える。

　そのために，安心して結婚・子育てができる環境の整備として，2007（平成19）年に少子化対策会議の検討委員会において「子どもと家族を応援する日本」重点戦略を策定し，「就労」と「結婚・出産・子育て」の二者択一構造の解消が必要であることが示された。

　この重点戦略に沿って，働き方の見直しにかかわる取り組みを推進すると共に，子育てを支えるサービスの大幅な拡充を図るため，希望するすべての子どもを預けて働くことができるための保育サービスの基盤を確保するとともに，だれもがどこに住んでいても必要な子育て支援サービスが受けられるよう，社会全体で支えるための新しい枠組みの検討を行い「次世代育成支援のための新たな制度体系の設計に向けた基本的考え」を取りまとめた。これにより家庭的保育事業（保育ママ）や子育て支援事業などを児童福祉法に位置づけることや虐待を受けた子どもに対する家庭環境の支援や養護の充実，ワークライフバランスなどが取りまとめられた。

　また，少子化社会対策基本法においては，少子化に対処するための施策は，父母その他の保護者が子育てについての第一義的責任を有するとの認識の下に，国民の意識の変化，生活様式の多様化などに十分留意しつつ，男女共同参画社

会の形成とあいまって，家庭や子育てに夢を持ち，かつ，次世代の社会を担う子どもを安心して生み育てることができる環境を整備することを旨とすることを規定している。「子ども・子育てビジョン」においても，子どもが主人公（チルドレン・ファースト）の考え方，すなわち「子どもの最善の利益」中心として，4つのビジョンを示している。

これらの施策は，社会情勢がめまぐるしく変化している現状に対しての対応策である。この対応策の中心となるのが保育士であると言っても過言ではない。

そのために，2010（平成22）年に保育士資格取得に関する省令の改正があり，保育士資格の試験科目や教科科目の新設・名称変更，単位数の変更が示された（保育士試験については2013〔平成25〕年4月より実施）。

時代の変化に対応し，子どもの育ちを支え，子育て家庭を支える保育士の存在は，専門性が重視され，子どもの健全育成の担い手として期待されている。

本テキストは，現代社会の多様なサービスシステムや援助技術についても，保育の専門性が生かせるようなテキストとして編集に努めた。

現実の保育士の問題として，離職率の多さなどがある。この離職率の減少につなげるためには，もちろん経済的なことも重要であるが，保育士同士の連携や働きやすい環境の整備，研修の充実などがあげられる。また，生命（いのち）と育ちを支える保育士の重要性の再認識が必要である。

児童家庭福祉においては，将来の社会を担っていく，すべての子どものウェルビーイング（well-being）を理念として掲げた。子どもが人間として尊重され，自己実現に向かってよりよく生きることを実現するために子どもの生活基盤である家庭や，子どもを取り巻く地域社会をも視野に入れた内容としている。

また，現代社会と子どもたちが置かれている環境を分析することによって，問題点を明確にし，解決に向けた方策を示してある。その視点は「子どもの最善の利益」である。

本テキストの終りに，「演習課題」を設定し，グループ学習をしていただき，理解を深めるために有効活用していただきたい。

最後に，編者の怠慢で延び延びになっていた「保育士養成テキスト」の出版

　　　　　　　　　　　　　　　　　　　　　　　　　　　刊行にあたって

にあたり，各章を快く担当してくださった先生方に御礼申し上げ，同時にミネルヴァ書房の戸田隆之氏に深く感謝申し上げたい。

　2012年12月

　　　　　　　　　　　　　　　　　　　　　　　　　　　　　編　　者

保育の今を問う
児童家庭福祉

目　次

刊行にあたって

第1章　児童家庭福祉の理念と発展 …… 1

第1節　児童家庭福祉と少子化の進行 …… 1

（1）少子化の進行　*2*
　　合計特殊出生率の低下／少子化がわが国に与える影響
（2）出生率低下の社会的背景　*5*
　　働き方の見直しが進んでいないこと／子育て支援サービスが十分に
　　行きわたっていないこと
（3）地域社会の変化（過疎化・過密化）　*6*
（4）都市と過密化　*7*
（5）家族構造の変化　*7*
　　現代社会と核家族化
（6）子どもを取り巻く環境　*9*
　　子育ての負担感／女性の職場進出／情報化時代
（7）子どもにとっての家庭・地域・学校　*10*
　　子どもにとっての家庭／子どもにとっての地域／子どもにとっての
　　学校

第2節　子どもとは …… 12

（1）社会成熟度からの子ども　*13*
　　個人的自立／社会的自立
（2）子どもとしての年齢　*14*

第3節　子どもの権利条約と児童家庭福祉の理念 …… 14

（1）ウェルビーイング（well-being）と児童家庭福祉　*14*
（2）ウェルビーイング（well-being）　*15*
　　児童福祉法1947（昭和22）年における理念／児童憲章1951（昭和
　　26）年における理念
（3）自　立　*17*
（4）児童の権利に関する条約（子どもの権利条約）　*18*
（5）子どもの権利条約の4つの柱　*18*
（6）子どもの最善の利益　*19*
（7）川崎市における子どもに関する権利条約　*21*

第4節　児童家庭福祉の歩み …… 23

　　　　（1）古代・中世・近世の児童保護　*23*
　　　　　　古　代／中　世／近　世
　　　　（2）明治時代の以降の児童保護　*25*
　　　　　　明治・大正時代／昭和初期（戦前・戦後）／戦　後

　第5節　児童家庭福祉と親権 …………………………………………………… *32*
　　　　（1）保育の視点　*32*
　　　　（2）親権とは　*32*
　　　　（3）親権者　*33*
　　　　（4）親権の内容　*33*
　　　　（5）親権の制限と喪失　*34*
　　　　（6）児童虐待防止のための「親権制度」の見直し　*34*
　　　　　　児童福祉法の改正の視点／地域における次世代育成支援対策の推進
　　　　　　／職場における次世代育成支援対策の推進

第2章　児童の法体系 ……………………………………………………… *39*

　第1節　児童福祉法 ………………………………………………………………… *40*
　　　　（1）総　則　*40*
　　　　（2）定義（第4条～第7条）　*40*
　　　　（3）実施機関（第10条～第12条）　*41*
　　　　（4）児童委員（第16条～第18条）　*42*
　　　　（5）保育士（第18条）　*43*

　第2節　児童福祉6法 ……………………………………………………………… *43*
　　　　（1）児童扶養手当法　*43*
　　　　（2）特別児童扶養手当法等の支給に関する法律　*44*
　　　　（3）母子及び寡婦福祉法　*45*
　　　　（4）母子保健法　*47*
　　　　（5）児童手当法　*48*

　第3節　その他の関連法 …………………………………………………………… *49*
　　　　（1）児童虐待の防止等に関する法律　*50*
　　　　（2）少年法　*52*
　　　　（3）配偶者からの暴力の防止および被害者の保護に関する法律（DV法）　*52*
　　　　（4）障害者自立支援法　*55*

（5）障害者虐待防止法　　57

第3章　児童家庭福祉の実施体制 …………………………………………… 60

第1節　児童福祉を実施する行政機関 ……………………………………… 60
　　　（1）厚生労働省における児童家庭福祉　　61
　　　（2）地方自治体における児童家庭福祉　　63
　　　（3）市町村における児童家庭福祉　　64

第2節　児童福祉の審議機関 ………………………………………………… 65
　　　（1）児童福祉審議会の概要　　65
　　　（2）児童福祉審議会の役割　　66
　　　（3）児童福祉審議会のメンバー構成　　66
　　　（4）国（社会保障審議会）および地方レベル（児童福祉審議会）の関係　　67
　　　（5）調査審議内容　　67

第3節　児童相談所 …………………………………………………………… 67
　　　（1）児童相談所の概要　　68
　　　（2）業務内容　　68
　　　（3）相談の種別　　69
　　　（4）一時保護　　69
　　　（5）課　題　　71

第4節　福祉事務所 …………………………………………………………… 72
　　　（1）福祉事務所の概要　　73
　　　（2）福祉事務所の設置　　74
　　　（3）福祉事務所の職員配置と職務　　74
　　　（4）相談内容　　77
　　　（5）課　題　　77

第5節　保健所 ………………………………………………………………… 79
　　　（1）保健所の概要　　79
　　　（2）職　員　　80
　　　（3）保健所の活動内容　　81
　　　　　　対人保健（住民に対するもの）／対物保健（地域に関するもの）
　　　（4）課　題　　83

目　次

第7節　市町村保健センター ……………………………………………… 84
　　（1）市町村保健センターの概要　*84*
　　（2）職　員　*85*
　　（3）課　題　*85*

第8節　児童委員（民生委員）・主任児童員 …………………………… 86
　　（1）児童委員の役割　*86*
　　（2）主任児童委員の役割　*87*
　　（3）児童委員の選出と任期　*87*
　　（4）課　題　*88*

第9節　児童福祉施設 ……………………………………………………… 89
　　（1）養護系施設（第一種社会福祉事業）　*90*
　　　　乳児院／児童養護施設／母子生活支援施設／児童自立支援施設／情緒障害児短期治療施設
　　（2）障害系施設　*91*
　　　　障害児入所支援（第一種社会福祉事業）／障害児通所支援（第二種社会福祉事業）

第4章　児童福祉施策の課題 ……………………………………………… 98

第1節　少子化と子育て支援の施策 ……………………………………… 98
　　（1）少子化の現状　*98*
　　（2）都道府県別に見た少子化の状況　*100*
　　（3）諸外国の合計特殊出生率の推移　*100*
　　（4）出生率低下の社会的な背景　*101*
　　（5）これまでの少子化対策　*102*
　　　　エンゼルプラン／新エンゼルプラン／子ども・子育て応援プラン
　　（6）海外の少子化対策との差異　*103*
　　（7）これからの少子化対策の視点と「子ども・子育てビジョン」の策定　*106*
　　　　社会全体の意識改革／子どもと家族を大切にするという視点に立った施策の拡充／「子ども・子育てビジョン」の策定経緯／「子ども・子育てビジョン」の概要

第2節　子育て支援事業の法制化 ………………………………………… *109*
　　（1）「少子化社会対策基本法」および「少子化社会対策大綱」　*110*
　　（2）次世代育成支援対策推進法　*114*

（3）新しい少子化対策の取り組み　　*114*
　　　　　「子どもと家族を応援する日本」重点戦略

　第3節　健全育成 …………………………………………………………… *116*
　　　（1）児童健全育成の考え方と活動領域　　*116*
　　　　　児童健全育成とは／児童健全育成施策の目標／児童健全育成の活動領域
　　　（2）児童健全育成の施策　　*118*
　　　　　児童文化財の普及等／児童文化財の推薦／健全育成のための施設／児童健全育成のためのさまざまな取り組み

　第4節　母子保健 …………………………………………………………… *126*
　　　（1）母子保健の目的　　*126*
　　　（2）母子保健の理念と措置　　*126*
　　　（3）母子保健対策について　　*127*
　　　　　「健やか親子21」について／妊産婦検診に関する支援の充実／「食育」等の推進について

　第5節　保育所 ……………………………………………………………… *130*
　　　（1）保育の目的　　*130*
　　　（2）保育の基本的な仕組み　　*132*
　　　　　保育所における保育サービス／就学前児童の保育と教育／保育所以外の保育サービス／保育所の利用方法／保育所の運営・管理と保育内容／保育所の利用費用／保育士資格について
　　　（3）多様化する保育施策　　*138*
　　　　　乳児保育／障害児保育／病児・病後児保育事業／延長保育／一時預かり保育事業／休日保育／夜間保育／地域子育て支援センター事業／家庭的保育事業
　　　（4）認定こども園　　*142*
　　　（5）保育所の現状と動向　　*143*
　　　　　保育所の現状と課題／保育所をめぐる動向

第5章　児童虐待防止と障害児保育 …………………………………………… *146*
　第1節　児童虐待の防止 …………………………………………………… *146*
　　　（1）児童虐待の増加　　*147*
　　　（2）児童虐待防止法　　*149*
　　　（3）児童虐待の定義と特徴　　*150*

（4）身体的虐待　*151*
　　　（5）性的虐待　*152*
　　　（6）ネグレクト　*153*
　　　（7）心理的虐待　*155*
　　　（8）経済的虐待　*156*
　　　（9）児童虐待とDV　*156*
　　　（10）虐待を受けた子どもの特徴　*157*
　　　（11）通告義務／通告先　*158*
　　　（12）チームとしての通告　*159*
　　　（13）視点の持ち方　*160*
　　　（14）関係機関の種類　*161*
　　　（15）専門里親　*163*
　　　（16）虐待と「障害」　*164*

　第2節　障害児保育　………………………………………………………… *165*
　　　（1）発達障害者支援法　*168*
　　　（2）一貫した支援　*169*
　　　（3）発達障害児に対する支援　*170*
　　　（4）5歳児健診　*171*

第6章　少年非行とひとり親家庭・情緒障害児 ……………… *174*
　第1節　少年非行 ………………………………………………………………… *174*
　　　（1）少年法における少年非行　*174*
　　　（2）児童福祉法における少年非行　*175*
　　　（3）児童自立支援施設などへの社会的評価　*175*
　　　（4）少年非行における福祉的対応　*176*
　　　（5）非行とは　*176*
　　　（6）非行の原因　*177*
　　　（7）司法による手続き　*178*
　　　（8）児童福祉法による手続き　*180*
　　　（9）児童自立支援施設　*181*
　　　　　児童自立支援施設の設置／児童自立支援施設の歴史

　　　　（10）非行防止　*182*

　第2節　ひとり親家庭 ·· *184*

　　　　（1）ひとり親家庭とは　*184*
　　　　（2）ひとり親家庭形成の問題と課題　*185*
　　　　（3）ドメスティックバイオレンス　*185*
　　　　　　　DVの現状／DVへの対応の課題
　　　　（4）ひとり親家庭の経済問題　*186*
　　　　（5）ひとり親家庭への支援　*187*
　　　　　　　相談支援／就業支援／経済的支援
　　　　（6）住居支援（福祉施設等）　*190*
　　　　　　　母子生活支援施設／婦人（女性）相談所・婦人保護施設／助産施設
　　　　　　　／母子福祉センター／ひとり親家庭休養ホーム
　　　　（7）優遇制度（自治体により異なる）　*191*
　　　　（8）子育て支援　*192*
　　　　（9）ひとり親家庭への子育て支援のあり方について　*192*

　第3節　情緒障害児 ·· *193*

　　　　（1）情緒障害児とは　*194*
　　　　（2）障害規定の課題　*194*
　　　　（3）発達障害　*195*
　　　　　　　注意欠陥多動性障害（ADHD）／広汎性発達障害（自閉症）／高
　　　　　　　機能広汎性発達障害（アスペルガー症候群）／学習障害（LD）
　　　　（4）情緒障害児短期治療施設（児童心理治療施設）　*195*
　　　　（5）障害児保育　*196*
　　　　（6）障害支援の基本的考え方　*197*
　　　　（7）子ども支援と障害　*199*

第7章　児童家庭福祉の専門職 ·· *203*

　第1節　児童家庭福祉行政の実施機関における専門職 ···························· *203*

　　　　（1）児童相談所の専門職　*204*
　　　　　　　所　長／児童福祉司／児童心理司
　　　　（2）福祉事務所の専門職　*206*
　　　　　　　児童家庭福祉の業務に従事する社会福祉主事／児童家庭福祉に関す
　　　　　　　る相談指導業務に従事する家庭相談員

（3）児童家庭支援センター　*207*
　　（4）社会福祉士　*208*
第2節　児童福祉施設に配置される専門職 ……………………………………… *210*
　　（1）児童福祉施設配置職員の状況　*210*
　　（2）児童福祉施設職員の資格と職務　*214*
　　　　児童指導員／保育士／母子支援員／家庭支援専門相談員／心理療法
　　　　担当職員および心理療法指導担当職員／児童自立支援専門員／児童
　　　　生活支援員／児童の遊びを指導する者
　　（3）児童福祉施設長の資格と研修　*221*
　　（4）その他の児童福祉に関する専門職　*223*
　　　　児童委員・主任児童委員／里　親／家庭的保育者／スクールカウン
　　　　セラー／人権擁護委員／保護司／家庭裁判所調査官／保健師／栄養
　　　　士／理学療法士・作業療法士／地域子育て支援を含む児童家庭福祉
　　　　領域の民間団体等の支援者

おわりに──監修のことばにかえて　*235*
索　　引　*237*

第1章
児童家庭福祉の理念と発展

　現代社会福祉の背景には，社会状況の変化，少子高齢社会の進行などの影響により，子どもを取り巻く環境が大きな変化の中にある。子どもが人間として尊重され，自己実現に向かって，よりよく生きるウェルビーイングを実現するために，子どもの生活基盤である家庭や，子どもを取り巻く地域社会をも視野に入れた施策を実施していこうとするのが児童家庭福祉である。

　現代社会と子どもたちが置かれた環境を分析することによって，子どもが生まれながらに有している成長，発達の可能性を最大限に発揮できるよう「子どもの最善の利益」を追求し，支援していく体制を整備することが大切であるとの観点から，本章では，少子社会の背景を分析し，基本理念，目的，権利保障，歴史，親権などを中心として児童家庭福祉の概要について述べる。

　キーワード：少子化，Well-being，歴史，権利条約，親権

第1節　児童家庭福祉と少子化の進行

　近年，核家族化の進行など，子育てに対しての不安や負担感の高まり，家庭の教育力の低下や身近な地域において子育てを支える意識が弱まり，子育て家庭が孤立するなど子どもに与える影響が憂慮されている。その結果として虐待などの問題が表出している。また，高度情報社会といわれている現代において，利便性の高いメディアによって，日常生活の中で情報が氾濫してきている。子どもに与える影響や新しいメディアを使用した犯罪に巻き込まれることが懸念されている。子どもの健全育成に重要な環境が危機にさらされているといって

も過言ではない。
　これらの生活環境を取り巻く現状を分析し、児童家庭福祉の果たす役割を見ていくことにする。

(1) 少子化の進行
　これまで「少子化対策」としてさまざまな計画の策定や対策が講じられてきたが、目に見える成果として、生活の中では実感できない現状にある。これまで進められてきた少子化対策は、真に子ども、親などのニーズや将来への不安や希望に応える政策を構築するためには、現状分析を行い、真のニーズを把握することである。
　わが国の年間の出生率おいては1947（昭和22）年から1949年（昭和24年）の第1次ベビーブーム期には270万人、第2次ベビーブーム期の1971（昭和49）年、から1947（昭49）年においては、200万人であったが、1975（昭和50）年以降減少続けている。

1) 合計特殊出生率の低下
　合計特殊出生率を見ると、第1次ベビーブーム期には4.3％を超えていたが1950年（昭和25）年以降急激に低下した。その後、第2次ベビーブーム期を含め、ほぼ2.1％台で推移していたが、1975（昭和50）年に2.0％を下回ってから低下傾向となった。
　少子化の問題は、丙午で出生が減少した1966（昭和41）年の水準1989（平成元）年の出生率（1.57％）が下回った、いわゆる「1.57」ショックが景気となって広く知られるようになった。
　2005年（平成17年）には1.26％と過去最低を更新するなど、少子化の進行が続いていたが、2010年（平成22年）は前年と同様1.39％と横ばいになっているなど、依然として低い水準にあり、長期的な少子化の傾向が継続している（図1－1）。

┌─ 用語解説 ─
　　　　　　　　合計特殊出生率
　ある年次について再生産年齢（15歳～49歳まで）の女性の年齢別出生率合計した

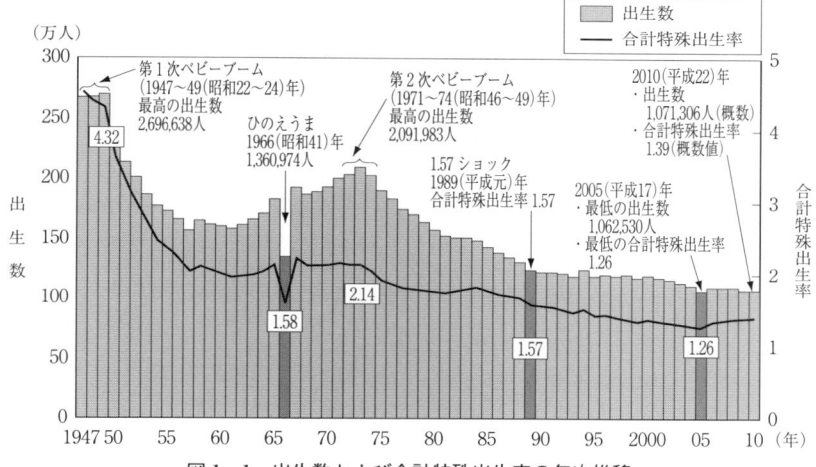

図1-1 出生数および合計特殊出生率の年次推移

注：1947～1972年は沖縄県を含まない。
　　2010年の出生数及び合計特殊出生率は概数である。
出所：厚生労働省「人口動態統計」。

 もので，ひとりの女性が年齢別出勝率で一生に間に生むと仮定した子どもの数を示す値である。総人口が増えも減りもしない均衡状況の状態は2.08以上といわれている。これを人口置換水準という。

　総人口も減少し，自然増加はマイナスとなり，わが国の人口は減少局面に入りつつあるとみられている。

　近年進行している少子化の要因を「少子化社会対策の在り方に関する有識者アンケート調査」（2006年，内閣府）から見てみる。結果の概要としては，「女性の経済力の向上，結婚に対する世間のこだわりの減少等による個人の結婚観の変化」が最も多くなっており（60.2％），次いで「働く者の需要に適合した育児サービスが不足していること」（46.9％），「家庭よりも仕事優先の雇用慣行・企業風土」（38.3％）の順となっている（図1-2）。

2）少子化がわが国に与える影響

　少子化がわが国に与える影響についての調査（内閣府「少子化対策に関する特別世論調査」2004〔平成16〕年11月）においての特別世論調査の調査項目は，①低

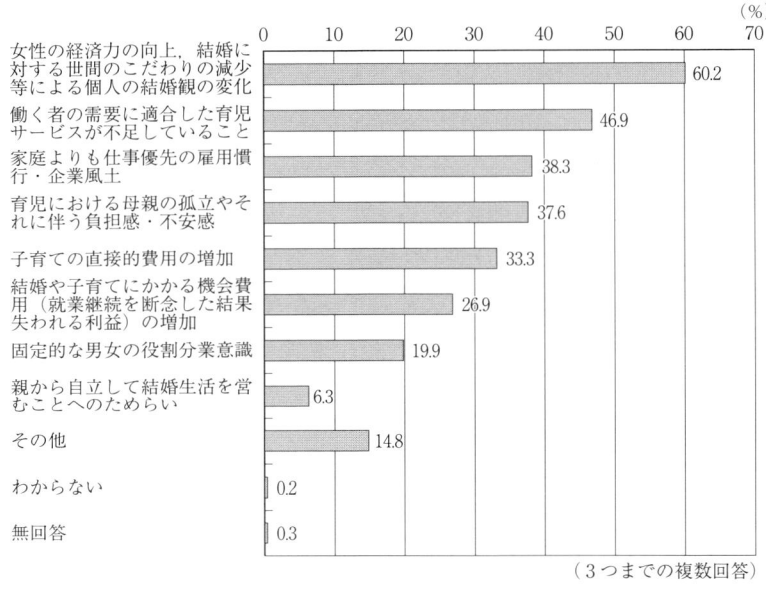

図 1-2 少子化の要因

出所：内閣府調査より。

い出生率が続くことでわが国の将来に危機感を感じるか，②欧米諸国の出生率について，③少子化が与える影響，④少子化対策で特に期待する政策，⑤地域社会における住民同士の助け合いとして望ましい活動などである。

調査対象は全国の20歳以上の者3,000人，調査時期は2004（平成16）年9月である。

以下は，③少子化が与える影響の概要（複数回答）についての解答である（表1-1）。

少子高齢化の進展にともなう現役世代の負担の増大と社会保障，経済的活力，子育てに関する支援や負担などが問題点として示されている。

また，近年の出生率の減少の原因としては，乳幼児死亡率が低下したこともあり，少ない子どもを大切に育てたいという一般的な風潮（多産多死から少産少死へ）や，高学歴化や女性の職場進出などにより，晩婚・晩産化が進み，出産

表1-1　少子化がわが国に与える影響についての調査

・年金や医療費の負担など，社会保障に与える影響について	71.9%
・労働力人口の減少など，経済活力に与える影響について	50.6%
・子育てに対する負担や社会支援のあり方など，家庭生活に与える影響について	33.1%
・過疎化の一層の進行など，社会の活力に与える影響について	26.8%
・切磋琢磨し合う同年代の子どもの減少など，子どもの健全な成長に与える影響について	22.2%
・学校の減少など，身近な日常生活に与える影響について	21.0%

出所：内閣府「少子化対策に関する特別世論調査」2004年11月。

する期間が短くなっていることが挙げられる。

そのために，1995（平成7）年からはエンゼルプラン，2000（平成12）年からは新エンゼルプラン，子ども・子育て応援プラン，子ども・子育てビジョンなどにもとづき，各種サービスの充実を中心として，子どもを産み育てようとする者が生み育てやすいようにするための環境整備に力点を置くことによって対策が実施されてきた。しかしながら，これらの政策的な努力も急速な社会の変化に追いついていかず出生率の低下は進んでいる。

（2）出生率低下の社会的背景

出生率低下の社会的背景をまとめてみると，次のような課題が見えてくる。

1）働き方の見直しが進んでいないこと

わが国では，子育て期にある30歳代の男性4人に1人が月60時間以上残業している状況にあるなど，長時間労働の傾向，職場優先の風潮が強く，育児期に子どもにかかわる時間を十分持つことができない職場のあり方，働き方となっている。このような働き方が影響して，わが国の男性が家事や育児に費やす時間はほかの先進国に比べもっとも低い。子育ての負担は女性の方に集中している。

さらに，職場の雰囲気から育児休業を取得できないと答える女性が多いなど，育児休業制度など子育てと就業の両立をめざした諸制度が十分に機能していない状況が生じている。

2）子育て支援サービスが十分に行きわたっていないこと

エンゼルプランや「待機児ゼロ作戦」によって保育所の定員は増加したもの

の，依然として，都市部を中心に保育所待機児童が多数存在するなど保育サービスがどこでも十分に行きわたっている状況とはなっていない。それに加え，地域共同体の機能が失われる中で，一時保育や地域子育て支援センターなど地域の子育てを支えるサービスの普及が住民ニーズに追いつかず母親が孤立した子育てを余儀なくされている。

3) 若者が社会的に自立することがむずかしい状況となっていること

若年者の雇用環境は15～24歳の失業率が10%を超えるなど激しい状況が続いており，フリーターやニートと呼ばれる若者の数も高い水準にある。雇用の不安定な若者は経済的にも，子どもを育てていくことがむずかしいこと。

また，少子化は，社会全体に計り知れない大きな影響を与えるが，特に経済面を中心にマイナスの影響が強いと言われている。このようなマイナスの影響をできるだけ少なくするために，人口成長を前提として組み立てられてきたこれまでの社会のさまざまな枠組みを新たな時代に適合したものへと早急に組み換えることが求められている。

(3) 地域社会の変化（過疎化・過密化）

わが国は，戦後の経済成長において国民総生産や国民所得は飛躍的な成長を遂げてきた。その規模の大きさは今でも世界で上位にランクされている。

その反面，公害などの環境破壊と共に，伝統的な共同体的コミュニティの機能の低下をもたらした。

工業化，都市化の進展につれ，人口が都市部に集中し，過密化現象を引き起こし，地方においては，過疎化の問題を引き起こして社会的な課題が表面化してきている。

過疎地域においては，若者が都市部へ流出し，高齢者だけの家庭が多くなり生活基盤の見直しを迫られている。農村部での子育ては，経済的に豊かでなくても豊富な自然と人情の中で行われることが多く，都市部に比べての負担は比較的少ないと考えられている。

しかし，現実には，交通網の発達やマスコミなどの情報通信の発達により，

都市中心的な価値観やライフスタイル，娯楽や文化が農村部でも浸透してきている。

（4）都市と過密化

一方で，都市はますます過密化され，子どもの遊び場，公園なども少なくなってきている。自然環境が失われ，遊び場も少ないことから，子育てや子どもの遊びも室内で行われるようになり，子どもは電子ゲームを中心とした遊びになっている。

また，ウサギ小屋などと言われたように住宅事情にも問題がある。住宅の狭さ，高層化，過密化が増加してきている。このような都市部における住宅事情などの悪化は，そこに住む人々の生活環境に影響を与えている。

特に高層住宅地域や郊外住宅地域では，マイホーム主義や個人主義的生活様式の志向が強く，近隣同士の結びつきや共同体意識がきわめて希薄化しており，人びとの孤立化をもたらしている。そのため子育てに関して地域住民が協力しあうことも少なく，子ども同士が集団的遊びをするということも少なくなってきている。コミュニティの機能も弱くなってきており，連帯性の低下が目立っている。

（5）家族構造の変化

1）現代社会と核家族化

わが国にとって伝統的であった「家」制度は，戦後の民法改正など，時代と共に廃止になり，その後の経済成長や都市化などにともなって，夫婦とその子どもからなる「核家族」が台頭してきた。以前の家族・親族が果たしてきた役割や機能を社会的に整備することが遅れたり，核家族化が急激に進行してきたために，各種の家族問題に発展してきている。

特に，核家族化と共に家族構成員の少人数化，きょうだい数の減少となる少子化傾向は依然として続いている。

わが国の家族の平均数は，今や2人を割っており，1人っ子も増えている。

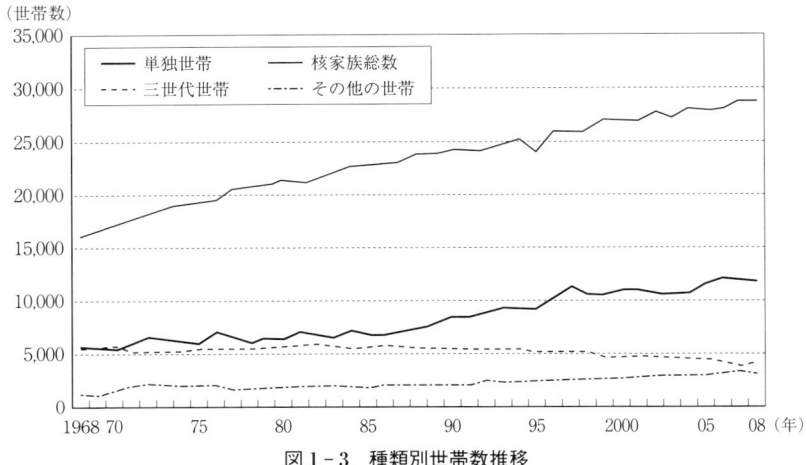

図1-3 種類別世帯数推移

出所:『厚生労働白書』種類別世帯数推移(千世帯,1968〔昭和43〕〜2008〔平成20〕年)。

　このような少子化は,子どもの他人に対する思いやり,社会的な協力などを弱くさせていると言われており,自己中心的な性格や情緒的に未成熟な子どもに成長する可能性もあり,大人の配慮が必要となっている。

　きょうだい数の減少は,母子関係,父子関係などの親子関係にも影響を与え,子どもに対する母親の過保護,過干渉,過剰期待などをもたらしやすい。

　また,父親の役割の希薄化や権威の喪失にもつながり,子どもの性格形成の遅れ,家庭内暴力,登校拒否などの一因になっているとも言われている。

　世帯類型別にみると,この40年の間に三世代家族の比率は10ポイント以上減少し,その分単独世帯や核家族世帯が増加している状況が把握できる。構成比で見ると核家族世帯よりも単独世帯の増加率が大きく,未婚の人が増加している様子が容易に想像できる。

　世帯数の年次推移でみると核家族世帯が2002(平成14)年においては60.2%にもなっている。単独世帯,単親世帯および高齢者世帯が増加しつつあるが,今後もこの傾向が続くと予測される(図1-3)。

　総体的に,家庭機能は弱体化の傾向にあるが,今後は生活様式の個別化,多様化などによって,家庭ごとによる相違が促進されるだろう。

（6）子どもを取り巻く環境

　前述したように，子どもの取り巻く環境は，社会情勢や経済状況の変化。少子高齢化の進行などの影響により，大きな変化の中にある。

　その背景には，性別役割分業を前提とした職場優先の企業風土，核家族化や都市化の進行により，仕事と子育ての両立における負担感が増大していることや，子育てそのものの負担感も増大していることなどが挙げられる。

1）子育ての負担感

　近年，核家族化の進行などを背景として，子育てに対しての不安や負担感の高まり，家庭の教育力の低下や身近な地域において子育てを支える意識が弱まり，子育て過程が孤立するなど，子どもと家庭，その周囲の身近な地域をめぐる関係が子どもに与える影響が憂慮されている。また，障害を持つ子どもの親や子ども自身に対するきめ細かな配慮が求められている。

2）女性の職場進出

　女性の就労の増加は，さらに家族の機能の低下を招いていると言われている。女性の労働力人口比率を年齢別に見ると，30歳前半を底とするM字型をしていることが特徴的であり，結婚，出産，子育てが就業の継続に影響を与えている。しかし，年次推移でみると除々にではあるが全体的に労働力人口比率が上昇すると共にM字カーブもなめらかになっている。このことは，結婚，出産後も働き続ける女性が増加していることの表れでもある。

　女性の社会進出が進む中でも，過程での家事や子育ての役割は，依然として女性が担っており，**ワーク・ライフバランス憲章**など女性が働きやすい環境づくりが示されてはいるが，男女が共に子育てをしていく意識づくりや社会的支援の仕組みがかならずしも整備されているとはいえない。

用語解説

仕事と生活の調和（ワーク・ライフバランス）憲章

　だれもがやりがいや充実感を感じながら働き，仕事上の責任を果たす一方で，子育て・介護の時間や，家庭，地域，自己啓発等にかかる個人の時間を持てる健康で豊かな生活ができるよう社会全体で仕事と生活の双方の調和の実現を図るため，官

民一体となって実現に向けて取り組むことを盛り込んだ憲章（2007年12月）。

3）情報化時代

インターネットなどの新しいメディアによって，社会の情報化が進み，情報が氾濫しており，非行や犯罪を誘発しそうな情報を含め，子どもに与える影響や携帯電話のメールなどの新しいメディアを利用した犯罪に子どもが巻き込まれることなどが懸念されている。援助交際，薬物乱用，凶悪犯罪の増加など，子どもがかかわる事件が報道等で大きく取り上げられることなどをきっかけとして，子育てや健全育成に社会的関心が集まっている。

（7）子どもにとっての家庭・地域・学校

子どもにとっての「居場所」として家庭，学校（保育所も含む），地域がある。それらが三位一体となって健全育成が育まれる。その問題点を述べる。

1）子どもにとっての家庭

家庭では，父親が会社で遅くまで仕事，母親は，仕事や家事で忙しく，一方では，子どもは学校や学習塾などの習い事で忙しいなど，家庭での会話や交流する時間が減少しており，家庭内での父親や子どもの担う役割がなくなってきている家庭が多く見受けられる。これらが，父親の子育てへの参加意識や子どもが自ら進んで物事に取り組む意識の低下をもたらす一因となっている。また，「過保護」「過干渉」といった対応も見受けられ，子どもの主体性や自主性が摘まれてしまっている。

2）子どもにとっての地域

親の世代についても，地縁関係や家庭における人間関係が希薄化していく中で育ったことなどが考えられるため，地域の大人たちも子どもやその周囲の身近な地域とどのようにかかわってよいのかわからなくなっている傾向があると思われる。

最近の子育て家庭では，子育てについて確固たる方針や自信を持てないで，悩んでいる親が増加している傾向があり，家庭の教育力の低下を招いている。

このため，育児に関するノウハウがわからなかったり，子育てについて気軽に相談できる相手がいなかったり，父親の子育てへの協力が十分に得られなかったりなどさまざまな問題が表出している。

また，子育て中の母親が社会的に孤立し，育児ノイローゼが生じ，児童虐待につながるケースもみられる。

3）子どもにとっての学校

学校においては，盛りだくさんのカリキュラムをこなしていくため，忙しく，教師と子どものコミュニケーションを深める時間が少なくなり，そのかかわり方も希薄となっているなど学校教育がゆとりのないものとなってきている。

また，詰め込み教育などによって，子どもを「できる子」「できない子」に振り分ける傾向があり，競争と選別で子どもを管理していることで，いじめ，不登校などの問題を誘発している。子どもは，日常生活の中にゆとりがなく，子どもが他人の立場になって考えることや言葉や行動できちっと相手に伝える力を身につけることなど，自分の価値や役割を見出していくといった場や時間が十分に得にくい状況にある

このような社会や子どもにとって身近な環境の変化は，子どもに対してさまざまな影響を与えている。子ども自身の発育が早まっているのに対し，子ども自身の社会性の発達の遅れなどが指摘されていたり，自己決定や自己責任の機会，主体的な社会参加や体験などの機会が不足しており，そのため自己中心的になったり，短絡的になったりしやすい傾向がある。

また，仲間との交流する機会も少なく，十分なコミュニケーションやスキンシップが図りにくいため，大人になってからも良好な人間関係をつくり出すことが難しくなってきている。これらを総合して，子どもをめぐる現代社会の諸問題と健全育成について，年齢段階，施策，問題点，要因，対応方向にまとめてみれば図1-4のようになる。

以上のような現代社会の中で，子どもたちを取り巻く環境は，一変し，生活課題も大きく変化してきていることが理解できたと思う。このような問題，すなわち少子高齢社会が要請する現実的な施策課題を対処療法的な施策では限界

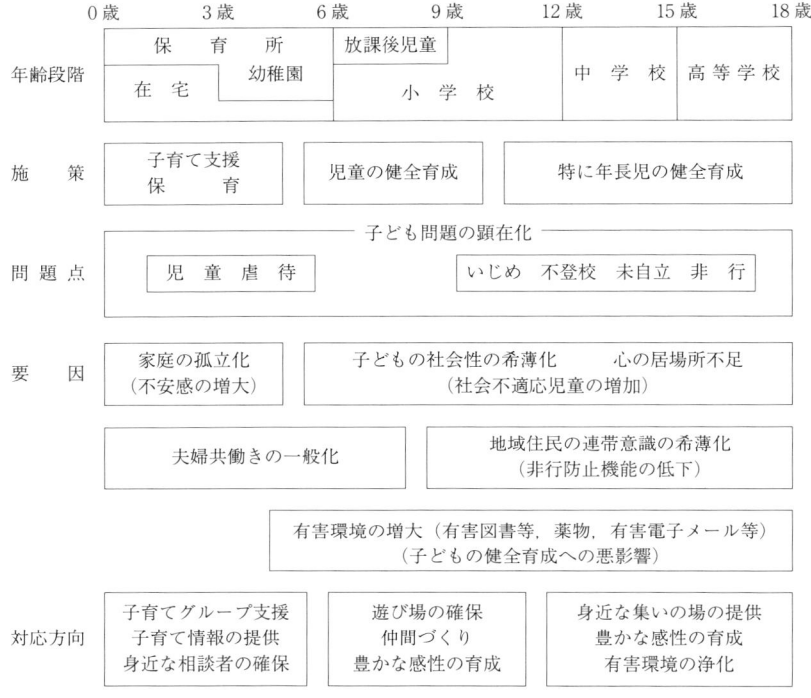

図1-4 児童をめぐる諸問題と児童の健全育成
出所：馬場茂樹・和田光一編『現代社会福祉のすすめ』学文社，2006年，135頁。

がある。そこには，近年の社会福祉理念としてのノーマライゼーションを基本に，「子どもの権利に関する条約」など，新しい子ども観が反映されて実践されていくことが重要であるといえる。

第2節　子どもとは

　子どもの定義においては，「子どもとは何か」が問われることが多い。一般的には，年齢を基準とした考え方と社会成熟度のようなものを基準とした考え方がある。

　また，「子ども」と「子供」の違いは，子供の「供」は主従関係の「従」を

意味しており，主たる存在に従属するという意味でもある。「供」ということを避けた「子ども」という表記は，子どもを独立した人格の持ち主として尊重することを積極的に表明するものとして，「児童の権利宣言」（1959〔昭和34〕年）以降使用されるようになった。

（1）社会成熟度からの子ども

社会成熟度からは，子どもという時期は，成熟性，分別性，自立性という点で十分でないという発達特徴を持っていると言われている。つまり大人から見ると弱者であり，劣者であるといえる。

子どもという意味の本質的意味は，自立（自律）しているかどうかでの判断であり，自助的自立が一定程度できあがっているのが大人とすれば，子どもは自立発展途上の人間ということになる。大人と子どもを区別する必要性や基準は，個人的自立と社会的自立がなされているかどうかである。子どもの段階とそれ以降の段階とを区分すると以下のようになる(1)。

1）個人的自立
①身体的成熟（発育や体力のピーク，またはそれに近づく性的成熟）。
②心理的成熟（思慮，分別，判断，適応がほぼ自力で可能）。
2）社会的自立
①社会的認知（通過儀礼）。
②社会的制約（責任，義務，扶養等）。

子どもにとってより望ましい生活や発達を保障する立場から子どもと大人を区分する重要性や必要性が指摘され，児童福祉や青少年保護育成の制度が整ってきたのである。

児童家庭福祉では，一般的に子どもを次のような存在としている。
①1つの独立した人格であること。
②受動的権利（保護される権利）と同時に能動的権利（個性を発揮する権利）も有すること。
③成長する存在であり，それを家族や社会から適切に保障されるべきこと。

としている。

　子ども児童福祉では，子どもは，生存，発達，自立しようとする成長のプロセスとして捉え，子どもの権利と主体性を支援し，それらを含め子どもの生活基盤の支援を中心として，共に育てていく考えにもとづいている。

（2）子どもとしての年齢
　わが国において，子どもを18歳未満とする場合と，20歳未満とする考え方がある。「児童（子ども）」の定義は，法・制度の目的により，違いがあるが，基本的には，児童福祉法第4条に規定する通り，「満18歳に満たない者」である。
　児童家庭福祉の分野は，児童福祉法にもとづく施策・実施体制が中心となるため，児童福祉法の規定に従い18歳未満を児童（子ども）としている。また，児童福祉法で児童を乳児（0歳）・幼児（1歳から小学校入学のまで）・少年（小学校入学から18歳に達するまで）に区分している。
　子どもの権利条約では，「子どもとは，18歳未満のすべての者をいう。ただし，子どもに適用される法律の下でより早く成年に達する場合は，この限りでない」（第1条）とされており，川崎市の条例などでは，「市民をはじめとする市に関係のある18歳未満の者その他これらの者と等しく権利を認めることが適当と認められる者」を子どもと定義している。

第3節　子どもの権利条約と児童家庭福祉の理念

（1）ウェルビーイング（well-being）と児童家庭福祉
　社会福祉（social welfare）は，一般的に「共同体に集う人びとが，自立できるようお互い助け合い，連帯して幸せな生活を追求していくことである。そのための条件整備していくために施策，援助技術，などのサービス体系である」と言われている。
　社会福祉に関する英語として「ソーシャルウェルフェア」（social welfare）と訳される。

Social は社会，共同体，welfare は well と fare の合成語である。Well は満足なことを表す言葉であり，fare は飲食物や状態，運命を意味している。結果として幸福とか，繁栄などを意味している。

　したがって，social welfare は「社会の人々の健康で幸せな日常生活をもたらすあるいは実現するための社会施策・支援活動」と規定することができる。

　最近では，social welfare は貧困者等の生活弱者に対する救済・保護的福祉と言われる事後的な福祉サービスであると考えられている。

　より積極的に個々の自己実現を思考する概念であり，予防も含めた増進的福祉，すなわち健康性，充足性や幸福性を包括する概念として「ウェルビーイング（well-being）」という表現が用いられるようになった。

（2）ウェルビーイング（well-being）

　ウェルビーイングとは，「個人の権利や自己実現が保障され，身体的，精神的，社会的に良好な状態にあること」すなわち，利用者の主体性や生活の全体性を強調し，積極的に支援を展開することである。展開とは，子どもの育つ力を信じ，それを支援していくことや子どもの最善の利益を図るための予防を含めたプログラムを重視するというサービスのあり方にかかわる姿勢である。

　福祉というものが，「最低限度」ではなく，「健康で文化的な」生活に重きを置くことである。人間らしい生活をより積極的に実現していくために「ウェルフェア（事後処理的な対応）」から「ウェルビーイング（予防，人権の尊重，自己実現）へ」という考え方である。

　これまで社会福祉に対する用語として使われていたウェルフェアは，経済的貧困を中心に対処するサービスだけのように受け止められがちであったが，もっと積極的にすべての国民の安寧（幸福・健康）としての自己実現や人権を社会的に保障するための所得保障や生活保障のサービスはもとより，予防・啓発などを含めた人間的に豊かな生活を送れるように支援する福祉観がウェルビーイングである[2]。

　子ども福祉においてのこの考え方は，子どもの育つ力を信じてそれを支援し

ていくことである。すなわち，子どもの最善の利益を考えると共に意見表明権などの利用者の意思を尊重した問題の把握やサービスの枠組みが必要となり，主体的意思を尊重した福祉観が強く意識されている。

児童福祉は，児童の保護を中心とした福祉サービス体系であったが，今日では問題の発生原因を個人に求めるのではなく社会的な問題として捉え，対応についても社会的な枠組みの中で捉える福祉サービスの普遍化，あるいは一般化と言われるようになったことで，子ども・家庭・地域を含めた子どもの健全育成のシステムを児童家庭福祉と呼んでいる。ウェルビーイングの考え方を具体化するために，1989（平成元）年に「児童の権利に関する条約」が国連で採択され，1994（平成6）年の「家族から始まる小さなデモクラシー」をスローガンとした国際家族年において，家族の中で一人ひとりの人権が尊重されなければならないという理念のもとに，子どもを健やかに生み育てる環境づくりを重視した展開が求められている。つまり，子どもの成長と福祉にとっては家庭が重要な意味を持つこと，そのためには子どもと家庭を一体として支援する必要があるとの考えで児童（子ども）家庭福祉と言われるようになった。

ウェルビーイングの考え方を基本に，わが国の児童家庭福祉の理念を見ていくこととする。

1) 児童福祉法　1947（昭和22）年における理念

わが国の児童家庭福祉の理念を明文化したものとして，児童福祉法（1947〔昭和22〕年）で，児童の健全育成と権利保障，国，地方公共団体の責務などを述べている。

第1条　すべて国民は，児童が心身共に健やかに生まれ，且つ，育成されるよう努めなければならない。

2　すべて児童は，ひとしくその生活を保障され，愛護されなければならない。

第2条　国及び地方公共団体は，児童の保護者と共に，児童を心身共に健やかに育成する責任を負う。

第3条　前2条に規定するところは，児童の福祉を保障するための原理であ

り，この原理は，すべての児童に関する法令の施行にあたって，常に尊重しなければならない。

児童福祉法では，子どもの養育の基本は，保護者（父母）を養育責任とし，さらに国，地方公共団体の公的責任のもとに進められると明記してある。公的責任については，児童福祉法を中心とする法制度によって保障されている。

2）児童憲章　1951（昭和26）年における理念

1951（昭和26）年5月5日のこどもの日に児童憲章制定会議が制定・宣言したわが国における児童宣言である。3か条の総則と本文12か条から成り，今日でも，わが国の児童家庭福祉の理念の1つとしている。なお，5月5日のこどもの日は児童憲章からきている。

児童憲章においても，その前文では，

児童は，人として尊ばれる。

児童は，社会の一員としておもんぜられる。

児童は，良い環境の中で育てられる。

と簡潔に子どもの見方を明らかにしている。

これらの理念は，受動的な表現で子どもが保護され，育成される存在であり，子どもが社会から保護される権利を有することが明確に述べられているものであり，大人や社会は子どもを守り，育む義務を有するというものである。

（3）自　立

自立は，ウェルビーイングを実現するための人間のありようである。従来の自立は，経済的自立を中心として，身体的自立，精神的自立，社会的自立などを検討してきた。

自立とは，「何でも自分がする」というのではなく，必要な人的，物的な資源を用いて自分らしく生きるということである。自分で選択し，必要に応じて主体的にサービスの利用決定を行うことである。社会福祉では，福祉サービスを利用しないだけが自立ではなく，エンパワメントや自己決定能力を向上させていくプロセスと手段を重視することも重要である。

ウェルビーイングや自立の理念を基本として，その意義は，①尊厳性の原則，②無差別平等の原則，③自己実現の原則を網野武博は挙げている[3]。

（4）児童の権利に関する条約（子どもの権利条約）

1989（平成元）年10月に国際連合が採択し，翌年9月から発効した児童に関する総合的な条約である。18歳未満の児童が有する権利について規定しており，人権保障を前提とし，その生存，成長，発達の過程で特別な保護と援助を必要とする子どもの視点から詳説し，全文と本文54条からなり，子どもの生存，発達，保護，参加という包括的な権利を実現・確保するために必要となる具体的な事項を規定しているなど，能動的権利を明確にしている点で画期的であると言われている。現在では世界のほとんどの国で条約を批准している。日本は158番目に批准した。

（5）子どもの権利条約の4つの柱

子どもの権利条約について，**国連児童基金（ユニセフ）** では以下の4つの柱の権利で説明している。

①生きる権利

子どもたちは健康に生まれ，安全な水や十分な栄養を得て，健やかに成長する権利を持っています。

②守られる権利

子どもたちは，あらゆる種類の差別や虐待，搾取から守られなければなりません。

用語解説

国連児童基金（ユニセフ）：United Nations Children's Fund

すべての子どもたちの権利が守られる世界を実現するために活動する組織である。ユニセフは，その国際的権威を背景に，世界各国・地域の政治的に重要な立場にある人々に子どもを取り巻く問題の改善のための政策を促し，児童養護計画などに対する援助を行う。本部はニューヨーク。

紛争下の子ども，障害をもつ子ども，少数民族の子どもなどは特別に守られる権利を持っています。

③育つ権利

子どもたちは教育を受ける権利を持っています。また，休んだり遊んだりすること，さまざまな情報を得，自分の考えや信じることが守られることも，自分らしく成長するためにとても重要です。

④参加する権利

子どもたちは，自分に関係のある事柄について自由に意見を表したり，集まってグループをつくったり，活動することができます。そのときには，家族や地域社会の一員としてルールを守って行動する義務があります。

用語解説

子どもの権利条約の選択議定書

子どもの権利には，2つの「選択議定書」がつくられている。「選択議定書」は，ある条約に新たな内容を追加や補強する際に作られる文書で，条約と同じ効力を持つ。2000（平成12）年の国連総会で採択された。この議定書の内容は，「子ども売買，子ども売春及びポルノに関する選択議定書」と「武力紛争への子どもの関与に関する選択議定書」である。

（6）子どもの最善の利益

児童家庭福祉では，子どもは，生存し，発達し，自立しようとする主体として捉えるこうした考えは，1959（昭和34）年に国連で採択された「児童の権利に関する宣言」にみられる。また，1989（平成元）年に国連が採択した「**子どもの権利に関する条約**」は，こうした児童福祉の基本的考えを受け継いでいるが，明確に理念をうたった項目はないが，子どもがひとつの固有の人格であること，子どもは受動的権利のみならず，能動的（主体的）権利を持った存在であること，子どもへのかかわりにおいては，常に子どもの最善の利益を考慮されなければならないことが定められている。

とりわけ，意見表明権（第12条），表現の自由（第13条），思想信条の自由（第14条），学ぶ権利（第28条）など権利行使の主体としての子ども観を鮮明に打ち

出した点においては画期的なものとなっている。保護され育成される権利だけでなく、子どもが自分自身で考え行動することを尊重することでもある。

用語解説

子どもの権利に関する条約の主な内容

1. 18歳未満のすべての子どもを対象とします。
2. 子どもが人権、性、出身などで差別されてはいけません。
3. 子どもの成長のために何が最も大切かを考慮しましょう。
4. 両親は子どもを守り、指導する責任があります。
5. 両親の意志に反して子どもを両親から引き離してはいけません。
6. 子どもが、自分のことについて自由に意見を述べ、自分を自由に表現し、自由に集いを持つことが認められるべきです。
   しかし、そのためには子どもも、ほかのみんなのことをよく考え、道徳を守っていくことが必要です。
7. 子どもは暴力や虐待といった不当な扱いから守られるべきです。
8. 家庭を失ったり、難民となった子どもに保護と援助が与えられるべきです。
9. 体などが不自由な子どもには特別な養護が与えられるべきです。
10. 子どもの健康を守るための医療サービスが与えられるべきです。
11. 子どもは教育を受けることが認められるべきです。
12. 子どもは遊びやレクレーションを行い、文化・芸術活動に参加することが認められるべきです。
13. 子どもが法律に反して自由を奪われたり、正しい裁判なしに罪を犯したと認められることがあってはなりません。
14. この条約の内容を、大人にも子どもにも広く知らせなければなりません。

わが国においては、1994年（平成6）年に締結している。条約は憲法を除くすべての法律に優先的に対応することから、国内の子どもをめぐる施策は、子どもの権利条約を意識して実施される必要がある。

子どもの権利条約は、子どもが権利を実現できるように支援する役割を果たすため、国や地方公共団体、子どもにかかわる公的、私的なあらゆる機関で以下のことが義務づけられている。

　①子どもに関する施策において、「子どもの最善の利益」が守られること。
　②子どもの意見を表明する機会を保障し、その意見を尊重すること。

③親は子どもの養育について第1次的な責任を持つこと。
④人権侵害の救済。

　子どもの権利条約は，国内法よりも優位に位置し，条例の実現のため，すべての適当な立法措置，その他の措置を講ずることが義務づけられている。

　また，この条約は，報告審査制度と呼ばれる条約の実施確保の仕組みを持っていることから，定期的に子どもの権利状況を国連に報告し，子ども権利委員会で審査し，報告することになっている。5年ごとの報告でわが国は2006（平成18）年に2回目の評価があった。その評価において，非摘出子に対する民法上の差別が改善されていない，子どもの意見の尊重や参加に関する権利が制限されていることへの懸念と改善勧告が出されている。

　こうした考えに示された「子どもの権利保障」が児童家庭福祉の基本的考え方である。

（7）川崎市における子どもに関する権利条例

　「子どもに関する権利条例」を日本で先駆的に取り入れた川崎市の条例をみていくことにする。

　川崎市条例では，34項目の子どもの権利を次の7つの権利で提示されている。
　①安心して生きる権利，②ありのままの自分でいる権利，③自分を守り，守られる権利，④自分を豊かにし，力づけられる権利，⑤自分で決める権利，⑥参加する権利，⑦個別の必要に応じて支援を受ける権利である。

　また，川崎市条例では，「人間としての大切な子どもの権利」（条例第2章）の保障を行っている。これは，「条例の対象となる子どもたちにとっても，非常にわかりやすい条文である。「家庭，育ち・学ぶ施設及び地域における子どもの権利の保障」（条例第3章）として，それぞれの場所における子どもの権利を保障するための措置を講ずべきことを定めている。同時に，「子どもの参加」（条例第4章）権を保障するために，市，市長，施設設置管理者が講ずべき施策についても定めている（資料参照）。

- 資　料 -

川崎市子どもの権利に関する条例

前　文
　第1章　総則（第1条～第8条）
　第2章　人間としての大切な子どもの権利（第9条～第16条）
　第3章　家庭，育ち・学ぶ施設及び地域における子どもの権利の保障
　　第1節　家庭における子どもの権利の保障（第17条～第20条）
　　第2節　育ち・学ぶ施設における子どもの権利の保障（第21条～第25条）
　　第3節　地域における子どもの権利の保障（第26条～第28条）
　第4章　子どもの参加（第29条～第34条）
　第5章　相談及び救済（第35条）
　第6章　子どもの権利に関する行動計画（第36条・第37条）
　第7章　子どもの権利の保障状況の検証（第38条～第40条）
　第8章　雑則（第41条）
　附　則

前　文
　子どもは，それぞれが一人の人間である。子どもは，かけがえのない価値と尊厳を持っており，個性や他の者との違いが認められ，自分が自分であることを大切にされたいと願っている。
　子どもは，権利の全面的な主体である。子どもは，子どもの最善の利益の確保，差別の禁止，子どもの意見の尊重などの国際的な原則の下で，その権利を総合的に，かつ，現実に保障される。子どもにとって権利は，人間としての尊厳をもって，自分を自分として実現し，自分らしく生きていく上で不可欠なものである。
　子どもは，その権利が保障される中で，豊かな子ども時代を過ごすことができる。子どもの権利について学習することや実際に行使することなどを通して，子どもは，権利の認識を深め，権利を実現する力，他の者の権利を尊重する力や責任などを身に付けることができる。また，自分の権利が尊重され，保障されるためには，同じように他の者の権利が尊重され，保障されなければならず，それぞれの権利が相互に尊重されることが不可欠である。
　子どもは，大人と共に社会を構成するパートナーである。子どもは，現在の社会の一員として，また，未来の社会の担い手として，社会の在り方や形成にかかわる固有の役割があると共に，そこに参加する権利がある。そのためにも社会は，子どもに開かれる。
　子どもは，同時代を生きる地球市民として国内外の子どもと相互の理解と交流を

深め，共生と平和を願い，自然を守り，都市のより良い環境を創造することに欠かせない役割を持っている。

市における子どもの権利を保障する取組は，市に生活するすべての人々の共生を進め，その権利の保障につながる。私たちは，子ども最優先などの国際的な原則も踏まえ，それぞれの子どもが一人の人間として生きていく上で必要な権利が保障されるよう努める。

私たちは，こうした考えの下，平成元年11月20日に国際連合総会で採択された「児童の権利に関する条約」の理念に基づき，子どもの権利の保障を進めることを宣言し，この条例を制定する。

第4節　児童家庭福祉の歩み

(1) 古代・中世・近世の児童保護
1) 古　代

わが国の社会福祉の歴史をさかのぼると，古くは朝廷を中心とした公的救済制度と仏教思想を基本とした慈善救済制度がある。朝廷を中心とした救済は，政策的な意味合いが強く，天皇の恩恵を示すためであり，貧窮者のためのものではなかった。それはわが国における児童救済事業と同一のものであり，佛教思想による慈悲を背景として，聖徳太子が593年に大阪四天王寺境内に，四箇院（悲田院，敬田院，施薬院，療病院）をもうけたことが始まりと言われている。これは皇室の権力の強化を含めた仏教的慈善救済活動という意味を持っていた。このうちの悲田院は孤児，捨て子の収容施設であり保護をしたとされている。光明皇后は，730年に施薬院と悲田院を置き，貧民に対して施浴やハンセン病の救済を行ったと伝えられている。

公的救済の始まりとして，718年の「戸令」があるが国家による救済というよりは限定された救済制度であった。内容については「鰥寡孤独貧窮老疾　自存不能者」で，鰥は61歳以上で妻のない者，寡は50歳以上で夫のない者，孤は16歳以下で父のいない者，独は61歳以上で子のない者，貧窮は財貨に乏しい無産の者，老は66歳以上の者，疾は疾病者のことである。このように救済の制限

があり，多くを近親者などの血縁・地縁による相互扶助であった。

   2）中　世

　鎌倉時代の封建社会では，親に対して子どもは絶対服従といった忠孝思想が支配し，子どもは独立した人格を持つ存在としてみられず，単なる労働力や商品としてみなされ，人身売買も行われていた。また，公的救済は範囲が狭く私的意味合いが強く，賑給（しんきゅう），徳政令などがあるが，多くは領主大名の支配下のみであり，民生安定のためであった。

　鎌倉期には佛教が普及し宗派が広まった。慈悲の教えは叡尊（えいそん），忍性などの慈善活動を生み，広範囲の救済をしている。

　室町時代から戦国時代にかけては，戦乱の中，人びとの暮らしは貧しさをきわめ，相互扶助も機能せず，堕胎，間引き，子女の売買などがあとを絶たなかった。その中で，北条泰時・時頼の私的慈善事業として，天災での大飢饉や物価暴騰での困窮者に対し，救済をしている。1549年イエスズ会のフランシスコ・ザビエルがキリスト教の伝道を開始した。布教と共に始めた慈善事業はキリスト教徒のみならず一般の人々も救済の対象として，養老，孤児，難民などを救済した。ルイス・アルメーダは孤児院，寮病院を大分に設立した。荘園の制度に代わって「惣」による自治が行われるようになり，寄り合いを開き連携を強めたが，逆に「ウチ・ソト」の壁をつくり，対象外の部落や非人の差別を生んだ。

   3）近　世

　江戸時代に入っても，幕府と藩による摂取と度重なる天災，飢餓などで農民の生活は困窮をきわめ，堕胎，間引き，捨て子などの育児制限を余儀なくされた時代であった。

　助け合いと連帯責任の五人組制度をつくり，住民の相互扶助を強要した時代でもある。

　「享保の改革」において，1722年目安箱の投書から小石川療養所を解説し，貧困な病人を救済するようになった。これは行政が設立した最初の病院である。

　「寛政の改革」では，農村の復旧を目指し帰農政策と江戸下層民対策として，

町会所の設立と浮浪者収容施設である石川島人足寄場を設立した。「天保の改革」においては，難民の御救小屋を設け救済をした。1792年に「七分積立金制度」を創設し，備荒や窮民・孤児救済などの資金として使用されている。

庶民の指定に対する教育機関として，寺子屋があり，寺院の僧侶，医者，浪人などによる手習いがなされている。

（2）明治時代以降の児童保護
1）明治・大正時代

明治時代に入ると，わが国では，封建制度が崩れ，近代化を進められる中で生活困窮者が増加していった。このような状況の中，明治・大正期には生活困窮者の対応策の必要性から国の制度として社会福祉施策が整備され始めた時期でもある。

1874（明治7）年政府としての政策「恤給規則（じゅっきゅう）」を制定した。「人民相互の情誼（じょうぎ）」，すなわち，国民の相互扶助，隣人同士の助け合いを基本理念とした制度であった。そのため，恤給規則では，救済の対象は，「無誰の助けも期待できない独り身の困窮者である「無告の窮民」で，①廃失者（障害者），②老衰者（70歳以上），③疾病により労働できないもの，④幼年者（13歳以下）などの労働のできないものに限定していた。公的扶助よりも私的救済を優先させ，しかも家族制度に依存していた制度である。手続きの煩雑さと中央集権を強調していて近代的な公的扶助制度とは言い難いものであった。

この時代には，都市では「貧民窟」と呼ばれる下層社会ができ，社会問題となっていたが政府の積極的福祉政策はなかった。民間の社会福祉慈善事業のセツルメント活動が中心でこれらを実践した多くは，海外の実践を学んだプロテスタントの信者であった。

用語解説

セツルメント

貧しい人が多くすむ区域に定住し，住民と親しくふれあってその生活の向上に努める運動。また，そのために学習レクリエーションなどを通して意識や行動の改善，

> 地域の生活改善などが行われた。
> 　片山潜は，1897（明治30）年わが国初のセツルメントであるキングスレー館を神田三崎町に設立した。

　このように公的な社会福祉施策が不十分であったため，それを保管するかたちで民間社会福祉事業が展開していった時期でもあった。

　佛教系の福田会育児院（1878年）をはじめとして，石井十次はキリスト教思想に影響され1887（明治20）年に岡山孤児院を設立する。組織的な経営をし，その理論「小舎制」「里親委託」「実業教育」の実践の中で多くの児童を育てた。北川波津の東京孤児院（1897年）など今日の児童養護施設に相当する施設である。

　児童保護の面では，犯罪少年や12歳未満の触法少年は刑務所の一部である「懲治場」に収容していたが1900（明治33）年に「感化法」が制定され，混合収容から分類収容の方向性が打ち出された。しかし，この法律は，社会防衛的な色彩が強く，院内での教育は懲戒的な内容が中心であった。

　1885（明治18）年高瀬真卿による「東京感化院」。留岡幸助は，1899（明治32）年，非行少年の感化事業として，「東京家庭学校」を東京に，1914（大正3）年に「北海道家庭学校」を設立し，大自然に学ぶ労作教育の立場を取り，教護事業に貢献した。今日の児童自立支援施設の原型となっている。

　その他，貧困の児童の保育所として，1900（明治33）年に野口幽香，森島峰と共に「二葉幼稚園（のち双葉幼稚園）」を設立した。保育事業としては，赤沢鍾美が1890（明治21）年にわが国で最初の託児所である「新潟静修学校付設託児所」を設立した。

　石井亮一は，わが国で最初の知的障害児施設である「滝乃川学園（1891〔明治21〕年滝野川学園ではなく孤女学院その後滝乃川学園と改称）」を1891（明治21）年に設立し，知的障害児の福祉と教育に専念した。

　この期における社会問題は，「貧困」が中心にあり，感化事業や保育・救済事業がみられた。それまで，貧困と労働問題は，同一次元であったが，大正時代にデモクラシーの風潮と共に，労働運動と社会事業は分岐していった。

2）昭和初期（戦前・戦後）

大正・昭和初期は、児童保護事業の考え方もケイ（Key, E.）やデューイ（Dewey, J.）の考え方が紹介され、近代的なケアのあり方も紹介された。社会事業研究者の生江孝之は、児童保護の必要性は、①本能生の要求、②人類の理想、③国家社会の基礎を堅固にするため、④家庭の至宝として、⑤親の義務として⑥児童の権利として、の6つを挙げている。特に、「児童の権利」についてふれており、慈善救済的な権利から「児童の権利」に踏み込んだ点にある。

　一方では、明治以降の社会福祉にとって皇室の下賜金は、経済的に大きいこと、精神的教化と施設の社会的承認という意味からも大きな意義があった。

　この時期における児童福祉施設の実践として特筆すべきことは、1916（大正5）年、高木憲次は肢体不自由児の巡回相談を開始している。後に肢体不自由施設「整肢療護園」を開設し、療育（治療と教育）を始めている。

　また、方面委員制度は現在における民生委員制度の原型となり、欧米の公私分離と異なる日本型公私並立の制度の始まりとなった。この頃は社会事業の体系化・組織化が始められた時期でもあった。昭和に入り、社会は世界恐慌の影響による不況、国民生活は非常に苦しい状態にあった。このような状況の中で、「恤給規則」は廃止され1929（昭和4）年新たな生活困窮者の救済制度である「救護法」が公布され、1932（昭和7）年から実施された。

　救護法では、貧困で生活不能の者に、公的救護義務主義にたち救護することとした。

　しかしまだ公私混同型福祉であり、財源の面からも不十分であった。

　救護法と児童保護との関係は、①困窮妊産婦に分娩前後の4週間の生活・医療扶助、②13歳以下の困窮児童への生活・医療扶助、③必要があると認められた1歳未満のある困窮する母子に対する母子救護などが見られた。

　1933（昭和8）年には、「感化法」が「少年救護法」に改められ、懲罰的な感化法から14歳未満の不良少年に家庭的な看護教育を与え教育的保護を行うこととし、「感化院」という名称を「少年教護院」と改めた。さらに「児童虐待防止法」も同年制定した。これは、14歳未満の児童で虐待されている者を保護し、肉体的・精神的に危険、有害な業務に従事させることを禁止した。今日の虐待

防止とは違い，当時の虐待の主たる要因は，貧困問題の解決が虐待防止には最重要であったと考えられる。

　1937（昭和12）年には，日中戦争が勃発し，国民の生活も大きく変動した。この年に救護法の改正により，方面委員を救護の補助機関として扱うことであった。同年「母子保護法」が制定され，13歳未満の子を養育している寡婦や寡婦に準じる貧困のため生活や養育が困難になっているのを子どもと共に救護するとした。第2次世界大戦が激化するにともない1938（昭和13）年厚生省が新たに設置され，「社会事業」が「有資格構成員に力を入れた厚生事業」となった。従来の児童保護は，「児童愛護」となり，従来の児童保護対象児童への援助は切り捨てられ社会事業は縮小されていった。

　1944年（昭和19）年に「学童疎開促進要綱」が定められ，学童疎開が行われた。戦時下は国民を人的資源として捉えており，大正デモクラシーを基調としてきた社会事業とは異質なものへと転換していった。

3）戦　後

　1945（昭和20）年終戦を迎え，米軍の占領下において新たな施策が展開された。この戦争のため，戦災孤児，浮浪児などが生み出された。戦災で両親を失ったり，引き揚げ孤児などは，浮浪したり，生活のために金品を盗むなどの不良行為により，社会問題となった。戦災孤児などの対策として，1945（昭和20）年9月に「戦災孤児等保護対策要綱」が決められ，施設収容が行われた。これらの対策推進のために1947（昭和22）年に厚生省に児童局が設置され，これを中心として，児童福祉法ができた。

　1947（昭和22）年に制定され，翌年1月1日より施行され，GHQの指示のもと，現行の児童福祉法が制定された。当時の緊急かつ最大の課題は，戦災孤児，浮浪児の収容・保護であったが，それまでの児童に関する法律のように，要保護児童のみを対象としたものではなく，すべての児童を対象とし，その健全な育成，福祉の積極的な増進を目的とした画期的なものであり，児童福祉を進めるための基本的な法律となった。

　1960年代に入ると障害児の施設が新設されるようになった。糸賀一雄は，戦

後の混乱時に知的障害児施設「近江学園」を創設し，障害児に対して，「この子らを世の光に」ということばを残している。

戦後の混乱した社会状況の中で生まれた児童福祉法であるが，少子高齢社会の進展，夫婦共働きの家庭の増大，都市化，核家族化にともなう家庭や地域における子育て機能の低下，離婚の増加，児童虐待の増加等，児童や家庭を巡る環境の変化が大きく変化しつつあり，制度と実態の乖離が指摘されるようになった。

このため，これらの変化をふまえて，子育てしやすい環境の整備をはかると共に，次世代を担う児童の健全育成と自立を支援し，児童家庭福祉制度の再構築を図るために幾度かの法改正が行われてきた。

特に1990（平成2）年の福祉関係8法改正にともなった在宅サービスの強化や社会福祉基礎構造改革などによる利用者本位の考え方を取り入れたものである。

1999（平成11）年には「児童売春・児童ポルノに関わる行為等の処罰及び児童の保護に関する法律（児童買春児童ポルノ法）」や2000（平成12）年「児童虐待の防止等に関する法律（児童虐待防止法）」が制定され，子どもに対する虐待の禁止が強く求められた。

「発達障害者支援法」(2005〔平成17〕年)，「障害者自立支援法」(2006〔平成18〕年)は発達障害児，身体障害児・知的障害児・精神障害児の自立支援を目的として成立した。

保育関係では，低年齢保育や保育時間の延長など保育需要の多様化が進行しており，それらに対応する保育所の充実が叫ばれている。それらの問題解決のため，1994（平成6）年「今後の子育て支援のための施策の基本方向について」（エンゼルプラン）が文部，厚生，労働，建設の4大臣によって策定された。

エンゼルプランを実施するため，保育所の量的拡大や低年齢児保育や延長保育などの多様なサービスの充実，地域子育て支援センターの整備などを図るための「緊急保育対策等5か年事業」が策立てされ，1999（平成11）年度を目標年次として整備されることになった。同年に，「重点的に推進すべき少子化対

策の具体的実施計画について」(新エンゼルプラン)が3つの柱,保育サービス,子育て相談・支援体制,母子保健を少子化対策として位置づけた。2004(平成16)年,少子化社会対策大綱にもとづく「重点施策の具体的実施計画について」(子ども・子育て応援プラン)が策定され,「子どもが健康に育つ社会」,「子どもを産み,育てることによろこびを感じることができる社会」への転換がどのように進んでいるのかわかるよう,おおむね10年を展望した目指すべき社会の姿を掲げ,それに向けて内容や効果を評価しながら,5年間に施策を重点的に実施することになった。

2003(平成15)年には,少子化社会対策基本法が成立し,「わが国において急速に少子化が進展しており,その状況が21世紀の国民生活に深刻かつ多大な影響を及ぼすものであることに鑑み,このような事態に対し,長期的な視点に立って,的確に対処するため,少子化社会において講ぜられる施策の基本理念を明らかにすると共に,国及び地方公共団体の責務,少子化に対処するために講ずべき施策の基本となる事項を定めて国民が豊かで安心して暮らすことのできる社会の実現に寄与すること」(第1条)を目的としたものである。

また,同年には,10年間の時限立法として,「次世代育成支援対策推進法」が成立し,「少子化対策プラスワン」と共に次世代育成支援の取り組みの促進のための計画を策定することになった。2007(平成19)年には,「新たな保育の仕組み」が検討され,認定こども園などが検討された(次世代育成支援対策推進法などについては,第4章にて分析)。

2004(平成16)年の児童福祉法の改正では,児童虐待防止対策等の充実・強化として,ア.児童相談に関する体制の充実,イ.児童福祉施設,里親等のあり方の見直し,ウ.要保護児童に関する司法関与の見直し等を行うと共に,新たな小児慢性特定疾患対策と確立として,長期にわたり療養の必要な慢性疾患にかかっている児童に対する医療の給付等の事業を創設することなどとなっている。

また,要保護児童については,児童虐待の増加など,問題が複雑・多様化する中で,相談体制の中核である児童相談所の支援体制が早期発見・早期対応と

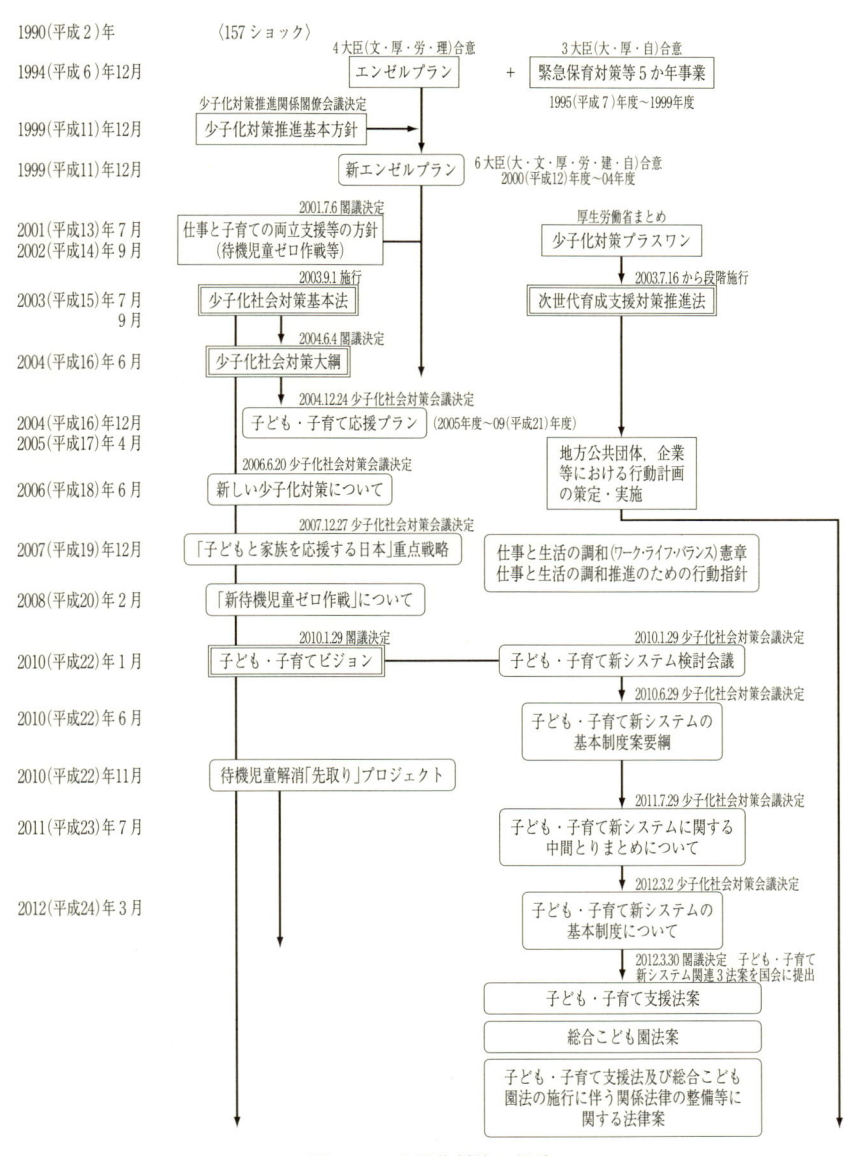

第1章　児童家庭福祉の理念と発展

年月	内容
1990(平成2)年	〈1.57ショック〉
1994(平成6)年12月	4大臣(文・厚・労・理)合意　エンゼルプラン ＋ 3大臣(大・厚・自)合意　緊急保育対策等5か年事業（1995(平成7)年度～1999(平成11)年度）
1999(平成11)年12月	少子化対策推進関係閣僚会議決定　少子化対策推進基本方針
1999(平成11)年12月	新エンゼルプラン　6大臣(大・文・厚・労・建・自)合意（2000(平成12)年度～04年度）
2001(平成13)年7月	2001.7.6閣議決定　仕事と子育ての両立支援等の方針（待機児童ゼロ作戦等）
2002(平成14)年9月	厚生労働省まとめ　少子化対策プラスワン
2003(平成15)年7月	2003.9.1施行　少子化社会対策基本法
9月	2003.7.16から段階施行　次世代育成支援対策推進法
2004(平成16)年6月	2004.6.4閣議決定　少子化社会対策大綱
2004(平成16)年12月	2004.12.24 少子化社会対策会議決定　子ども・子育て応援プラン（2005年度～09(平成21)年度）
2005(平成17)年4月	地方公共団体、企業等における行動計画の策定・実施
2006(平成18)年6月	2006.6.20 少子化社会対策会議決定　新しい少子化対策について
2007(平成19)年12月	2007.12.27 少子化社会対策会議決定　「子どもと家族を応援する日本」重点戦略／仕事と生活の調和(ワーク・ライフ・バランス)憲章　仕事と生活の調和推進のための行動指針
2008(平成20)年2月	「新待機児童ゼロ作戦」について
2010(平成22)年1月	2010.1.29閣議決定　子ども・子育てビジョン／2010.1.29 少子化社会対策会議決定　子ども・子育て新システム検討会議
2010(平成22)年6月	2010.6.29 少子化社会対策会議決定　子ども・子育て新システムの基本制度案要綱
2010(平成22)年11月	待機児童解消「先取り」プロジェクト
2011(平成23)年7月	2011.7.29 少子化社会対策会議決定　子ども・子育て新システムに関する中間とりまとめについて
2012(平成24)年3月	2012.3.2 少子化社会対策会議決定　子ども・子育て新システムの基本制度について／2012.3.30閣議決定　子ども・子育て新システム関連3法案を国会に提出　子ども・子育て支援法案／総合こども園法案／子ども・子育て支援法及び総合こども園法の施行に伴う関係法律の整備等に関する法律案

図1-5　少子化対策の経緯

出所：内閣府『少子社会白書（平成24年度版）』。

いった予防的な機能を含めて不十分であるという問題が生じているため，それらに対応するために改正が行われた。

第5節　児童家庭福祉と親権

(1) 保育の視点

　保育については，「すべての子どもは，豊かな愛情の中で心身共に健やかに育てられ，自ら伸びていく無限の可能性を持っている。子どもがいま（今日）を幸せに暮らし，あす（明日）を生きる力を育てる保育の仕事に誇りと責任をもって，自らの人間性と専門性の向上に努め，一人ひとりの子どもを心から尊敬する」と全国保育士倫理綱領の前文で述べられている。

　この前文の内容は，①子どもを愛すること，②子どもの無限の可能性引き出すこと，③子どもが幸せであること，④明日を生きる力を育むこと，⑤人間性豊かな保育者であること，⑥一人ひとりの子どもを尊敬することである。

　この考え方にもとづいて，①子どもの育ちを支える，②保護者の子育てを支える，③子どもと子育てにやさしい社会を構築するという3つの目標が掲げられている。その中で特に重要なのは「子どもの育ちを支える」ことである。すなわち子どもをエンパワメントすることである。子どもの主体性の尊重と自己発達を支えていく支援方法である。

　その具体策として，「子どもの最善の利益の尊重」，「子どもの発達保障」，「保護者との協力」，「プライバシーの保護」，「チームワークと自己評価」，「利用者の代弁」，「地域子育て支援」，「専門職としての責務」など8つの行動規範が条文に示されている。

　この理念は，子どもの権利条約や児童福祉法の内容とも重なり合っている。この倫理要領基本として子どもの親権について考えてみる。

(2) 親権とは

　親権とは，『日本大百科全書』（小学館）によれば，父母が未成年の子に対し

てさまざまな権利・義務の総称である。(民法818条〜)親の子に対する権利をどのような性質のものにするかについては，歴史的に見て2つの流れがある。1つは，父親あるいは家長は絶対的な支配権を有するものである。子は成年に達しても親権に従うことになると言う考え方がある。いわゆるローマ法である。

他の1つは，親は子に対してさまざまな権利を持つが，それは弱者に対する保護という目的からくるものであると考える。そこでは母親も親権者になりうる。親権に服するのは未成年者の子だけということになる考え方がある。いわゆるゲルマン法と言われている。

親権法は，権威を柱とする前者の考え方から保護を目的とする後者の考え方に変遷してきたと言える。

現在では，親権は，親の権利というよりは，むしろ未成年の子を養育するために，親に与えられた職分であると解する方が一般的である。

(3) 親権者

親権を行うのは，原則として未成年の子の父母である。未成年の子の父母が健在であれば，共同で親権を行うのが原則である。その一方がいなかったり，長期間不明のため親権を行使することが出できなかったり，親権喪失の宣告を受けたりしたときは，他の一方だけが親権者となる（民法818条3項）。また，父母が離婚する場合においては，それぞれの父母のどちらかが親権者となる。摘出(ちゃくしゅつ)でない子に対しては，母が親権を行うが，父が認知した場合，父が親権者となり得る。親権者となるべき者がいなくなり，また親権者が管理権を有しないときは，未成年後見が開始することになる（民法838条1項）。

(4) 親権の内容

未成年の子の健全育成のために民法は親権者の権利・義務を示している。

①親権者は，子の監護(かんご)・教育をする権利を持ち義務を負う（民法820条）。父母が離婚する場合は，どちらかが未成年の子の監護・教育するかを協議する。協議がともなわない場合，家庭裁判所が決定する。

②親権者は監護・教育の目的を達成するために，子に対して居所を指定する権利がある（民法821条）。他人が未成年の子を連れ去って親のもとに帰さないときなどは，親は子の権利にもとづいて，他人の妨害の排除を裁判所に請求できる。

③監護・教育のために必要な範囲内で自分の子を懲戒することができる（民法第822条）。

④未成年の子は親権者の許可を得なければ職業を営めない。いったん許可を与えても，未成年者がまだ営業に耐えられないとみられるときは，許可を取り消すことや制限することができる（民法第823条）。

⑤親権者は自分の財産を管理すると同じ程度の注意を払って，この財産の管理をする（民法第827条）。

（5）親権の制限と喪失

親権者が，親と雇い主との間で勝手に子の就職を決めてはならない（労働基準法第58条1項）。

親権は子のために負う義務であるから，親権者は勝手にやめることはできないが，親権を濫用するとか，いちじるしく不行跡な親権者である時は親権全部を，また子の財産管理人として適当でないときは親権喪失などの宣告は家庭裁判所が行う（民法第834条）。

以上，親権についてみてきたが，親の権利というよりは，むしろ未成年の子を養育するために，親に与えられた義務であるとする方が一般的である。その義務は「子どもの最善の利益」をいかに保障することができるかにかかっていると言えるだろう。

（6）児童虐待防止のための「親権制度」の見直し

2011（平成23）年4月に児童虐待防止のための「親権制度」の見直しが行われ，民法等が改正された。児童相談所長は，児童の生命や身体の安全を確保するために緊急の必要がある場合，親権者の意に反しても必要な措置ができるこ

とになった。また、子どもの利益を害する時は親権停止などもできることになった。これらの改正において注意を要することは、本来、子どもの福祉にとって重要なのは、親権を停止することや離婚時のルールを定めること自体にあるのではなく、親権を停止した期間に、子どもとその親に対してどのような支援策をたてることができるかが重要なのである。

1）児童福祉法の改正の視点

2010（平成22）年に児童福祉法の改正では、①地域における次世代育成支援対策の推進　②職場における次世代育成支援対策の推進の2項目を中心に改正が行われた。

その考え方は、現代社会の背景とwell-beingの考え方である。

2）地域における次世代育成支援対策の推進

①新たな子育て支援サービスの創設

一定の質を確保しつつ、多様な主体による保育サービスの普及促進とすべての家庭における子育て支援の拡充を図るため、新たに家庭的保育事業（保育ママ）、すべての子どもを対象とした一時預かり事業、乳児家庭全戸訪問事業（こんにちは赤ちゃん事業）、養育支援訪問事業および地域子育て支援拠点事業を法律上創設し、市町村におけるサービスの実施の促進等を図る。

②困難な状況にある子どもや家族に対する支援の強化（児童福祉法等の一部改正）

里親制度を社会的養護の受皿として拡充するため、養子縁組を前提としない里親（養育里親）を制度化し、一定の研修を要件とするなど里親制度を見直す。

家庭的な環境における子どもの養育を推進するため、虐待を受けた子ども等を養育者の住居において養育する事業（ファミリーホーム）を創設。

児童養護施設等の内部における虐待対策の強化のため、虐待を発見した者の通告義務等を設けるほか、地域における児童虐待対策の強化を行う。

③地域における子育て支援サービスの基盤整備（次世代育成支援対策推進法の一部改正）

働き方の見直しもふまえた中長期的な子育て支援サービスの基盤整備を図る

ため，市町村の行動計画策定に当たり参酌すべき保育サービスの量等に関する標準を国において定める等の見直しを行う。

3）職場における次世代育成支援対策の推進

①仕事と家庭の両立支援の促進（次世代育成支援対策推進法の一部改正）

仕事と家庭の両立を支援するための雇用環境の整備等について事業主が策定する一般事業主行動計画の策定・届出の義務づけの対象範囲を従業員301人以上企業から従業員101人以上企業に拡大する。

一般事業主行動計画の公表・従業員への周知を計画の策定・届出義務のある企業に義務づける。

〈演習課題〉
1. 子どもをめぐる現代社会の諸問題についてまとめてみよう。
2. 子どもの権利保障に関する自治体の取り組みについて調べてみよう。
3. 児童家庭福祉のサービス体系（計画）についてまとめてみよう。

＊次の事例は，現代社会の問題の最たるものである。次事例を参考に，児童相談所の役割，親権の問題などについてグループ討議をしてみよう。

虐待内容：身体的虐待
発生日：2012年10月1日
ところ：広島県F町
子の氏名：Sさん
子の年齢：11歳
性別：女
子の状態：死亡
虐待した人（続き柄）：母（長女）
年齢：28歳
職業：無職
容疑：傷害致死容疑
逮捕の日：2012年10月1日
虐待の状況：母は10月1日午前11時ごろ，自宅アパートで，長女（11）の頭や腹を

> ゴルフクラブなどで殴ったり蹴ったりして死亡させた疑い。同日午後2時ごろ，東広島市の交番に，母が「娘の様子が変だ」と自首してきた。運転していた車には心肺停止状態の長女が乗っており，病院に搬送されたが，午後2時半ごろに死亡が確認された。県警は司法解剖して詳しい死因などを調べる。母は「東広島市の祖母宅へ行く途中，様子がおかしいことに気付いた」と説明している。母はSさんが嘘をつく，言ったことを守らないなどで「娘を殴ったりした」と話したため，広島県警は傷害致死の疑いで，母を逮捕した。
>
> これまでの経過として，児童相談所は母子関係が改善されたとして，2011年3月に児童養護施設を退所し，母親と二人で暮らすようになった（措置解除）。そこで母子関係に問題がないので支援を打ち切る。そのために学校へ情報提供もしていなかった。近所つきあいはほとんどなかった。
>
> 母親の置かれている状況や子どもの生活環境について討議をし，問題点を明確にしてみよう。

〈引用文献〉
(1) 社会福祉士養成講座編集委員『子どもや児童に関する支援や児童・家庭福祉制度』中央法規出版，2010年，30～31頁。
(2) 高橋重宏編『児童家庭福祉論』放送大学教育振興会，1998年，12頁。
(3) 社会福祉学双書編集委員『児童家庭福祉論』全国社会福祉協議会，2011年，3～4頁。

〈参考文献〉
社会福祉の動向編集委員会『社会福祉の動向2011』中央法規出版，2011年。
社会福祉士養成講座編集委員『子どもや児童に関する支援や児童・家庭福祉制度』中央法規出版，2010年。
高橋重宏編『児童家庭福祉論』放送大学教育振興会編，1998年。
厚生労働省『厚生労働白書（平成22年度版）』。
柏女霊峰『現代児童福祉論』誠信書房，2007年。
柏女霊峰編『児童家庭福祉・保育の新しい世界』生活書院，2006年。
山縣文治編『よくわかる児童家庭福祉』ミネルヴァ書房，2010年。
社会福祉学双書編集委員会編『児童家庭福祉論』全国社会福祉協議会，2011年。
馬場茂樹・和田光一編『現代児童家庭福祉のすすめ』学文社，2008年。

〈読者のための参考図書〉
『厚生労働白書（各年度版）』
　　——児童家庭サービスを含む厚生労働行政の全般にわたり，最新の動向と政府の取り組みについての報告がしてあり，取り組みを理解することができる。
『国民の福祉の動向（各年度版）』厚生統計協会
　　——児童家庭福祉の実施体制や児童福祉施設，具体的サービスの動向について，基本的な解説や統計資料が詳しく載っている。統計資料の分析には最も適している。

『社会福祉の動向（各年度版）』中央法規出版
　——社会福祉の全般の動向を示すと共に，分野別社会福祉の現状分析がなされている。社会福祉の制度にとどまらず，公的扶助，所得保障，医療保険制度などの社会保障の中核を構成する各分野にわたり，最近の動向を解説している。

『子ども・子育て白書（各年度版）』内閣府
　——これまでの『少子化社会白書』からの変更。これまでの少子化対策や現状分析をする中で，今後の子ども・子育て支援や健全育成について，施策の概要の説明と今後の方向性が述べられている。

『現代児童福祉論』柏女霊峰，誠信書房，2007年
　——児童家庭福祉サービス全体の最新の現状と課題について，分析・解説および考察をしている。児童福祉の課題と今後の展望を理解することができる。

『よくわかる児童家庭福祉』山縣文治編，ミネルヴァ書房，2010年
　——初めて児童福祉や児童家庭福祉を学ぶ人のことを考えて，児童家庭福祉を学習するポイントを項目として取り出し解説をしている。

『児童家庭福祉論』社会福祉学双書編集委員会編，全国社会福祉協議会，2011年
　——社会福祉士養成講座のテキストである。社会福祉士受験テキストのため児童福祉全体にわたって網羅しており，わが国の児童家庭福祉の最新の情報や政策変化などが理解できる。重要な制度改正についての解説も理解しやすい。

（和田光一）

第2章
児童の法体系

　児童福祉施設や児童福祉制度は，その根拠となる法律にもとづいて運用されている。その法律に対する理解を深めることは，保育士（社会福祉専門職）としての最低限の責務である。なぜなら，国家の最高法規である憲法をはじめ，条約，個別立法，条例等で「児童の権利」を擁護する法的義務が明確に規定され，それを推進することが社会福祉専門職をはじめとした市民の義務として課せられているからである。保育実践技法等の習得とあわせて，児童福祉の法制度に対する理解を深めていくことは自身の援助実践能力を高めていくことにもつながる。本章の学習を通して，児童福祉法を筆頭とした児童福祉の法制度について理解を深めてほしい。

　キーワード：児童福祉法，児童福祉6法，児童福祉関連法

　社会福祉の歴史を紐解くと，一般救貧制度の成立後にいち早く個別救済立法としての児童保護に関する法制度が整備されることが多い。このことは児童を取り巻く問題が「社会の縮図」としばしば表現されるように，児童が資本主義社会の生み出す社会問題の影響を最も直接に受けてきたことと密接に関連している。児童福祉の歴史に関しては第1章で詳細に述べられているのでここでは繰り返さないが，保育士を目指す上で児童心理や保育技法という視点のほかに，社会問題という視点で児童福祉を考えてほしい。そのことを強調した上で，本章では児童福祉法を含めた「児童福祉六法」および児童福祉に関する関連法について解説していく。

第1節　児童福祉法

(1) 総　則

　児童福祉法は，1947（昭和22）年に制定され翌1948年1月に施行された児童福祉に関する基本法である。その総則（第1条～3条）には「すべて国民は，児童が心身共に健やかに生まれ，且つ，育成されるよう努めなければならない」との国民の努力義務規定が設けられ（第1条），同じく「国および地方公共団体は，児童の保護者と共に，児童を心身共に健やかに育成する責任を負う」との児童福祉の推進に対する公的責任が明確にされている（第2条）。さらに第3条で前2条について「児童の福祉を保障するための原理であり，この原理は，すべて児童に関する法令の施行にあたって，常に尊重されなければならない」と規定されているように，本法がすべての児童福祉関連法の施行における基本原理としての位置づけがなされている。

　このように児童福祉に関する基本法としての性格を持つ児童福祉法であるが，その成立は先に述べたように「福祉3法」時代と呼ばれた敗戦後の占領期にさかのぼることができる。第2次世界大戦後，敗戦国である日本はアメリカを中心とする連合国の占領統治下におかれた。その占領統治を直接に司った組織が，D.マッカーサーを頂点とするGHQ/SCAP（連合国最高司令官総司令部）である。GHQが日本政府に対して発した代表的な国民救済の指令がSCAPIN775（Public Assistance）で，この指令を軸として生活保護法が制定され，無差別平等や国家責任といった近代救貧立法の基本原則が打出されている。児童福祉法の総則に国家および地方公共団体の児童福祉に対する公的責任が明記された背景には，このような社会福祉の近代化をもたらした政策的動向があった。以下，児童福祉法の各条について解説していく。

(2) 定義（第4条～第7条）

　児童福祉法における「児童」とは「満18歳に満たない者」と定義され，さら

に「児童」を次の3つに分類している。つまり，乳児（満1歳に満たない者），幼児（満1歳から小学校就学の始期に達するまでの者），少年（小学校就学の始期から，満18歳に達するまでの者）の3種である。

児童福祉法は，さらに「妊産婦」「保護者」「里親」および「児童福祉施設」についても定義している。同法は「妊産婦」について「妊娠中または出産後1年以内の女子」と定義し，「保護者」については，「親権を行う者，未成年後見人その他の者で，児童を現に監護する者」と定義づけている。同時に「里親」については「養育里親および厚生労働省令で定める人数以下の要保護児童を養育することを希望する者であって，養子縁組によって養親となることを希望するものその他のこれに類する者として厚生労働省令で定めるもののうち，都道府県知事が第27条第1項第3号の規定により児童を委託する者として適当と認めるもの」と定義づけている。さらに，同法が定める「児童福祉施設」として，「助産施設，乳児院，母子生活支援施設，保育所，児童厚生施設，児童養護施設，障害児入所施設，児童発達支援センター，情緒障害児短期治療施設，児童自立支援施設および児童家庭支援センター」の11施設を規定している。

（3）実施機関（第10条〜第12条）

第10条から第12条までは，児童福祉法の施行に関する業務の実施機関について定めている。具体的には，市町村の役割，都道府県の役割，児童相談所の役割について規定されている。

市町村の役割としては，次の3項目が規定されている。つまり，1. 児童および妊産婦の福祉に関し，必要な実情の把握に努めること，2. 児童および妊産婦の福祉に関し，必要な情報の提供を行うこと，3. 児童および妊産婦の福祉に関し，家庭その他からの相談に応じ，必要な調査および指導を行うこと並びにこれらに付随する業務を行うこと，の3項目である。

同時に都道府県の役割としては，次の2項目が定められている。つまり，1. 市町村の業務の実施に関し，市町村相互間の連絡調整，市町村に対する情報の提供，市町村職員の研修その他必要な援助を行うことおよびこれらに付随する

業務を行うこと，2.児童および妊産婦の福祉に関し，主として次に掲げる業務を行うこと，である。2に関する主な業務としては，イ.各市町村の区域を超えた広域的な見地から，実情の把握に努めること，ロ.児童に関する家庭その他からの相談のうち，専門的な知識および技術を必要とするものに応ずること，ハ.児童およびその家庭につき，必要な調査並びに医学的，心理学的，教育学的，社会学的および精神保健上の判定を行うこと，2.児童およびその保護者につき，ハの調査または判定にもとづいて必要な指導を行うこと，ホ.児童の一時保護を行うこと，ヘ.里親につき，その相談に応じ，必要な情報の提供，助言，研修その他の援助を行うこと，の6項目の業務が定められている。以上の条項からも明らかなように，児童福祉法では都道府県および市町村の児童福祉の向上に関する公的責任が明確に定められている。さらに，同法第12条では「都道府県は，児童相談所を設置しなければならない」ことが定められ，所長および所員の設置規定が設けられている。同時に，児童福祉の**専門職**として児童福祉司の設置規定が記されている。

用語解説

専門職

　専門職とは何か。法律（弁護士）や医学（医師）との比較において社会福祉のように新興の職業においては，そのアイデンティティの確立が大きな課題となっていることはいうまでもない。E.グリーンウッドは専門職の一つの特徴として規制的な倫理綱領の確立を掲げているが，職業としての独自性を担保するものが倫理綱領であるといっても過言ではない。そのように考えると職業倫理の遵守は単に実務遂行上の問題にとどまらず，当該社会全体に対する専門職としての信用を保持するための前提であるといえる。保育士に高い倫理規範が求められる所以はここにある。

（4）児童委員（第16条〜第18条）

　児童福祉法では，児童福祉司や社会福祉主事の協力機関として児童委員を市町村の各区域に設置することを定めている。その役割として，同法は次の6項目を定めている。つまり，①児童および妊産婦につき，その生活および取り巻く環境の状況を適切に把握しておくこと，②児童および妊産婦につき，その保

護，保健その他福祉に関し，サービスを適切に利用するために必要な情報の提供その他の援助および指導を行うこと，③児童および妊産婦に係る社会福祉を目的とする事業を経営する者または児童の健やかな育成に関する活動を行う者と密接に連携し，その事業または活動を支援すること，④児童福祉司または福祉事務所の社会福祉主事の行う職務に協力すること，⑤児童の健やかな育成に関する気運の醸成に努めること，⑥前各号に掲げるもののほか，必要に応じて，児童および妊産婦の福祉の増進を図るための活動を行うこと，である。

(5) 保育士 (第18条)

保育士とは一般的に「保育所，乳児院，児童養護施設等の児童福祉施設において，18歳未満の児童の保育に従事する職員」をさすが，[1] 児童福祉法では保育士を「保育士の名称を用いて，専門的知識および技術をもって，児童の保育および児童の保護者に対する保育に関する指導を行うことを業とする者」と定義づけ，さらに保育士となるには「保育士登録簿に，氏名，生年月日その他厚生労働省令で定める事項の登録を受けなければならない」ことが定められている。

第2節　児童福祉6法

児童福祉に関する法律には，児童福祉法のほかに「児童扶養手当法」，「特別児童扶養手当等の支給に関する法律」，「母子及び寡婦福祉法」，「母子保健法」，「児童手当法」などがある。児童福祉法とこれらの法律をあわせて「児童福祉6法」と称されることが多い。以下，児童福祉6法について解説していく。

(1) 児童扶養手当法

同法は，「父または母と生計を同じくしていない児童が育成される家庭の生活の安定と自立の促進に寄与するため，当該児童について児童扶養手当を支給し，もつて児童の福祉の増進を図ることを目的とする」ことを趣旨として，1961 (昭和36) 年に制定された (第1条)。

同法は大きく4章で構成されている。その総則には，1.児童扶養手当は，児童の心身の健やかな成長に寄与することを趣旨として支給されるものであって，その支給を受けた者は，これをその趣旨に従って用いなければならない，2.児童扶養手当の支給を受けた父または母は，自ら進んでその自立を図り，家庭の生活の安定と向上に努めなければならない，3.児童扶養手当の支給は，婚姻を解消した父母等が児童に対して履行すべき扶養義務の程度または内容を変更するものではない，ことが規定されている（第2条）。また，同法が対象とする児童とは，「18歳に達する日以後の最初の3月31日までの間にある者または20歳未満で政令で定める程度の障害の状態にある者」と定義づけられている（第3条）。

　また，同法が手当て支給の対象とするものは，1.父母が婚姻を解消した児童，2.父が死亡した児童，3.父が政令で定める程度の生涯の状態にある児童，4.父の生死が明らかでない児童，5.その他前各号に準ずる状態にある児童で政令で定めるもの，である（第4条）。同法に規定されている手当ての支給を希望する場合には，受給資格要件および手当ての支給額に関して都道府県知事等の認定を受けなければならない（第6条）。

(2) 特別児童扶養手当等の支給に関する法律

　同法は，「精神または身体に障害を有する児童について特別児童扶養手当を支給し，精神または身体に重度の障害を有する児童に障害児福祉手当を支給すると共に，精神または身体に著しく重度の障害を有する者に特別障害者手当を支給することにより，これらの者の福祉の増進を図ること」を目的として1964（昭和39）年に制定された（第1条）。同法が規定する「障害児」とは，「20歳未満であって，第5項に規定する障害等級に該当する程度の障害の状態にある者」と規定し，「重度障害児」とは「障害児のうち，政令で定める程度の重度の障害の状態にあるため，日常生活において常時の介護を必要とする者」と定義づけている。さらに「特別障害者」について，「20歳以上であって，政令で定める程度の著しく重度の障害の状態にあるため，日常生活において常時特別

の介護を必要とする者」と定義づけている（第2条）。

　同法の規定にもとづいて国は、「障害児の父もしくは母がその障害児を監護するとき、または父母がないかもしくは父母が監護（かんご）しない場合において、当該障害児の父母以外の者がその障害児を養育するときは、その父もしくは母またはその養育者に対し、特別児童扶養手当を支給する」規定になっている（第3条）。手当は、「月を単位として支給するものとし、その月額は、障害児1人につき3万3,300円（障害の程度が第2条第5項に規定する障害等級の1級に該当する障害児にあっては、5万円）」が支給される（第4条）。同法の手当支給を希望する場合には、受給資格および手当の額について都道府県知事の認定を受けなければならない（第5条）。

（3）母子及び寡婦福祉法

　同法は、「母子家庭等及び寡婦の福祉に関する原理を明らかにするとともに、母子家庭等及び寡婦に対し、その生活の安定と向上のために必要な措置を講じ、もって母子家庭等及び寡婦の福祉を図ること」を目的として1964（昭和39）年に制定された（第1条）。その基本理念として、「すべて母子家庭等には、児童が、その置かれている環境にかかわらず、心身ともに健やかに育成されるために必要な諸条件と、その母等の健康で文化的な生活とが保障されるものとする」および「寡婦（かふ）には、母子家庭等の母等に準じて健康で文化的な生活が保障されるものとする」との2項目が掲げられている（第2条）。さらに、国および地方公共団体の責務として、「母子家庭等および寡婦の福祉を増進する」ことが規定され、同時に「母子家庭等または寡婦の福祉に関係のある施策を講ずるに当たっては、その施策を通じて、前条に規定する理念が具現されるように配慮しなければならない」ことが明記され、母子および寡婦の福祉向上に関する国家および地方公共団体の公的責任が宣言されている。その一方で、自助努力および扶養義務の履行に関する条項が設けられており、第4条では「母子家庭の母および寡婦は、自ら進んでその自立を図り、家庭生活および職業生活の安定と向上に努めなければならない」ことが明記され、第5条では「母子家庭等

の児童の親は，当該児童が心身ともに健やかに育成されるよう，当該児童の養育に必要な費用の負担その他当該児童についての扶養義務を履行するように努めなければならない」こと，「母子家庭等の児童の親は，当該児童が心身ともに健やかに育成されるよう，当該児童を監護しない親の当該児童についての扶養義務の履行を確保するように努めなければならない」こと，さらに「国および地方公共団体は，母子家庭等の児童が心身ともに健やかに育成されるよう，当該児童を監護(かんご)しない親の当該児童についての扶養義務の履行を確保するために広報その他適切な措置を講ずるように努めなければならない」ことが明記されている。

同法における「配偶者のない女子」とは，「配偶者と死別した女子であって，現に婚姻をしていないものおよびこれに準ずる次に掲げる女子」と定義づけられ，具体的には1. 離婚した女子であって現に婚姻をしていないもの，2. 配偶者の生死が明らかでない女子，3. 配偶者から遺棄(いき)されている女子，4. 配偶者が海外にあるためその扶養を受けることができない女子，5. 配偶者が精神または身体の障害により長期にわたって労働能力を失っている女子，6. 前各号に掲げる者に準ずる女子であって政令で定めるもの，の6種類が規定されている。さらに，同法で「児童」とは「20歳に満たない者」と定義づけられ，「寡婦」とは「配偶者のない女子であって，かつて配偶者のない女子として民法（明治29年法律第89号）第877条の規定により児童を扶養していたことのあるもの」と定義づけられている。

同時に「母子家庭等」とは，「母子家庭および父子家庭」と定義づけられている。

さらに，同法8条では「都道府県知事，市長および福祉事務所を管理する町村長は，社会的信望があり，かつ，次項に規定する職務を行うに必要な熱意と識見を持っている者のうちから，母子自立支援員を委嘱する」ことが規定されている。母子自立支援員の業務としては，「配偶者のない女子で現に児童を扶養しているものおよび寡婦に対し，相談に応じ，その自立に必要な情報提供および指導を行うこと」および「配偶者のない女子で現に児童を扶養しているも

のおよび寡婦(かふ)に対し，職業能力の向上および求職活動に関する支援を行うこと」である。

　同法が規定する母子家庭等への代表的な福祉的措置に「母子福祉資金」の貸付がある。同法では，「都道府県は，配偶者のない女子で現に児童を扶養しているものまたはその扶養している児童に対し，配偶者のない女子の経済的自立の助成と生活意欲の助長を図り，あわせてその扶養している児童の福祉を増進するため，次に掲げる資金を貸し付けることができる」と規定し，1. 事業を開始し，または継続するのに必要な資金，2. 配偶者のない女子が扶養している児童の修学に必要な資金，3. 配偶者のない女子またはその者が扶養している児童が事業を開始し，または就職するために必要な知識技能を習得するのに必要な資金，4. 前3号に掲げるもののほか，配偶者のない女子およびその者が扶養している児童の福祉のために必要な資金，の4項目の貸付規定を設けている（第13条）。

（4）母子保健法

　同法は，「母性並びに乳児および幼児の健康の保持および増進を図るため，母子保健に関する原理を明らかにするとともに，母性並びに乳児および幼児に対する保健指導，健康診査，医療その他の措置を講じ，もつて国民保健の向上に寄与することを目的」として，1965（昭和40）年に制定された（第1条）。同法は，「母性の尊重」および「乳幼児の健康の保持増進」を基本理念としており，第2条では母性は，すべての児童がすこやかに生まれ，かつ，育てられる基盤であることにかんがみ，尊重され，かつ，保護されなければならない」ことが規定され，さらに第3条では「乳児および幼児は，心身ともに健全な人として成長してゆくために，その健康が保持され，かつ，増進されなければならない」ことが規定されている。

　さらに同法は，「母性および保護者の努力」規定および「国および地方公共団体の責務」が規定され，それぞれ「母性は，みずからすすんで，妊娠，出産または育児についての正しい理解を深め，その健康の保持および増進に努めな

ければならない」,「乳児または幼児の保護者は,みずからすすんで,育児についての正しい理解を深め,乳児または幼児の健康の保持および増進に努めなければならない」こと(第4条),および「国および地方公共団体は,母性並びに乳児および幼児の健康の保持および増進に努めなければならない」,「国および地方公共団体は,母性並びに乳児および幼児の健康の保持および増進に関する施策を講ずるに当たっては,その施策を通じて,前3条に規定する母子保健の理念が具現されるように配慮しなければならない」(第5条)ことが規定されている。このように母子保健法は,保護者の乳幼児の健康増進に関する義務のみならず,国家および地方公共体の乳幼児の健康増進に対する公的責任を明確にしている。

　さらに,母子保健法における用語の定義について確認していく。「妊産婦」とは「妊娠中または出産後1年以内の女子」,「乳児」とは「1歳に満たない者」,「幼児」とは「満1歳から小学校就学の始期に達するまでの者」,「保護者」とは「親権を行う者,未成年後見人その他の者で,乳児または幼児を現に監護する者」,「新生児」とは「出生後28日を経過しない乳児」,「未熟児」とは「身体の発育が未熟のまま出生した乳児であって,正常児が出生時に有する諸機能を得るに至るまでのもの」とそれぞれ定義づけられている(第6条)。

　同法の「母子保健の向上に関する措置」には,「知識の普及」(第9条),「保健指導」(第10条),「新生児の訪問指導」(第11条),「健康診査」(第12条,第13条),「栄養の摂取に関する援助」(第14条),「妊娠の届出」(第15条),「母子保健手帳」(第16条),「妊産婦の訪問指導等」(第17条),「低体重児の届出」(第18条),「未熟児の訪問指導」(第19条),「養育医療」,「医療施設の整備」,「調査研究の推進」(第20条),「母子保健施設」(第22条)がそれぞれ規定されている。

(5) 児童手当法

　同法は,「児童を養育している者に児童手当を支給することにより,家庭における生活の安定に寄与するとともに,次代の社会をになう児童の健全な育成および資質の向上に資すること」を目的として1971(昭和46)年に制定された。

同法による支給要件として,「次の各号のいずれかに該当する者が日本国内に住所を有するときに支給する」ことが規定され,①3歳に満たない児童,②3歳に満たない児童を含む2人以上の児童,③父母に監護されずまたはこれと生計を同じくしない支給要件児童を監護し,かつ,その生計を維持する者,④児童を監護し,かつ,これと生計を同じくするその父または母であって,父母に監護されずまたはこれと生計を同じくしない児童を監護し,かつ,その生計を維持するもの(ただし,これらの児童が支給要件児童である時に限る)がそれぞれ支給対象に位置づけられている(第4条)。なお,同法が規定する「児童」とは「18歳に達する日以後の最初の3月31日までの間にある者」を指し,「父」には「母が児童を懐胎した当時婚姻の届出をしていないが,その母と事実上婚姻関係と同様の事情にあつた者を含む」と定めている(第3条)。

　同法が定める支給手当の額は,「月を単位として支給するものとし,その額は,1月につき,1万円に児童手当の支給要件に該当する者(に係る支給要件児童のうち3歳に満たない児童の数を乗じて得た額)と規定されており,同時に「前項の額は,国民の生活水準その他の諸事情に著しい変動が生じた場合には,変動後の諸事情に応ずるため,すみやかに改定の措置が講ぜられなければならない」ことが規定されている(第6条)。つまり,支給額は国民の生活水準を考慮して絶えず向上改訂されなければならない規定となっている。また,受給資格者が児童手当の支給を受けようとする場合には,住所地の市町村長の認定を受けなければならない(第7条)。

第3節　その他の関連法

　児童福祉法を含めた「児童福祉6法」以外にも,児童福祉に関連した法律は多数存在している。ここでは,「児童虐待防止等に関する法律」,「少年法」,「配偶者からの暴力の防止および被害者の保護に関する法律」,「障害者自立支援法」(2013年度より障害者総合支援法に移行予定),「障害者虐待防止法」について解説していく。

（1）児童虐待の防止等に関する法律（児童虐待防止法）

　同法は，「児童虐待が児童の人権を著しく侵害し，その心身の成長および人格の形成に重大な影響を与えるとともに，我が国における将来の世代の育成にも懸念を及ぼすことにかんがみ，児童に対する虐待の禁止，児童虐待の予防および早期発見その他の児童虐待の防止に関する国および地方公共団体の責務，児童虐待を受けた児童の保護および自立の支援のための措置等を定めることにより，児童虐待の防止等に関する施策を促進し，もって児童の権利利益の擁護に資する」ことを目的として2000（平成12）年に制定された（第1条）。戦前の日本においても「児童虐待防止法」が1933（昭和8）年に制定されていたが，戦後の児童福祉法の制定にともない同法に吸収され廃止された。近年の児童虐待の増加にともない，新たな児童保護の観点から議員立法として制定したのが本法である。

　同法が規定する児童虐待の定義は，次の4項目である。つまり，「児童の身体に外傷が生じ，または生じるおそれのある暴行を加えること」（身体的虐待），「児童にわいせつな行為をすることまたは児童をしてわいせつな行為をさせること」（性的虐待），「児童の心身の正常な発達を妨げるような著しい減食または長時間の放置，保護者以外の同居人による前2号または次号に掲げる行為と同様の行為の放置その他の保護者としての監護を著しく怠ること」，「児童に対する著しい暴言または著しく拒絶的な対応，児童が同居する家庭における配偶者に対する暴力（配偶者〔婚姻の届出をしていないが，事実上婚姻関係と同様の事情にある者を含む〕の身体に対する不法な攻撃であって生命または身体に危害を及ぼすものおよびこれに準ずる心身に有害な影響を及ぼす言動を言う）（ネグレクト）。その他の児童に著しい心理的外傷を与える言動を行うこと」（心理的虐待）である（第2条）。上記のような虐待行為を，同法では完全に否定し禁止している（第3条）。

　このような児童虐待を防止するために特に重要視されているのが，国家および地方公共団体の役割である。同法第4条では，国家および地方公共団体の役割として次の事項を課している。「児童虐待の予防および早期発見，迅速かつ適切な児童虐待を受けた児童の保護および自立の支援（児童虐待を受けた後18歳

となった者に対する自立の支援を含む。第3項および次条第2項において同じ）。並びに児童虐待を行った保護者に対する親子の再統合の促進への配慮その他の児童虐待を受けた児童が良好な家庭的環境で生活するために必要な配慮をした適切な指導および支援を行うため，関係省庁相互間その他関係機関および民間団体の間の連携の強化，民間団体の支援，医療の提供体制の整備その他児童虐待の防止等のために必要な体制の整備に努めなければならない」，「児童相談所等関係機関の職員および学校の教職員，児童福祉施設の職員，医師，保健師，弁護士その他児童の福祉に職務上関係のある者が児童虐待を早期に発見し，その他児童虐待の防止に寄与することができるよう，研修等必要な措置を講ずるものとする」，「児童虐待を受けた児童の保護および自立の支援を専門的知識にもとづき適切に行うことができるよう，児童相談所等関係機関の職員，学校の教職員，児童福祉施設の職員その他児童虐待を受けた児童の保護および自立の支援の職務に携わる者の人材の確保および資質の向上を図るため，研修等必要な措置を講ずるものとする」，「児童虐待の防止に資するため，児童の人権，児童虐待が児童に及ぼす影響，児童虐待に係る通告義務等について必要な広報その他の啓発活動に努めなければならない」，「児童虐待を受けた児童がその心身に著しく重大な被害を受けた事例の分析を行うとともに，児童虐待の予防および早期発見のための方策，児童虐待を受けた児童のケア並びに児童虐待を行った保護者の指導および支援のあり方，学校の教職員および児童福祉施設の職員が児童虐待の防止に果たすべき役割その他児童虐待の防止等のために必要な事項についての調査研究および検証を行うものとする」，「児童の親権を行う者は，児童を心身ともに健やかに育成することについて第一義的責任を有するものであって，親権を行うに当たっては，できる限り児童の利益を尊重するよう努めなければならない」。さらに，国民に対しては「何人も，児童の健全な成長のために，良好な家庭的環境および近隣社会の連帯が求められていることに留意しなければならない」といった社会連帯への努力規定を課している（第4条）。

さらに同法は，「学校，児童福祉施設，病院その他児童の福祉に業務上関係のある団体および学校の教職員，児童福祉施設の職員，医師，保健師，弁護士

その他児童の福祉に職務上関係のある者は，児童虐待を発見しやすい立場にあることを自覚し，児童虐待の早期発見に努めなければならない」といった虐待の早期発見義務を課し（第5条），同時に国民に対しては「児童虐待を受けたと思われる児童を発見した者は，速やかに，これを市町村，都道府県の設置する福祉事務所もしくは児童相談所または児童委員を介して市町村，都道府県の設置する福祉事務所もしくは児童相談所に通告しなければならない」といった「児童虐待に係る通告」の役割を課している（第6条）。

（2）少年法

同法は，「少年の健全な育成を期し，非行のある少年に対して性格の矯正および環境の調整に関する保護処分を行うとともに，少年の刑事事件について特別の措置を講ずること」を目的としている（第1条）。その歴史は古く敗戦後の1948（昭和23）年に交付され，翌1949年に施行された。つまり，少年保護および更生の観点から，少年犯罪に対しては一般刑事事件とは異なる特別の措置を設けることを同法では宣言している。同法で「少年」とは，「20歳に満たない者」を言い，「成人」とは「満20歳以上の者」を指す。また「保護者」とは，「少年に対して法律上監護教育の義務ある者および少年を現に監護する者」と定義づけられている（第2条）。

同法では，次の少年に対して家庭裁判所の審判に付することを定めている。つまり「罪を犯した少年」，「14歳に満たないで刑罰法令に触れる行為をした少年」，「次に掲げる事由があって，その性格または環境に照して，将来，罪を犯し，または刑罰法令に触れる行為をする虞のある少年」（具体的には「保護者の正当な監督に服しない性癖のあること」，「正当な理由がなく家屋に寄り附かないこと」，「犯罪性のある人もしくは不道徳な人と交際し，またはいかがわしい場所に出入すること」，「自己または他人の徳性を害する行為をする性癖のあること」），である（第3条）。

（3）配偶者からの暴力の防止および被害者の保護に関する法律（DV法）

同法は，「配偶者からの暴力に係る通報，相談，保護，自立支援等の体制を

整備することにより，配偶者からの暴力の防止および被害者の保護を図る」ことを目的として，2001（平成13）年に制定された（前文）。

　同法第1条では，「配偶者からの暴力」とは，「配偶者からの身体に対する暴力（身体に対する不法な攻撃であって生命または身体に危害を及ぼすものを言う。以下同じ）。またはこれに準ずる心身に有害な影響を及ぼす言動（以下この項において「身体に対する暴力等」と総称する）を言い，配偶者からの身体に対する暴力等を受けた後に，その者が離婚をし，またはその婚姻が取り消された場合にあっては，当該配偶者であった者から引き続き受ける身体に対する暴力等を含む」と定義づけられている。また，同法で「被害者」とは「配偶者からの暴力を受けた者」と定義付けられ，「配偶者」には「婚姻の届出をしていないが事実上婚姻関係と同様の事情にある者」を含み，「離婚」には，「婚姻の届出をしていないが事実上婚姻関係と同様の事情にあった者が，事実上離婚したと同様の事情に入ることを含む」と定められている。

　さらに，第2条では「国および地方公共団体の責務」が定められ，「国および地方公共団体は，配偶者からの暴力を防止するとともに，被害者の自立を支援することを含め，その適切な保護を図る責務を有する」ことが規定されている。具体的な責務の内容としては，国に対しては基本方針を，都道府県に対しては都道府県基本計画の策定を義務づけている。

　国が策定する基本方針については，次のように定められている。「内閣総理大臣，国家公安委員会，法務大臣および厚生労働大臣（以下，この条および次条第5項において「主務大臣」と言う）は，配偶者からの暴力の防止および被害者の保護のための施策に関する基本的な方針（以下，この条ならびに次条第1項および第3項において「基本方針」と言う）を定めなければならない」（第2条の2）。さらに，基本方針に盛り込むべき内容として都道府県基本計画および市町村基本計画の指針となる次の3項目を定めている。つまり，1. 配偶者からの暴力の防止および被害者の保護に関する基本的な事項，2. 配偶者からの暴力の防止および被害者の保護のための施策の内容に関する事項，3. その他配偶者からの暴力の防止および被害者の保護のための施策の実施に関する重要事項，の

3項目である。

　さらに，都道府県が策定する基本方針に関しては，次の3項目を盛り込むことが規定されている。つまり，1. 配偶者からの暴力の防止および被害者の保護に関する基本的な方針，2. 配偶者からの暴力の防止および被害者の保護のための施策の実施内容に関する事項，3. その他配偶者からの暴力の防止および被害者の保護のための施策の実施に関する重要事項，の3項目である（第2条の3）。なお，市町村（特別区を含む）の基本計画の策定に関しては努力規定にとどまっている。

　また，同法におけるドメスティック・バイオレンス（DV）防止に関連した措置として，配偶者暴力相談支援センターおよび婦人相談員・婦人保護施設に関する項目が定められている。配偶者暴力相談支援センターに関しては，次のように規定されている。「都道府県は，当該都道府県が設置する婦人相談所その他の適切な施設において，当該各施設が配偶者暴力相談支援センターとしての機能を果たすようにするものとする」。同時に，配偶者暴力相談支援センターの業務については，次の6項目を定めている。つまり，1. 被害者に関する各般の問題について，相談に応ずることまたは婦人相談員もしくは相談を行う機関を紹介すること，2. 被害者の心身の健康を回復させるため，医学的または心理学的な指導その他の必要な指導を行うこと，3. 被害者（被害者がその家族を同伴する場合にあっては，被害者およびその同伴する家族。次号，第6号，第5条および第8条の3において同じ）の緊急時における安全の確保および一時保護を行うこと，4. 被害者が自立して生活することを促進するため，就業の促進，住宅の確保，援護等に関する制度の利用等について，情報の提供，助言，関係機関との連絡調整その他の援助を行うこと，5. 第4章に定める保護命令の制度の利用について，情報の提供，助言，関係機関への連絡その他の援助を行うこと，6. 被害者を居住させ保護する施設の利用について，情報の提供，助言，関係機関との連絡調整その他の援助を行うこと，の6項目である（第3条）。

　同じく婦人相談員および婦人保護施設については，それぞれ「婦人相談員は，被害者の相談に応じ，必要な指導を行うことができる」（第4条），「都道府県は，

婦人保護施設において被害者の保護を行うことができる」ことが規定されている（第5条）。

（4）障害者自立支援法

同法は，「障害者基本法の基本的理念にのっとり，身体障害者福祉法，知的障害者福祉法，精神保健および精神障害者福祉に関する法律，児童福祉法その他障害者および障害児の福祉に関する法律と相まって，障害者および障害児が自立した日常生活または社会生活を営むことができるよう，必要な障害福祉サービスに係る給付その他の支援を行い，もって障害者および障害児の福祉の増進を図るとともに，障害の有無にかかわらず国民が相互に人格と個性を尊重し安心して暮らすことのできる地域社会の実現に寄与すること」を目的として2005（平成17）年に制定された。しかし，その後当事者団体からの反発を招き訴訟が展開され，厚生労働大臣が同法の廃止を明言し和解に至ったものの，現在に至るまで骨子が定まっていない。以下，2011（平成23）年6月時点での障害者自立支援法の規定について解説していく。

同法第2条では，市町村の責務として次の3項目を規定している。つまり，1. 障害者が自ら選択した場所に居住し，または障害者もしくは障害児が自立した日常生活または社会生活を営むことができるよう，当該市町村の区域における障害者等の生活の実態を把握した上で，公共職業安定所その他の職業リハビリテーションの措置を実施する機関，教育機関その他の関係機関との緊密な連携を図りつつ，必要な自立支援給付および地域生活支援事業を総合的かつ計画的に行うこと，2. 障害者等の福祉に関し，必要な情報の提供を行い，並びに相談に応じ，必要な調査および指導を行い，並びにこれらに付随する業務を行うこと，3. 意思疎通について支援が必要な障害者等が障害福祉サービスを円滑に利用することができるよう必要な便宜を供与すること，障害者等に対する虐待の防止およびその早期発見のために関係機関と連絡調整を行うこと，その他障害者等の権利の擁護のために必要な援助を行うこと，の3項目である。同時に，都道府県の責務として，次の4項目を定めている。1. 市町村が行う自

立支援給付および地域生活支援事業が適正かつ円滑に行われるよう，市町村に対する必要な助言，情報の提供その他の援助を行うこと，2. 市町村と連携を図りつつ，必要な自立支援医療費の支給および地域生活支援事業を総合的に行うこと，3. 障害者等に関する相談および指導のうち，専門的な知識および技術を必要とするものを行うこと，4. 市町村と協力して障害者等の権利の擁護のために必要な援助を行うと共に，市町村が行う障害者等の権利の擁護のために必要な援助が適正かつ円滑に行われるよう，市町村に対する必要な助言，情報の提供その他の援助を行うこと，の4項目である。 さらに，国の役割として，「市町村および都道府県が行う自立支援給付，地域生活支援事業その他この法律にもとづく業務が適正かつ円滑に行われるよう，市町村および都道府県に対する必要な助言，情報の提供その他の援助を行わなければならない」ことが定められている（第2条）。

同時に同法では，国民の責務として，「すべての国民は，その障害の有無にかかわらず，障害者等が自立した日常生活または社会生活を営めるような地域社会の実現に協力するよう努めなければならない」との努力規定を定めている（第3条）。

さらに同法第4条では「障害者」を次のように定義づけている。つまり，「身体障害者福祉法第4条に規定する身体障害者」，「知的障害者福祉法 にいう知的障害者のうち18歳以上である者」，「精神保健および精神障害者福祉に関する法律第5条に規定する精神障害者（発達障害者支援法〔平成16年法律第167号〕第2条第2項に規定する発達障害者を含み，知的障害者福祉法にいう知的障害者を除く）のうち18歳以上である者」，「障害児」とは，「児童福祉法第4条第2項に規定する障害児および精神障害者のうち18歳未満である者」である。

さらに同法第5条では「障害福祉サービス」を次のように規定している。つまり，「居宅介護，重度訪問介護，行動援護，療養介護，生活介護，児童デイサービス，短期入所，重度障害者等包括支援，共同生活介護，施設入所支援，自立訓練，就労移行支援，就労継続支援および共同生活援助」を規定し，同時に「障害福祉サービス事業」については，「障害福祉サービス（障害者支援施設，

独立行政法人国立重度知的障害者総合施設のぞみの園法の規定により独立行政法人国立重度知的障害者総合施設のぞみの園が設置する施設）その他厚生労働省令で定める施設において行われる施設障害福祉サービスを行う事業」と定義づけている（第5条）。

　なお，「障害者自立支援法」は2012（平成24）年6月に改正され，新たに「障害者の日常生活及び社会生活を総合的に支援するための法律」（障害者総合支援法）が交付された。同法は2013（平成25）年4月より施行される予定であるが，改正に至った背景には法の対象となる障害者（当事者）の障害者自立支援制度に対する根強い不信があった。とりわけ反対意見が多かったのが応益負担制度（定率負担制度）であったが，全国各地で相次いで訴訟が提起された結果として被告である国が応益負担の廃止を含めた同法の廃止に同意したことで同法の廃止が決定された。しかし，新たに交付された障害者総合支援法では重度訪問介護の対象の拡大や共同生活介護（ケアホーム）の共同生活援助（グループホーム）への一元化などが新たに明記されたが，応益負担の仕組みがそのまま残存するなど，結果的に和解条件が反故にされた状況となっている。

（5）障害者虐待防止法

　2011（平成23）年に「障害者虐待の防止，障害者の養護者に対する支援等に関する法律」（障害者虐待防止法）が公布され，2012（平成24）年10月から同法が施行された。同法は「障害者に対する虐待が障害者の尊厳を害するものであり，障害者の自立及び社会参加にとって障害者に対する虐待を防止することが極めて重要であること等に鑑み，障害者に対する虐待の禁止，障害者虐待の予防及び早期発見その他の障害者虐待の防止等に関する国等の責務，障害者虐待を受けた障害者に対する保護及び自立の支援のための措置，養護者の負担の軽減を図ること等の養護者に対する養護者による障害者虐待の防止に資する支援（以下，「養護者に対する支援」と言う）のための措置等を定めることにより，障害者虐待の防止，養護者に対する支援等に関する施策を促進し，もって障害者の権利利益の擁護に資する」ことを目的として制定された（第1条）。さらに，第3

条では「何人も，障害者に対し，虐待をしてはならない」と障害者虐待の禁止が規定され，障害者虐待の予防及び早期発見のために，国及び地方公共団体の責務が明記されている。「国及び地方公共団体は，障害者虐待の予防及び早期発見その他の障害者虐待の防止，障害者虐待を受けた障害者の迅速かつ適切な保護及び自立の支援並びに適切な養護者に対する支援を行うため，関係省庁相互間その他関係機関及び民間団体の間の連携の強化，民間団体の支援その他必要な体制の整備に努めなければならない」(第4条)。また，同法は「国民の責務」を明確に定めている点に特徴を持つ。「国民は，障害者虐待の防止，養護者に対する支援等の重要性に関する理解を深めるとともに，国又は地方公共団体が講ずる障害者虐待の防止，養護者に対する支援等のための施策に協力するよう努めなければならない」(第5条)。つまり，国民一人一人に障害者虐待の予防及び早期発見に向けた協力義務が課せられ，「養護者による障害者虐待を受けたと思われる障害者を発見した者は，速やかに，これを市町村に通報」する義務が課せられている(第7条)。

〈演習課題〉
1. 日本の児童福祉関連法の他に，児童の権利に関する条約等の国際条約に目を通してみよう。
2. 「児童の社会的養護」とは何か，調べてみよう。またこのことに関連して，社会福祉専門職と市民の法的役割についても要点をまとめてみよう。

〈注〉
(1) 山縣文治・柏女霊峰編『社会福祉用語辞典』ミネルヴァ書房，2011年，310頁。

〈読者のための参考図書〉
木村武夫編『現代日本の児童福祉』ミネルヴァ書房。
　　――「古典」とは，それが執筆された時代を超えて現代まで論の普遍性を保ちえる書物であると定義できる。同著は毎年数多く出版されてきた児童福祉関連の書物の中で，唯一その定義に耐えることができる書物であろう。執筆者の布陣を見ても，戦後の社会福祉研究をリードしてきた錚々たるメンバーであることは異論が出ない。特に，第2章の孝橋正一「社会経済と児童問題」は児童福祉を社会科学的方法論によって分析し

た他に類を見ない論考である。社会福祉専門職であれば、ぜひ一度かじりついてもらいたい。

小川政亮『社会事業法制（第4版）』ミネルヴァ書房。
——長い間、社会福祉法制に関する学生向けのテキストとして君臨してきた名著である。著者は戦後の社会保障裁判闘争の体験を通じて、一貫して国民の「権利としての社会保障」の確立に向けて声を挙げてきた。単なる法律の条文解説書では得られない識見と興奮を同著は与えてくれる。残念ながら絶版となっているが、図書館等で探してでも読んでもらいたい。

桑原洋子『社会福祉法制要説（第5版）』有斐閣。
——日本の社会福祉関連法を詳細にわかりやすく解説している。また、単に条文解説にとどまらず、学説および判例を盛り込み論点を明確に理解できる。各分野における専門職の機能及び法的根拠についてもわかりやすく理解できる。

全社協養護施設協議会編『作文集泣くものか——子どもたちからの人権の訴え』亜紀書房。
——世に児童福祉や保育に関する「解説書」は無数に存在するが、そうした制度を利用している「子ども」の声にスポットをあてた書物は同書を除いて皆無であろう。貧困・虐待・家庭崩壊を経てたどり着いた児童養護施設での生活。子どもは何に傷つき、何を考え、何を訴えているのか。また、児童指導員や保育士はそうした子どもの声をどのように理解していけばよいのか。重たい現実と課題であるが、専門職としてそこから目を反らすことはできない。

〈引用・参考文献〉

井村圭壯・相澤譲治編『児童家庭福祉の理論と制度』勁草書房、2011年。
木村武夫編『現代日本の児童福祉』ミネルヴァ書房、1970年。
『児童福祉六法』中央法規出版、2011年。

（畠中　耕）

第3章
児童家庭福祉の実施体制

　児童福祉法の理念や方向性は，児童の健全な出生と育成に関しては，すべての国民に課せられた義務であり，保護者の責任と共に，国および地方公共団体など公的・社会的責任に委ねられることを明確に示唆している。

　そのために，児童のしあわせを目指す福祉活動や事業は，児童福祉関係の行政の組織や活動を中心に，社会福祉，保健・医療，教育，司法などの関連行政と連携・協働しながら，民間組織の活動と共に協力して展開されている。本章では，これらに関連する機関や団体について説明を加える。

キーワード：行政機関，社会資源，児童福祉法改正

第1節　児童福祉を実施する行政機関

　わが国の児童家庭福祉行政は，国，都道府県（**政令指定都市・中核市**），市町村の3段階で実施されている。ここでは，この3段階の児童家庭福祉行政について述べる。

用語解説

政令指定都市

　政令指定都市とは，政令で指定する人口（法定人口）50万以上の市のことを言う。地方自治法第252条の19以下に定められた日本の大都市制度の1つである。法令上は「指定都市」（同法など）または「指定市」（警察法，道路法など）と表記される。

（1）厚生労働省における児童家庭福祉

　国においては，厚生労働省設置法の第4条において所掌事務などについて規定されている。また，内部部局および所掌事務については厚生労働省組織令に規定されている。

　児童福祉行政を所掌する部局として厚生省（現在の厚生労働省）に児童局（現在の雇用均等児童家庭局）として設けられたのは，1947（昭和22）年3月19日である。

　この児童局は社会福祉行政援護局から独立し，児童福祉法を施行する局として設けられ，その後，1954（昭和39）年から児童局を児童家庭局と改称した。

　1996（平成8）年7月には，これまで3局にまたがって所掌していた身体障害者，精神障害者，知的障害者の障害者施策を一体的，かつ強力に遂行することができるように，社会・援護局に障害保健福祉部を設置し，児童家庭局内にあった障害福祉課を同部へ移管した。

　現在の福祉行政にかかわる国の社会福祉行政は，行政の計画立案，基準設定，調査研究，財政負担などである。現在，国の福祉行政は，厚生労働省が管轄している。厚生労働省は，2001（平成13）年に厚生省と労働省を統合して発足した行政機関の1つである。厚生労働省は，社会福祉・社会保障・公衆衛生および労働者の働く環境の整備・職業の安定・人材の育成・確保などに関する事務を担当する。また，国民の生涯を通じて生活の支援・保障・向上を担当し，併せて経済発展に寄与することを第一義な目的とする官庁でもある。

　厚生労働省は，日本の行政機関の1つであり，国家行政組織法にもとづいて設置されている。また，厚生労働省設置法において任務，所掌事務，社会事業などが任務として定められている。さらに，社会福祉，社会保障，公衆衛生の向上および増進，ならびに労働条件その他の労働者の働く環境の整備および職業の確保を図ることを任務としている。

　その中で厚生労働省は，主に社会・援護局，老健局，雇用均等・児童家庭局（旧厚生省）に分けられ（年金局も含む），国民の保健や社会事業，社会保健事業などを任務として遂行している。社会・援護局では社会福祉に関する基本的な

政策の企画・立案のほか，社会福祉法，民生委員法，日本赤十字法，社会福祉士及び介護福祉法，生活保護法，消費者生活協働組合法，災害救助法，災害弔慰金の支給に関する法律，未帰還者留守家族援護法，戦傷病者特別援護法，戦傷病者遺族援護法などを所管，施行している。

また，社会・援護局に置かれている障害保健福祉部は，障害者自立支援法，身体障害者福祉法，特別児童扶養手当法の支給に関する法律，知的障害者福祉法，精神保健および精神障害者福祉に関する法律などを所管，施行している。

老健局は，老人福祉法，介護保険事業，高齢者医療確定法などを担当している。

雇用均等・児童家庭局（旧厚生省）は2001（平成13）年の省庁改編で女性局と厚生省の児童家庭局が統合されたものであり，児童福祉法，児童手当法，売春防止法，母子及び寡婦福祉法，母子保健法，母子保護法などを所管，施行している。

したがって，子ども家庭福祉に関する事務を取り扱っているのは，雇用均等・児童家庭局である。雇用均等・児童家庭局は中央省庁である厚生労働省の内部部局の1つであり，主に児童福祉法などの児童福祉分野を担当し，保育や児童扶養手当などの分野の事務を取り扱っている。また，児童の心身の発達や保育，養育に関する企画，児童福祉や児童虐待，少子化対策，男女共同参画，雇用問題などを所管している。雇用均等・児童家庭局は雇用分野における男女の均等な待遇の確保対策や出産後の女性の仕事と家庭の両立対策など雇用面や家庭面，地域面において男女が共同に参画できる社会を実現するための施策の提供に力を注いでいる。さらに，少子化対策，子育て支援策，児童虐待防止対策など，子どもと家庭に関する福祉を総合的にケアする施策などをも所管している。そのために，雇用均等・児童家庭局の部局内には，総務課（少子化対策企画室・虐待防止対策室）や雇用機会均等政策課（均等業務指導室），職業家庭両立課（育児・介護休業推進室），短時間・在宅労働課，家庭福祉課，育児環境課（児童手当管理室），保育課などがある。

さらに，雇用均等・児童家庭局の関連法としては，児童福祉法や児童手当法，

児童扶養手当法，母子及び**寡婦**福祉法，母子保健法，男女雇用機会均等法，労働基準法（女性関係など），育児・介護休業法およびパートタイム労働法男女雇用機会均等法などを所管している。加えて，保育所や保育問題，児童福祉関連の企画・法の制定，および改正などを担当している。

そして，厚生労働省の諮問機関として社会保障審議会が設置されており，その中には6つの分科会がある。そのうちの1つである，社会分科会には社会福祉関係の部会が設けられていて，大臣の諮問に答えて意見具申を行っている。

用語解説

寡　婦

寡婦（かふ）とは，夫と死別または離別し，再婚していない女性のことである。寡婦という表現は主に文語や法の条文に用いられる。今日，日本では，寡婦を支援するための，税制上の優遇や，公的な援助制度などが設けられている。

それから，厚生労働省は，内閣府，総務省，文部科学省，財務省，経済産業省などのほかの省庁とも連携して，子ども家庭福祉行政などに関連する業務を行っている。

（2）地方自治体における児童家庭福祉

都道府県や市町村の児童家庭福祉に関する事務分掌を遂行するための内部部局の組織については地方自治法158条に規定されている。

都道府県では福祉局，民生部，子ども福祉課の名称で分科され，児童福祉に関する事務を所管する。

都道府県の役割は，市町村を包括する地域の地方公共団体として，広域にわたるもの（事務など），市町村間の統一的な処理をする必要のあるもの（事務など）を取り扱っている。また，知事の部局としては，福祉部が置かれている。児童の福祉に関する都道府県の主な役割としては，都道府県内の児童福祉事業の企画に関することや，予算措置に関することのほか，児童福祉施設の認可ならびに指導監督，児童相談所や福祉事務所・保健所の設置運営，市町村に関す

表3-1　相談機関の設置状況　　2010（平成22）年

	総　　数	都道府県	市	町　　村
福　祉　事　務　所	1237	214	992	31
児　童　相　談　所	204	178	26	—
身体障害者更正相談所	78	—	—	—
知的障害者更正相談所	80	—	—	—
婦　人　相　談　所	47	47	—	—

注：児童相談所は平成22年5月現在である。
出所：厚生労働省。

る必要な援助，児童家庭相談のうち高い専門性を必要とするものへの対応などを行っている。具体的に言えば，児童やその保護者に対する訓戒や誓約を提出させることや児童およびその保護者を職員に指導させたり，指導委託したりする。さらに，児童や里親あるいは保護受託者に委託したり，児童施設（乳児院・児童養護施設・児童自立支援施設・情緒障害児短期治療施設など）に入所させたりすることや，家庭裁判所の審判にしたがうことが適当な子どもを家庭裁判所へ送致することを担当している。

　その中で，児童相談所はその代表的機関であり，福祉事務所・家庭相談室，知的障害者更生相談所，身体障害者更生相談所，婦人相談所，保健所などと児童家庭サービスの提供について連携してその業務を行っている。（表3-1）

　都道府県のほか，札幌市，横浜市，名古屋市，京都市，大阪市，福岡市などの政令指定都市は，児童家庭福祉に関して都道府県とほぼ同様の権限を有している。また，青森市，秋田市，倉敷市，松山市，長崎市，宮崎市などの中核市（30万人以上の人口）では，児童福祉審議会の設置，児童委員に対する指揮監督，児童相談所の設置・運営（任意），児童福祉施設の認可など，一部の児童福祉行政について都道府県，政令指定都市と同様の権限を持ち，関連する事務を行っている。

（3）市町村における児童家庭福祉

　市町村の役割と機構であるが，市町村は基礎的な地方公共団体として，地域住民に一番定着した行政事務を取り扱っており，児童福祉関係では公立保育所

や児童館などの児童福祉施設の設置および保育の実施，放課後児童健全育成事業の実施，1歳6か月児童健康診査，3歳児健康診査などを行っている．

特に，2003（平成15）年の児童福祉法改正により，各種子育て支援事業が市町村事務として法定化されると共に，児童福祉法が2004（平成16）年に改正され，要保護児童に関する相談の一義的な窓口として位置づけられるなど，市町村の役割が重要視されるようになった．

第2節　児童福祉の審議機関

児童福祉法に関する国や地方公共団体の基本方針の策定にあたっては，一般の家庭や社会との関係が深いために，行政当局や行政担当者だけではなく，広く有識者や専門家の意見を求めながら行う必要がある．

（1）児童福祉審議会の概要

社会福祉に関する付属機関として，厚生労働大臣の諮問機関としての審議会がある．現在設けられている審議会には，社会保障審議会，疾病・障害認定審議会がある．

特に，児童福祉に対する多様なニーズに対応するために，各方面の専門家の意見を聞いて，適切な施策を展開していく必要がある．そのために，児童福祉法第8条において，都道府県・政令指定都市には，児童・妊産婦および知的障害者の福祉に関する事項を審議するため，児童福祉審議会を設置することが義務づけられている．また，市町村（特別区を含む）は，必要に応じて市町村児童福祉審議会を設けることができることになっている．ただし，社会福祉法第12条第1項の規定によって，社会福祉法第7条第1項に定められている地方福祉審議会において児童福祉に関する事項が審議される場合はこの限りではないとされている．

このほか，内閣府に中央障害者施策推進協議会，都道府県および政令指定都市に地方障害者施策推進協議会が設置されている．

(2) 児童福祉審議会の役割

　児童福祉審議会は，行政担当だけではなく，広く一般社会から意見を求めて行われる必要がある。また，児童福祉行政の多様化にともない，各方面の専門家の意見を聴いて，適切な施策を展開していくことが期待される。

　そのため，都道府県・政令指定都市には都道府県・政令指定都市児童福祉審議会その他の合議制の機関を設置することが義務づけられている。ただし，社会福祉法にもとづく地方福祉審議会を設置して，児童福祉に関する事項を調査審議させる都道府県・政令指定都市にあってはこの限りではない（児童福祉法第8条第1項）。また，市町村（特別区を含む）は，市町村児童福祉審議会その他の合議制の機関を設置することができることとされている（児童福祉法第8条第3項）。

　都道府県児童福祉審議会は，都道府県知事の，また，市町村児童福祉審議会は，特別区を含む市町村長の管理に属しており，妊産婦，知的障害者に関する事項を調査・審議することができる（児童福祉法第8条第2項）。また，都道府県児童福祉審議会と市町村児童福祉審議会は，特に必要があると認める時には，関係行政機関に対し，所属所員の出席説明や資料の提出を求めることができる（児童福祉法第8条第5項）。

(3) 児童福祉審議会のメンバー構成

　児童福祉審議会は委員20名以内で構成される。また，特別な事項を調査審議する必要があるときには，臨時委員を置くことができる。児童福祉審議会の委員や臨時委員は，子どもや知的障害者の福祉に関する事業に従事する人びとや学識経験のある人びとの中から，都道府県知事，または市長村長が，それぞれ任命することになっている。加えて，児童福祉審議会に，委員の互選による委員長および副委員長各1人を置くことになっている（児童福祉法第9条第1項，2項，3項，4項）。

（4）国（社会保障審議会）および地方レベル（児童福祉審議会）の関係

　国レベルで子ども家庭福祉の施策を方向づける社会保障審議会と，地方レベルで子ども家庭福祉を調査・審議する児童福祉審議会は，必要に応じて，相互に資料や情報を提供しあうなど，常に緊密な連絡を取らなければならない（児童福祉法第8条第6項）。また，社会保障審議会と都道府県児童福祉審議会は，児童や知的障害者の福祉の向上を図るため，芸能，出版物，玩具，遊戯などを推薦したり，それらを製作したり，興行したり，また販売したりする人に対して，必要な勧告ができる（児童福祉法第8条⑦）

（5）調査審議内容

　児童福祉関係で児童福祉審議会において諮問を行う主なものは，妊産婦および知的障害者の福祉に関する事項を調査審議する以外に，
　①厚生労働大臣が児童福祉施設の設備および運営，里親の行う養育などの最低基準を定める時。
　②厚生労働大臣又は都道府県知事が，最低基準に達せず，かつ児童の福祉にいちじるしく有害であると認める児童福祉施設の設置者に対し，その事業の停止を命じる時。
　③都道府県知事が，里親または保護受託者の認定をする時。
　④都道府県知事が施設入所などの措置を取る場合において，児童やその保護者の動向と一致しない場合において都道府県児童福祉審議会の意見を聞かなければならない時，などである。

第3節　児童相談所

　児童相談所は，児童の生活全般にわたるさまざまな問題について家庭・学校・児童本人，その他からの相談に応じ，専門的な指導や措置を行う児童福祉行政の第一線機関であり，児童福祉法第15条によって，都道府県に設置が義務づけられている。

(1) 児童相談所の概要

　児童相談所は，児童福祉法第12条にもとづき，各都道府県に設けられた児童福祉の専門機関である。「児相」とも略称される。地理的条件や利便性などの実情に応じ，人口150万人につき1か所を目処に設置され，すべての都道府県および政令指定都市（2006〔平成18〕年4月から，中核市にも設置できるようになった）に設置が義務づけられている。また，都道府県によってはその規模や地理的状況に応じて複数の児童相談所およびその支所を設置している。厚生労働省による調査によると，2011（平成23）年12月20日現在の設置数は206か所である（支所を含まず）。近年は，機構改革やほかの福祉行政機関との統合により，名称が変更された児童相談所が増加している。法律上の位置づけでは，「児童相談所」であるが，「子ども相談センター」，「子ども家庭センター」，「福祉総合センター」などの名称で呼ばれている所もある。

　2004（平成16）年4月12日までは，都道府県や政令指定都市にのみ設置されていたが，児童福祉法（2004〔平成16〕年12月）が改正されたことにより，政令で定める市（児童相談所設置市）については，児童相談所を設置できるようになった。そのために，児童相談に関する市町村の役割を法律上明確化することができるようになった。また，身近な資源での対応が可能な一次的な相談は市町村で行い，高度な専門性を必要とする相談は児童相談所で行うという役割分担が可能となった。

　そして，業務内容では，市町村間の連絡調整，情報提供，職員研修，市町村の対応への技術的援助，助言なども重要な役割となった。

(2) 業務内容

　児童相談所の業務の内容としては，今後は，市町村での対応が困難な問題を抱えた対象者への相談が主となる。また，市町村および隣接地域への技術や情報の提供などの後方支援が重要な役割となる。具体的には，児童すなわち0歳から17歳の者（児童福祉法4条）を対象に，①児童に関するさまざまな問題について，家庭や学校などからの相談に応じること，②児童およびその家庭につき，

必要な調査ならびに医学的，心理学的，教育学的，社会学的および精神保健上の判定を行うこと，③児童およびその保護者につき，前号の調査または判定にもとづいて必要な指導を行うこと，④児童の一時保護を行うこと（児童福祉法12条4項）。⑤里親につき，その相談に応じ，情報の提供，助言，研修その他の援助を行うこと（児童福祉法11条）などである。

その他，児童相談所長は，児童福祉法の32条（都道府県知事の権限の委任）により，都道府県知事の委任を受け，児童福祉施設入所などの措置を行うことになっている。また，児童福祉法第32条の2により，一時保護を加えた児童で親権を行う者または未成年後見人のないものに対し，親権を行う者または未成年後見人のあるに至るまでの間，親権を担う。さらに，前記条項により，一時保護を加えた児童で親権を行う者または未成年後見人のあるものについても，監護，教育および懲戒に関し，その児童の福祉のために必要な措置をとることができる。

（3）相談の種別

相談の種別は，①養護相談（父母の家出，死亡，離婚，入院などによる養育困難，被虐待児など），②保健相談（未熟児，虚弱児，小児喘息など），③心身障害相談（障害児，発達障害，重度の心身障害など），④非行相談（虚言，家出，浪費癖，性的な逸脱行為，触法行為など），⑤育成相談（性格や行動，不登校など）である（児童福祉法11条）。

児童相談所の相談内容の中で一番多いのは障害相談（全体のおおよそ48%）である。そのなかで，近年，養護相談が漸増しており，相談の内容が多くを占めている。また，2010（平成22）年の児童相談所の虐待件数は全国で55,154件であり，2006（平成18）年の児童相談所における相談対応件数と比較しておおよそ70%の増加となっている。（表3-2）

（4）一時保護

児童相談所には，必要に応じ，児童を一時保護をする施設を設けなければな

表3-2 児童相談所における相談の種別対応件数

区　分	2006 平成18年度	2007 平成19年度	2008 平成20年度	2009 平成21年度	2010 平成22年度
養護相談	78,863	83,505	85,274	87,596	99,068
虐　待	37,323	40,639	42,664	44,211	55,154
保健相談	4,313	3,411	2,970	2,835	2,572
障害相談	194,871	182,053	182,524	192,082	173,112
非行相談	17,166	17,670	17,172	17,690	17,112
育成相談	61,061	58,958	55,005	51,794	49,919
その他の相談	25,483	22,255	21,469	19,803	19,041
総　数	381,757	367,852	364,414	371,800	360,824

注：平成22年度は，東日本大震災の影響により，宮城県，福島県を除いて集計した数値である。
出所：厚生労働省「平成22年度福祉行政報告例の概況」を参照して筆者作成。

らない（児童福祉法12条の4項）。また，児童相談所長または都道府県知事によって一時保護が必要であると認めるときは，児童を一時保護するか，または児童福祉施設などに委託することができる（児童福祉法33条）。一時保護は2か月を目安とするが，児童相談所長または都道府県知事が引き続き一時保護を行おうとする時，および引き続き一時保護を行った後2か月を経過するごとに都道府県知事は，都道府県児童福祉審議会の意見を聞かなければならない。ただし，保護者の児童虐待等の場合の措置（児童福祉法28条）の承認の申立てまたは当該児童の親権者にかかわる親権喪失もしくは親権停止の審判が請求されている場合（児童福祉法33条）は，この限りではない。

―用語解説―

児童相談所一時保護所

　一時保護所は，いろいろな事情や心配事のある家庭のお子さんを一時的にお預かりして，その間によりよい解決の方法を考えるための場所である。保護所には，およそ3歳から中学3年生までの子どもがいる。みんなで助け合って規則正しい集団生活を送り，気持ちを安定させるよう努力し，社会性を身につけてゆく取り組みをする。なお，一時保護所の手続きはすべて児童相談所が行っている。
　一時保護所の機能は，①緊急保護として，棄児，家出などにより適当な保護者や生活の場がない場合，虐待や放任など家庭から一時的に引き離さなければならない場合，子どもの行動が自分や他人に危害を及ぼすおそれのある場合に保護する。

②行動観察としては，集団生活する中で，対人関係，学習態度，生活習慣の観察や心理テスト等を行い，処遇・支援方針を決める。
③短期入所指導としては，短期間保護して指導することが有効と判断される場合に委託を受ける。
　一時保護の期間は，一時保護の目的を達成するための必要最小限の期間とする（基本的には2か月）。

（5）課　題

　①子どもへの虐待や非行は先に述べたような家族や地域社会の環境下で生じている。そのために，児童相談所が果たす役割や期待は大きい。このような状況の中で，必要とされる質の高い職員の確保や専門性の向上，さらには相談体制の充実は欠かせない。また，児童相談所の数や人員配置数や人材の不足は解決すべき課題である。

　また，近年の家族関係の破綻や家族形態の変容，これらの家族関係から生まれる子どもの社会から逸脱した問題に職員が相応した対処を行うには，相当な経験と高い専門性が必要となる。これらの理由から，経験豊富な専門性の高い職員を数多く配置する必要がある。これらの状況の中で，重要視する必要があるのは現任訓練や研修などの実務経験を積みながら専門職を養成していくシステムや予算の増加が必要である。

　しかし，現状では業務量の増加により，研修時間の確保が困難である。また，1つひとつの子どもや家庭のケースが複雑，かつ荷が重い状況にあることから，一人ひとりのワーカーにかかる心身の負担ははかりしれないというきびしい労働環境がある。しかも，財政の逼迫から活用できる予算は限られており，長期間にわたって専門性を高める機会がつくれない現状がある。加えて，頻繁な人事異動などが行われていることから，高い専門性を有する職員の養成はできにくい状況となっている。

　②家族や子どもの抱える問題を解決・緩和するためには，児童相談所のみの対応では不可能な事例（多問題を隠し持つ）が数多く散見されるようになっている。これらの状況の対応策として，市長村や児童相談所，社会福祉施設などが

開設する相談の窓口が増えている。相談窓口が増えることは好ましいことではあるが、どの機関がどのケースを取り扱うのか、どういった状況の場合にはほかのどの機関にケースをつなぐのかなど、相談支援の関係機関の役割や組織の能力などを含めた組織の管理、連絡、調整というコーディネート機能は不可欠である。

事例

お母さん，僕は児童相談所で一時保護された後はどうなるのかな

慎二君（仮名）は中学校1年生である。彼の父親は工務店を営んでいたが，2年前に詐欺に遭い，多額の負債をおわされ，債権者から逃れるために行方を眩ました。その日以来，慎二君の家には債権者がたびたび訪れ，母親に父親の居場所を訊ねて，きびしく責めたてた。彼は，当初は，状況が理解できなかったので，債権者の様子を窺っていたが，あまりにも母親に債権者がきびしく当たるので，かっとなって手元にあった野球のバットで殴りかかり，頭に怪我をさせてしまった。債権者は出血した頭を抑えて逃げるように帰ってしまった。ところが，1時間もしないうちに債権者から連絡を受けた警察官が慎二君の家を訪れ，彼は保護され，警察署へ連行された。そして，事情聴取を行った後に，慎二君は13歳の少年であることから，児童相談所の一時保護所へ送致された。彼は，父親の行方がわからなくなってから，いつもイライラしていたが，警察に保護され児童相談所へ送致されたことによって，落ち着いて物事を落ち着いて考えられるようになり，自分が非社会的な重大問題を起こしてしまったことを自覚した。加えて，自分の将来がどうなるのか不安になってしまい，ひどく落ち込んだ。慎二君は，祖母と一緒に面会に来た母親に，「僕はこれからどうなるのかな」と泣きじゃくりながら尋ねた。

第4節　福祉事務所

福祉事務所は，生活保護法，児童福祉法，母子及び寡婦福祉法，老人福祉法，身体障害者福祉法，知的障害者福祉法に関する事務を行い，地域住民の福祉を図る第一線の福祉行政の総合機関である。そのために，児童福祉の分野においても重要な役割を担っている。

第3章　児童家庭福祉の実施体制

（1）福祉事務所の概要

　福祉事務所は，社会福祉法第14条に規定される福祉に関する地方公共団体の事務所である。地方公共団体でこの名称を用いた機関が設置されているほか，福祉を扱う事務所の通称として用いられる。

　児童福祉に関しての福祉事務所の業務は児童福祉法第18条の2項によって，①児童および妊産婦の福祉に関し，必要な実情の把握に努める，②児童および妊産婦の福祉に関することについて相談を受け，必要な調査を行い，個別的または集団的に指導を行う，また，福祉事務所が取り扱うことが不適当な問題であればそれぞれの機関に通告などをしなければならない，さらに，児童相談所長から管轄区域の児童福祉に関する調査の委託があった場合にはスムーズに調査に努めなければならないこととなっている。

事 例

このまま死んでいったらどんなにか楽だろうか

　吾郎さん（37歳，仮名）は，長年，鬱病（うつびょう）のために入退院を繰り返していた。2年前に職場も解雇され，収入を絶たれた彼は，これまで大切にしていた親から相続した貴金属を売り払って一時しのぎをしたが，それも使い果たしてしまった。彼は，電気や水道も止められ，日々の生活が立ち行かない状況に追い詰められた。1年前に，奥さんと二人の子どもも，吾郎さんが入院している時に，彼を見捨てて家を出ていった。おそらく彼の看護と生活のやりくりに疲れ果てたのだと思う。吾郎さんは，鬱病を患って以来，親戚付き合いが不得手になったことから，頼りにできる身内はだれもいない。

　仕方がないので，3日間，何も食べずに布団の中で，貯めてあった水だけを口にして命を永らえていた。8月の中旬という暑い時期なので，身体が急激に衰弱しきってしまった。吾郎さんは，「このまま死んでいったらどんなにか楽だろうか」と何度も思った。しかし，人間はなかなか簡単に死ねるものではない。

　ふと気を失っているうちに夕方になっていた。顔なじみの民生委員の田代さんが，近所の人が最近彼の顔を見ないので心配だから様子を見てほしいという連絡を受けて，顔を出してくれた。

　田代さんが，「吾郎さん」「吾郎さん」と声をかけてくれるが，気が遠くなって返事をする気力が失せていた。民生委員の田代さんは，「ドアが開いてる」，「縁側のサッシの窓も開いている」，それなのに返事がないのはおかしいと思った。それで部屋の中を覗いて見ることにした。すると，死人のように布団に横たわっている吾郎

さんが目に入った。
　　吾郎さんの様子を見て，命の危険を察した田代さんは，救急車を呼ぶと同時に，福祉事務所の生活保護の担当のワーカーである石田さんへ電話連絡をして，至急，状況の報告をした。そして，五郎さんの入院先の病院で待ち合わせることにした。

（2）福祉事務所の設置

　福祉事務所の設置は，都道府県および市（特別区を含む）については，条例で福祉事務所を設置しなければならないことになっている（社会福祉法第14条）。また，その区域（都道府県にあっては，市および福祉事務所を設置する町村の区域を除く）をいずれかの福祉事務所の所管としなければならない。さらに，町村では，条例で福祉事務所を設置することができるが，一部事務組合または広域連合を設けて，福祉事務所を設けることができる。市町村が1つだけ設置する割合は，市町村の福祉部・福祉課として設置されることが多い。

　福祉事務所の設置に関しては，社会福祉事業法が2000（平成12）年に「社会福祉法」に法律名を改定したと同時に，これまでの10万人に1か所という基準が廃止された。加えて，市町村合併による新市や都市部への人口集中などにより管内人口が5万人以下の小規模福祉事務所が全体の約30％，逆に，管内人口の20万人以上の大規模なものが10％を超えるなど，福祉地区の格差が大きくなってきている。福祉事務所の合計設置数については，厚生労働省の2009（平成21）年福祉事務所現況調査の概要では，全国で郡部，市部を合わせて1,226か所となっている。

（3）福祉事務所の職員配置と職務

　福祉事務所には表3-3に示すような職員が配置されている。職種別に見ると生活保護を担当する現業職員が数的には一番多い。しかし，最近の傾向では，現業職員は減少し，生活保護を除く福祉5法を担当する職員を配置するようになってきている（表3-3）。

　その中で，生活保護受給者の数は1985（昭和60）年以降減少傾向にあったが，1992（平成4）年のバブル経済以降増加傾向にある。これにともなって，国庫

第3章 児童家庭福祉の実施体制

表3-3 査察指導員および現業員の人数

区　分		査察指導員	現　業　員	
			常　勤	非常勤
総　　数		3,031	19,581	3,451
		3,221	19,496	
	郡　部	641	2,274	109
		348	1,455	
	市　部	2,390	17,307	3,342
		2,863	17,951	
生活保護担当		2,596	11,372	655
			13,881	
	郡　部	343	1,911	36
			1,246	
	市　部	2,253	9,461	619
			12,635	

出所：厚生労働省，2009（平成21）年，福祉事務所現状調査参照。

負担金額も大幅に増加し，2000（平成12）年度で1兆4,836億余円，2004（平成16）年度で1兆9,408億余円，2009（平成21）年度は2兆585億余円と急激に増加している（厚生労働省2011〔平成23〕年1月発表）。また，2012（平成24）年2月には生活保護を受けている世帯数は152万1,484であり，総数が209万7,401人（2012年〔平成24〕年2月・厚生労働省福祉行政報告例）を超え，第2次世界大戦以後で最大の数となっている。加えて，2011（平成23）年3月には東北での大震災を経験し，被災者，あるいは企業との倒産も予測されることから，この年以降も生活保護を受ける家族や人の増加は避けられない状況にあると思われる。これらの理由から，生活保護を担当する現業職員の数は，郡部においては減少していくと思われるが，人口に集中する都市部においては，さらに増員されることが予測される（表3-3参照）。

なお，現業員の定数は生活保護世帯数を基準に定められているが，市町村への業務の移管にともない市町村の業務量は増加し，老人・身体障害者福祉につ

表3-4 資格(社会福祉主事・社会福祉士・精神保健福祉士)の取得状況

区分		社会福祉主事		社会福祉士		精神保健福祉士	
		査察指導員	現業員	査察指導員	現業員	査察指導員	現業員
総数	資格取得数(人)	(2343) / 2246	(12020) / 13090	104	(628) / 946	13	201
	取得率(%)	(77.3) / 69.7	(61.4) / 67.5	3.2	(3.2) / 4.9	0.4	1.0
生活保護担当	資格取得数(人)	1937	(8519) / 10299	80	(32) / 641	7	66
	取得率(%)	74.6	(74.9) / 74.2	3.1	(2.8) / 4.6	0.3	0.5

出所:厚生労働省,2009(平成21)年,福祉事務所現況調査の概要参照(平成21年10月1日現在)。

いては市町村間の連絡調整などの業務が新たに増えたこともあり,都道府県と市町村の人員配置のあり方が,生活保護を受給している人が増加する中で,大きな問題となりつつある。

　職員のうちの保有資格の割合については,査察指導員と現業員(ケースワーカー)は社会福祉主事が法定化されているが,生活保護担当の査察指導員は74.6%が取得し,現業員は74.2%が資格を有している。また,**社会福祉士は**,生活保護担当の査察指導員は3.1%であり,現業員は4.6%である。一方,**精神保健福祉士**は生活保護担当の査察指導員は0.3%であり,現業員は0.5%となっている(表3-4)。

　これらの福祉事務所における職員については,社会福祉法第15条では,福祉事務所には長および少なくとも次の所員を置かなければならないとされている。ただし,福祉事務所の長が,その職務の遂行に支障がない場合において,自ら現業事務の指揮監督を行う時は,指揮監督を行う所員を置くことを要しないとされる。各職員の役割は以下の通りである。

用語解説

社会福祉士

　社会福祉士は,ソーシャルワーカーの国家資格であり,精神保健福祉士,介護福

祉士とならぶ福祉の国家資格（通称：三福祉士）のひとつである。社会福祉士は，介護福祉士と共に昭和62年5月の第108回国会において制定された。

精神保健福祉士

精神保健福祉士は社会福祉士，介護福祉士と並ぶ福祉の国家資格（通称：三福祉士）のひとつである。

社会福祉士は医療・高齢者・児童（母子）・身体障害者・精神障害者・行政・司法の福祉全分野を担うジェネリックソーシャルワーカーであるのに対して，精神保健福祉士は精神障害者の保健および福祉分野に特化したスペシフィックソーシャルワーカーである。

（4）相談内容

福祉事務所の相談内容としては，①子供の生活，教育などの問題，母子家庭や交通遺児の問題などに対する「児童福祉」や「高齢者福祉」，または女性が抱えている問題，家庭の経済的な問題など，多問題を抱える家族の相談，②病気や怪我，あるいは失業などで生活に困窮している家族の生活支援を行う「生活保護」，③離婚や入籍，または子供の認知などの問題に関する相談など，家庭内で起きた問題についての相談をする「家庭相談」，④母子家庭の抱えるさまざまな問題に関する相談をする「母子相談」，⑤ドメスティックバイオレンス，家庭内暴力などに関する問題について相談をする「女性相談」などを行う。なお，福祉事務所には，子ども家庭福祉の機能を強化するために，「家庭児童相談室」が1964（昭和39）年から任意に設置されており，家庭における子どもの保育や教育，しつけなど，市町村が扱うべき一般的な相談より身近な相談，たとえば，家族関係（家庭内暴力・反抗）や性格・生活習慣，学校生活（不登校・怠学・いじめ），環境，児童の発達・発育，虐待，などに関する悩みや相談は児童家庭相談室で相談に応じている。

（5）課　題

福祉事務所の問題点としては職員の専門性の低さがある。かつては，福祉系の大学で非常勤講師を勤められるほどのソーシャルワークの知識や技術，経験

表3-5 福祉事務所の職員

福祉事務所長	都道府県知事または市町村長（特別区の区長を含む）の指揮監督を受けて，所務を担当する。
指揮監督所員	所の長の指揮監督を受けて，現業事務の指導監督を担当する。
現業職員	所の長の指揮監督を受けて援護，育成又は更生の措置を要する者などの家庭を訪問し，保護その他の措置の必要の有無およびその種類を判断し，本人に対し生活指導を行うなどの事務を担当する。
事務職員	事務を行う所員は，所の長の指揮監督を受けて，所の庶務を担当する。なお，指揮監督を行う所員および現業を行う所員は，社会福祉主事でなければならない。

出所：筆者作成。

を持っている職員が都市部を中心に全国に多数配置されていた。しかし，昭和時代の政治や経済，社会の混乱期から平成時代の安定期へと向かう中で，福祉事務所や福祉課で3〜4年間勤務すると，職員は人事異動でほかの課へ異動されることが通例となった。そのために，10年以上勤務し，知識や経験を十分有する，ソーシャルワークができる職員は皆無となっている。

福祉事務所で相談支援にあたる資格（表3-4）に関しては，**社会福祉主事**を持つのが勤務する前提となっている。しかし，この勤務上，必要とされる資格要件が，時代の変遷とともに複雑化する家族や社会状況に応じているとは言い難い。しかも，職員に対するソーシャルワークに関する研修や研究は十分とは言えない。加えて，社会福祉系の教育機関で学んだ職員は決して多くはない。社会福祉士や精神保健福祉士などの国家資格を有する福祉関係者が地域社会の社会福祉現場で活動している中で，いつまでも社会福祉主事の資格のみで，しかも経験の浅い職員が地域住民をサポートできる時代ではなくなった。

これらの理由から，近年，児童相談所や保健所，社会福祉施設などとの連携が必要とされているなかで，福祉事務所の職員の専門性や研修，有資格のあり方などに関する改善は必要不可欠な事項であると考えられる。

―― 用語解説 ――

社会福祉主事

社会福祉主事は，都道府県，市および福祉事務所を設置する町村に置かれる職で

あり，福祉事務所を置かない町村においても社会福祉主事を置くことができる（社会福祉法第18条第1項，第2項）。また，社会福祉主事として任用されてはじめて資格として活用される。

第5節　保健所

　保健所は地域の公衆衛生の中核的な第一機関で，栄養の改善，伝染病の予防，環境衛生，精神保健など，幅広い保健業務を行っている。児童福祉に関しては母子分野で重要な役割を果たしている。

(1) 保健所の概要

　保健所は地域保健法第6条に規定する機関である。保健所は地域住民の健康や衛生を支える公的機関の1つであり，地域保健法にもとづき都道府県，政令指定都市，中核市その他指定された市または特別区が設置する。その数は，地域保健法により，2012（平成24）年6月1日現在，都道府県（47）に372か所，指定都市（20）に51か所，中核市（41）に41か所，政令市（8）に8か所，特別区（23）に23か所の合計495か所の設置となっている（厚生労働省2012〔平成24〕年）。

　保健所の業務としては，健康の保持・増進のために疾病の予防，生活環境衛生の向上など，地域における公衆衛生の向上・増進を図るための保健活動を担っている。また，地域住民の生活や健康に関して重要な役割を担っていることから，地域の特性に配慮しつつ，高度化・多様化する保健・衛生・生活環境などのニーズに的確な対応をしていくように努めている。特に，児童に関する支援として注目すべき業務としては以下の3つである。

　①母子保健法第9条において，市町村の保健センターと共に妊産婦や乳児を育てる保護者から持ち込まれる健康診断，育児相談などに応じることや母親学級などを開催し，母子保健に関する一般的知識の普及伝達を図り，あるいは職場，青年学級などの男女を対象に家族計画，受胎調節（避妊をすることによって，

産児数や出産の間隔を計画的に調節すること），母子栄養，育児その他の一般的知識の普及伝達を図ることなどがある。

②母子保健法第19条において，新生児で2,500グラム以下の低体重児が生まれた時は，必要に応じて医師・保健師など訪問指導を行う。

③母子保健法第20条によって養育のため病院などに入院することを必要な未熟児に対して，養育に必要な医療の給付を行うか，養育医療に要する費用を支給する。加えて支援も行っている。

コラム

保健師さんは働き者

保健師助産師看護師法の第3条によると，保健師は，厚生大臣の免許を受けて保健師の名称を使用し保健指導に当たる者のことを指す，と定義されている。つまり保健師とは，学校や保健所といった場所で集団検診や健康相談を行ったりする仕事である。もっとくわしく言えば，乳幼児から高齢者に至るまでのあらゆる人びとが健康な日々を送ることができるように，手助けしていくことが仕事内容である。類似した健康の悩みを抱えている人たちのネットワークづくりなども，保健師の業務内容となる。そして，近年は病気にかからないようにアドバイスをし，病気予防の目的で人々をサポートすることに重点が置かれている。たとえば，エイズになってしまったのではと不安を感じている人や，子どもの成長が他人と違うのではと考えている母親などからの相談に応じることが保健師の役割となっている。

その他，児童家庭福祉に関する業務としては，児童福祉施設への栄養改善などに必要な助言・指導をしたり，身体障害のある児童や長期にわたり栄養を必要とする児童の療育の指導を行ったりする。

（2）職　員

地域保健法施行令第5条第1項により，「保健所には，医師，歯科医師，薬剤師，獣医師，保健師，助産師，看護師，診療放射線技師，臨床検査技師，衛生検査技師，管理栄養士，栄養士，歯科衛生士，統計技術者その他保健所の業務を行うために必要な者のうち，当該保健所を設置する地域保健法施行令第5条第1項に規定する地方公共団体の長が必要と認める職員を置くものとする」

とされている。

（3）保健所の活動内容
1）対人保健（住民に対するもの）

　一般に保健指導または保健サービスと呼ばれる分野である。母子保健や老人保健など一般的なものは市町村保健センターに任せ，保健所はより専門的・広域的な業務に特化している場合が多い。ただし，中核市や政令指定都市（方自治法第252条の19に規定されるよう，「政令で指定する人口50万人以上の市」），特別区などは保健所設置主体と一致するため，保健所がかなり詳細な部分まで行っている例もある。

　①ガンなどの生活習慣病の集団検診，予防接種
　②妊婦，乳児に対する健診や指導
　③エイズの検査，相談，啓発
　④SARSや結核など市町村単独ではなく広域での対応が望ましい，または専門的な対応が求められている感染症対策。
　⑤保健師による健康への相談，アドバイス，一般的な健康診断
　⑥精神保健福祉にかかわること
　⑦市町村保健師，管理栄養士などへの教育や研修，指導，相談など
である。

2）対物保健（地域に関するもの）

　一般に生活衛生と呼ばれ，食品衛生，獣医衛生，環境衛生および薬事衛生の4分野からなる（薬事衛生業務は，自治体によっては生活衛生には含まない場合もある）。これらは営業許可や立ち入り検査，違反施設に対する営業停止など，いわゆる「権力行政」としての権限を多く持っている。対応する法律により資格が規定されており，食品衛生監視員，狂犬病予防員，動物愛護担当職員，環境衛生監視員，薬事監視員がそれぞれの業務を受け持つ。

　①食中毒の原因調査，および食中毒予防のための普及啓発活動
　②食品の製造，流通，調理および販売施設・卸売市場・集団給食施設に対す

る営業許可・監視指導ならびに食品や容器包装などの収去（抜き取り）検査

③動物の管理の相談

④野犬・野良猫などの管理，引き取り先の募集（里親募集）

⑤美容所，理容所，クリーニング所，旅館（ホテルなど宿泊施設全般），興行場（映画館，劇場），公衆浴場の監視指導

⑥河川や井戸，プールなどの水質検査

⑦公害対策（大気汚染，水質汚濁，土壌汚染など）など

である。

なお市によっては清掃業務を所管する部局で行っている場合もある。

保健所は，これらのほかに，環境衛生上の正しい知識の普及を図ることや環境衛生上の相談に応じ，環境衛生上必要な指導を行うことなどの活動を遂行する建築物衛生法における保健所（建築物衛生法3条に規定されている）業務や栄養の改善および食品衛生に関する業務，住宅，水道，下水道，廃棄物の処理，清掃その他の環境の衛生に関する業務，医療および薬事に関する業務，公共医療事業の向上および増進に関する業務，母性および乳幼児ならびに老人の保健に関する業務，歯科保健に関する業務，精神保健に関する業務など，多岐にわたる活動領域を行っている。近年では市町村保健センター，福祉事務所などと統合され「保健福祉事務所」，「福祉保健所」，「保健福祉センター」，「健康福祉センター」などの名称となっているところもある。

事 例

イノシシが突進してきた

和美さん（仮名）は，関東地区のある地方都市で暮らしている。彼女のふるさとは，山々が連なり，風光明媚なところである。市内には，精密工場や農産物の加工企業などあるが，多くの人が先祖代々の田畑を耕し，兼業や専業で農産物をつくっている。だから，6月頃から10月頃までは，田畑に作物の実りいたるところで見られる。

和美さんは，8月のある早朝，父親に頼まれて，田んぼに水を入れるために，自宅の田んぼや畑のあるところへやってきた。すると，「ブーブー」，「ブキャ」などの動物の鳴き声がする。あたりはまだ薄暗い。音を立てずに，田んぼや畑があるほうに近づいていくと，イノシシの親子が5頭ほど，田んぼや畑の中へ入り，作物を食

い散らかしている。和美さんは,「あらーっ,また,やられた」と思い,バケツを叩きながら追い払おうとした。すると,和美さんをめがけて2頭の親イノシシ突進してきた。和美さんは,怖くて腰が抜けてしまった。そして,イノシシは作物の大半を食い散らかして,山の方へ逃げて行った。

　イノシシやサル,鹿などが農産物を食べるために,山から民家のほうへ下りてくるのは,めずらしいことではない。それにしても今年は例年になく被害が多い。山にイノシシの餌が少ないのかもしれない。

　和美さんは,イノシシが居なくなるのを見計らって自宅へ帰り,父親に状況を報告した。

　すると父親は,「また,今年も米や野菜は採れないな」と言って,がっかりした表情をして頭を抱えた。そして「何とかならないものか」と保健所に電話を入れて,駆除の依頼をした。

(4) 課　題

　1市1保健所となり,また,市町村合併が推進されたことにより,保健所の活動範囲が広くなっている。そのために,従来通りの保健所の活動を担い切れない状況にあり,今後の保健所のあり方や支援の方法について再検討すべき時期に来ている。

　ただし,保健所は,広域的・専門的業務や監視・指導といった許認可関係業務を担い,今後も地域全体の健康問題を把握し対応を行っていく必要性は変わらない。

　そのなかで,地域の健康情報の活用や提供に必要とされる健康情報の活用提供,地域に必要とされる調査や研究,先駆的事業への取り組みは不十分である。また,O157やO111,ノロウィルス,**高病原性鳥インフルエンザ**,肺結核,**薬剤耐性淋病**などの感染症予防が必要な事態が多々散見されることから,これらの予防対策を重点的に行うことが不可欠となっている。さらに,年齢や性別に関係なく,精神疾患に陥る人が増加傾向にあることから,家庭や教育機関,企業などを含めた形での精神衛生の管理の充実は保健所の活動として重要視される必要がある。加えて,保健所の新たな役割とされる健康危機管理機能(テロ・災害)や地域での体制整備(システム・マニュアルなど)は今後の課題である。

---用語解説---

高病原性鳥インフルエンザ

鳥に感染するインフルエンザを「鳥インフルエンザ」と呼んでいる。そのなかでも鳥に対して重篤な症状を起こすものを，「高病原性鳥インフルエンザ」と呼ぶこととしている。数的には少ないが，人間に罹患した事例がある。
出所：伊藤正男『医学書院医学大辞典』医学書院，2009年，参照。

薬剤耐性淋病

抗菌薬が効かない耐性菌淋病のことをいう。排尿時の痛み，外尿道口の発赤や膿性尿道分泌物などが主な症状を示す。また，精巣上体炎を起こすと発熱，悪寒，戦慄などの全身症状，および陰嚢の腫大，痛みが生じることもある。
出所：伊藤正男『医学書院医学大辞典』医学書院，2009年，参照。

第7節　市町村保健センター

　地域における母子保健，老人保健，精神保健などの地域の拠点であり，市町村レベルの健康づくりの役割を果たす場である。

（1）市町村保健センターの概要

　市町村保健センターに関する根拠法は地域保健法第4章第18条であり，「市町村は，市町村保健センターを設置することができる」，「市町村保健センターは，住民に対し，健康相談，保健指導および健康診査その他，地域保健に関する必要な事業を行うことを目的とする施設である」にもとづいた地域における母子保健・老人保健の拠点である。保健所とは異なり，市町村レベルでの健康づくりの場である。保健所の所長が事実上は医師に限定されるのに対してセンター長は医師である必要はないが，活動の中心は保健師が中心となっている。市町村保健センターは，多様化・高度化する地域および地域住民の保健ニーズに，より綿密な対応をしてゆくために，そして，より地域住民に身近な対人保健サービスを行うことができる拠点として，1994（平成6）年に地域保健法において法定化されたものである。

したがって，市町村は市町村保健センターを設置することができ（任意設置），市町村レベルで地域住民が健やかに生活を送ることができるように健康づくりなどの取り組みを推進するための中心的な役割を担っている。

　市町村保健センターは健康づくりや健康予防の拠点という位置づけをすることができる。市町村保健センターの具体的な業務は，市町村に対して，健康相談，保健指導および健康診査，市町村保健センターは，住民に対し，健康相談，保健指導および健康診査，その他地域保健に関する必要な事業を行うことを目的とする施設である。子どもに関しては，乳幼児健診時における障害の早期発見や療育（発達）相談，治療教室の開催や遊びの場などとして提供している。加えて，その他の地域保健に関して必要な事業を総合的に行う。

（2）職　員

　市町村保健センターの職員は，所長，保健師，栄養士，歯科衛生士，医療事務員などである。ただし，保健師，栄養士，歯科衛生士，（医療）事務員など有資格者であれば，専任職員である必要はない（地域保健施行令第5条第1項）。

（3）課　題

　地域住民の健康増進や生活習慣病，精神疾患の予防のための保健・医療・福祉全般を通じ，その充実した総合的窓口の設置を行うことや，保健師と介護福祉士・ホームヘルパーの共通の活動拠点としての役割を担うことが期待される。また，各地域で在宅福祉サービスを提供している（ブランチ）機関との連携や，社会福祉施設や福祉系企業との連携など，医療や保健，福祉の充実や総合的機能の整備と対応が可能となるシステムの構築が必要不可欠である。

　また，一方で地域住民が高齢化社会や超ストレス社会の負の影響を受けないための対策として，市町村保健センターが歯科医師（歯科衛生士）や内科医，小児科医，外科医，精神科医，臨床心理士，ソーシャルワーカーなどのネットワーク化を図り，地域住民のヘルスプロモーション（すべての人びとがあらゆる生活舞台──労働・学習・余暇そして愛の場──で健康を享受することのできる公正な

社会の創造）を積極的に遂行できるような環境づくりを行うことが必要である。

第8節　児童委員（民生委員）・主任児童委員

　児童委員制度は戦前の方面委員制度（大阪府）の流れを踏襲したものである。その中で，戦後になって，児童福祉法成立と共に，ボランティアイズムを基礎とした児童委員・民生委員制度として社会的に地域福祉の重要な担い手として位置づけられた。しかし，2005（平成17）年5月に社会福祉事業法が社会福祉法に改正されたと同時に，従来の「保護・指導」という視点から「相談・助言・援助・支援」という視点に大きく変化して，これまでの名誉職としてのボランティアではなく，住民の多様な相談や必要なニーズの充足のために，児童相談所や福祉事務所，保健所，学校，幼稚園，保育所（園）などの社会資源と連携・協働できる，住民と共に彼らの家族関係の支援や日常生活をサポートできるような活動が期待されるようになっている。

（1）児童委員の役割

　児童福祉法においては，児童委員の活動について，児童福祉法第16条1項では，児童および妊産婦につき，適切に状況を把握し，必要を認める時には，その保護，保健その他の福祉に関し，サービスを適切に利用するために，援助および指導を行うと規定している。また，児童福祉法第17条4項では，児童および妊産婦の必要やサービスや支援を提供するために，児童福祉司または福祉事務所の社会福祉主事の行う職務に協力が必要な場合は，協働することを示唆している。さらに，児童福祉法第16条第2項では，児童委員は児童福祉法にもとづくもので，市町村に置かれ，民生委員がこの職を兼務すると規定されている。

　そのために，児童委員は，これらの法律にもとづいて，子育て支援，あるいは子育て家庭への支援活動など，地域で生活する児童や家庭をめぐる状況について検討し，その上で，必要に応じて，保育所（園）や児童相談所，福祉事務所の児童家庭相談室などの団体などと連携しながら，役割分担を明確にし，事

態の解決・緩和のために，相談・支援体制を整え，尽力することが期待されている。

（2）主任児童委員の役割

　主任児童委員は1994（平成6）年1月から設置された。主任児童委員は児童委員（民生委員）の中でも主に児童委員の活動に力点を置いている委員のことを意味する。

　また，都市化・産業化・核家族化が進行する中で，保育所への待機児童の問題や児童虐待，児童の放任，引きこもり，いじめ，家庭環境（経済・夫婦関係・親子関係など）の悪化などの問題が複雑化・多様化する事態を迎え，児童委員（民生委員）の役割が重要視されるようになった。

　これらの状況を背景として，児童福祉に関する事項を専門的に担当する者の必要性が高まり，主任児童委員制度が発足した。その業務は，児童委員と児童福祉に関する連絡調整を行うと共に，児童委員の活動に対する支援やアドバイスなどを行うこととなっている（児童福祉法17条②）。

事例

子どもが好きになれない

　秀美さん（仮名）は25歳の主婦（再婚）である。子どもは，初婚の時に生まれた翔君（3歳，仮名）と再婚して生まれた亜紀ちゃん（1歳，仮名）がいる。二人の子どもは幼稚園や保育園には通っていない。ところが，再婚して亜紀ちゃんが生まれたときから，翔君がぐずると，初婚の時のご主人に似ているところが彼の行動の中に見て取れ，衝動的に手を出すようになった。再婚したご主人は翔君を可愛がってくれているが，亜紀さんは，翔君の存在を疎ましく思うようになった。

　亜紀さんは，このままでは「虐待」になってしまうという恐れを感じ，近隣に住む児童委員の細川さんに相談することにした。

（3）児童委員の選出と任期

　2010（平成22）年12月1日までの委嘱数は，228,550（定数：233,905）人である。その内訳は地区担当については207,452（定数：212,304）人であり，かつ主任児

童委員は21,098（定数：21,601）人である。いずれの委員も定数を満たしていない（厚生労働省福祉行政報告例）。

　児童委員の選出の規定はない。したがって，民生委員法の民生委員の選出規定に準拠することになる。児童委員（民生委員）の選出は，まず都道府県知事は，市町村の民生委員推薦会が推薦した人について，地方福祉審議会の意見を聴いて推薦する。それを受けて，都道府県知事は厚生労働大臣に推薦する。そして，都道府県知事から推薦を受けた人に対して，厚生労働大臣が児童委員を委嘱する。

　児童委員（民生委員）の任期は3年であり，再任を妨げない。ただし，補欠の民生委員の任期は前任者の任期期間と規定されている（児童福祉法第10条）。また，児童委員（民生委員）の活動に支障が出る状況や怠惰，ふさわしくない非行が生じた場合は，地方福祉審議会の審査を経た上で，その任を解くことができる（民生委員法第12条）。

　主任児童委員の委嘱は，かつては都道府県知事（政令指定都市および中核市の長）から委嘱を受けることになっていたが，2001（平成13）年の児童福祉改正により，主任児童委員の委嘱は，児童委員の中から，厚生労働大臣が直接指名することになった。また，これにあわせて主任児童委員に関する規定が，児童福祉法第16条第3項に設けられることとなっている。

（4）課　題

　20世紀後半から21世紀にかけて，経済の発展や家庭の活動（生活・教育・福祉領域）の外部委託化が進められる中で，家族員の関係や地域社会でのつながりが希薄化し，家族や個人がカプセル化・孤立化する状況が散見されるようになった。また，これらの事態が要因や背景となる事件や事故も，日常的に，新聞やTVなどのマスコミを賑わせている。

　そのために，近年，これらを対策として地域福祉や地域福祉教育に力が注がれている。この地域福祉を推進する上で，欠かせないのが児童委員（民生委員）の数や質の向上である。また，児童委員（民生委員）は，住民同志が支え合い，

励まし合う中で，地域福祉の大切な担い手として認識し，地域社会のなかで位置づけられる必要がある。

第9節　児童福祉施設

　家庭養護（一般家庭）を公的に支援・補完・代替し，児童の状況に応じて，児童への支援を行うことを社会的養護と言う。ここで取り上げる児童福祉施設は保護者に代わって代替的養護を担う機関である。この節では，本来は家庭で担うべき児童の養育の役割を，乳児院や児童養護施設・母子生活支援施設・児童自立支援施設・母子生活支援施設などの養護系児童施設と，障害系児童施設を入所型施設である福祉型障害児施設（保護，日常生活の指導，知識技能の付与を行う）および医療型障害児施設（保護，日常生活の指導，独立自活に必要な知識技能の付与および治療を行う）に分類して概要を説明する。加えて，障害系児童通所支援として，「児童発達支援」や「医療型発達支援」，「放課後等ディサービス」，「保育所等訪問支援」について簡単な説明を行う（厚生労働省，障害保健福祉関係主管課長会議等資料〔2011年3月22日開催参照〕）（児童福祉法7条・42条・43条）。

　障害系施設に関する枠組みの変更は，2012（平成24）年4月1日付けの児童福祉法および障害者自立支援法の改正にもとづくものである。なお，社会的養護に関しては，別章で詳細に解説するので，この節では，必要最低限の説明に留めておくことにする。

コラム

改正児童福祉施設

児童福祉法第7条
　この法律で，児童福祉施設とは，助産施設，乳児院，母子生活支援施設，保育所，児童厚生施設，児童養護施設，障害児入所施設，児童発達支援センター，情緒障害児短期治療施設，児童自立支援施設及び児童家庭支援センターとする。
　出所：山縣文治・福田公教・石田慎二監修／ミネルヴァ書房編『社会福祉六法』，
　　　　2012（平成24）年4月参照。

（1） 養護系施設（第一種社会福祉事業）

1） 乳児院

乳児院は措置施設である。乳児院は，乳児（保健上，安定した生活環境の確保その他の理由により特に必要のある場合には，幼児を含む）を入院させて，これを養育し，あわせて退院した者について相談その他の援助を行うことを目的とする施設である（児童福祉法37条）。この施設は2歳未満の乳児（必要があれば就学前まで）を入所させてこれを養育し，あわせて退院した者について相談その他の援助を行うことを目的とする児童福祉施設である。乳児院は，児童養護施設や児童自立施設と同様に，利用者は児童相談所を経由して措置される。

2） 児童養護施設

児童養護施設は措置施設である。児童養護施設は，保護者のない児童（乳児を除く。ただし，安定した生活環境の確保その他の理由により特に必要のある場合には，乳児を含む。以下この条において同じ）。虐待されている児童その他環境上養護を要する児童を入所させて，これを養護し，あわせて退所した者について相談その他の援助を行うことを目的とする施設とする（児童福祉法41条）。

3） 母子生活支援施設

母子生活支援施設は選択・契約施設である。母子生活支援施設は，配偶者のない女子またはこれに準ずる事情にある女子およびその者の監護すべき児童を入所させて，これらの者を保護すべき児童を入所させて，これらの者を保護すると共に，これらの者の自立の促進のためにその生活を支援し，あわせて退所した者について相談その他の援助を行うことを目的とする施設とする（児童福祉法第38条）。

コラム

児童養護施設の卒園生はどのくらい大学へ進学するの

厚生労働省「児童養護などの社会的養護に関する検討会」（2011〔平成23〕年1月28日）の資料によると，全国の高校生の大学生への進学率が53.9%であるのに対して，全国の児童養護施設卒園生は10.8%となっている。

児童養護施設の卒園生の大学進学率が低く抑えられている要員は大きく分けると

2つに分けられる。1つは受験費用や学費，在学中の生活費の確保がむずかしいことである。やはり，高校時代からアルバイトをしたり，卒園した施設から支援を受けたりしても，自力で学業を継続することは大変な苦労がともなう。

2つめは，入所した児童の成績が伸びにくい事態が見られるからである。もっとも心身や脳が発達する時期に，愛情や栄養，環境に恵まれなかったことは，たとえ児童養護施設へ入所したからといって，急激に取り戻せるものではない。特に，脳の発達に関しては取り返しがつかないものである。

これらの2つの理由と進学率の低さは深い関係があると考えられている。

4）児童自立支援施設

児童自立支援施設は措置施設である。児童自立支援施設は，不良行為をなし，またはなすおそれのある児童および家庭環境その他の環境上の理由により生活指導等を要する児童を入所させ，または保護者の下から通わせて，個々の児童の状況に応じて必要な指導を行い，園自立を支援し，あわせて退所した者について相談その他の援助を行うことを目的とする施設である（児童福祉法44条）。

5）情緒障害児短期治療施設

情緒障害児短期治療施設は措置施設である。軽度の情緒障害（不登校，引きこもり，緘黙，小心，乱暴，夜尿，吃音，チック，爪かみ，拒食，偏食など）する児童を，短期間，入所させ，または保護者の下から通わせて，その情緒障害を治し，あわせて退所した者について相談その他の援助を行うことを目的とする施設とする（児童福祉法43条の2）。

（2）障害系施設

1）障害児入所支援（第一種社会福祉事業）

障害児入所支援は，重度，重複障害や被虐待児への対応を図るほか，自立（地位生活移行）のための支援を充実する。この施設は，重度，重複障害や被虐待児の増加など，各施設における実態を考慮した支援を行う。また，18歳以上の者は障害者施策（障害福祉サービス）で対応することになることをふまえ，自立（地域生活移行）を目指した支援を提供する。

支援を提供する児童は，身体に障害のある児童，知的障害のある児童又は精

神に障害のある児童(発達障害児を含む)とされる。医療型は,入所等をする児童のうち医療処置が必要な自閉症児や肢体不自由児,重症心身障害児などが対象とされる。また,障害児手帳の有無を問わないで,児童相談所,市町村保健センター,医師等により療育の必要性が認められた児童も対象とする。入所支援を受けなければその対象者の福祉を損なう恐れのある時には,満20歳に達するまで施設を利用することが可能である。基本的には,身体障害,知的障害,精神障害を対象児童とすることが望ましいが,必要に応じて障害の特性に応じた支援の提供も可能である。

児童に提供される支援は,福祉型障害児入所施設においては,保護や日常生活の指導,知識技能の付与などである。医療型障害児入所施設においては,保護や日常生活の指導,独立時活に必要な知識技能の付与および治療などである。

コラム

児童福祉法第7条(障害児入所支援)

児童福祉法第7条
②この法律で,障害者入所支援とは,障害児入所施設に入所し,又は指定医療機関に入院する障害児に対して行われる保護,日常生活の指導及び知識技能の付与並びに障害児入所施設に入所し,又は指定医療機関に入院する障害児のうち知的障害のある児童又は肢体不自由のある児童,肢体不自由のある児童又は重度の知的障害及び重度の肢体不自由が重複している児童(以下,「重症心身障害児」という。)に対し行われる治療をいう。

出所:山縣文治・福田公教・石田慎二監修/ミネルヴァ書房編『社会福祉六法』,2012(平成24)年4月,参照。

---

2) 障害児通所支援(第二種社会福祉事業)

障害児の通所支援は大幅に変更になった。

①児童発達支援

この法律で,児童発達支援とは,障害児につき,児童発達支援センターその他の厚生労働省令で定める施設に通わせ,日常生活における基本的な動作の指導,知識技能の付与,集団生活への適応訓練その他の厚生労働省令で定める便宜を供与することをいう(児童福祉法第6条2項)。

第 3 章　児童家庭福祉の実施体制

　コラム

児童福祉法第 6 条の 2

　この法律で，障害児通所施設とは，児童発達支援，医療型児童発達支援，放課後等デイサービス及び保育所等訪問支援をいい，障害児通所支援事業とは，障害児通所支援を行う事業をいう。

　出所：山縣文治・福田公教・石田慎二監修／ミネルヴァ書房編『社会福祉六法』，
　　2012（平成24）年 4 月，参照。

---

②医療型児童発達支援

　この法律で，医療型児童発達支援とは，上肢，下肢または体幹の機能の障害（以下，「肢体不自由」と言う）のある児童につき，医療型児童発達支援センターまたは独立行政法人国立病院機構もしくは独立行政法人国立精神・神経医療研究センターの設置する医療機関であって厚生労働大臣が指定するもの（以下，「指定医療機関」と言う）に通わせ，児童発達支援及び治療を行うことを言う（児童福祉法第 6 条 3 項）。

③放課後等デイサービス

　この法律で，放課後等デイサービスとは，学校教育法（昭和22年法律第26号）第一条に規定する学校（幼稚園および大学を除く）に就学している障害児につき，授業の終了後または休業日に児童発達支援センターその他の厚生労働省令で定める施設に通わせ，生活能力の向上のために必要な訓練，社会との交流の促進その他の便宜を供与することを言う（児童福祉法 7 条第 4 項）。

④保育所等訪問支援

　この法律で，保育所等訪問支援とは，保育所その他の児童が集団生活を営む施設として厚生労働省令で定めるものに通う障害児につき，当該施設を訪問し，当該施設における障害児以外の児童との集団生活への適応のための専門的な支援その他の便宜を供与することを言う（児童福祉法 7 条第 5 項）。

　なお，児童施設の中に**助産施設および保育所**，**児童家庭支援センター**は，養護系施設および障害系施設のどちらにも位置づけられてはいない。

○ 障害児支援の強化を図るため，現行の障害種別ごとに分かれた施設体系について，通所・入所の利用形態の別により一元化。

《〈障害者自立支援法〉》　【市町村】
- 児童デイサービス

《〈児童福祉法〉》　【都道府県】
- 知的障害児通園施設
- 難聴幼児通園施設
- 肢体不自由児通園施設(医)
- 重症心身障害児(者)通園事業(補助事業)

```
通所サービス →
```

《〈児童福祉法〉》　【市町村】
- 障害児通所支援
  - ・児童発達支援
  - ・医療型児童発達支援
  - 新 ・放課後等デイサービス
  - ・保育所等訪問支援

- 知的障害児施設
- 第一種自閉症児施設
- 第二種自閉症児施設
- 盲児施設
- ろうあ児施設
- 肢体不自由児施設(医)
- 肢体不自由児療護施設
- 重症心身障害児施設(医)

```
入所サービス →
```

【都道府県】
- 障害児入所支援
  - ・福祉型
  - ・医療型

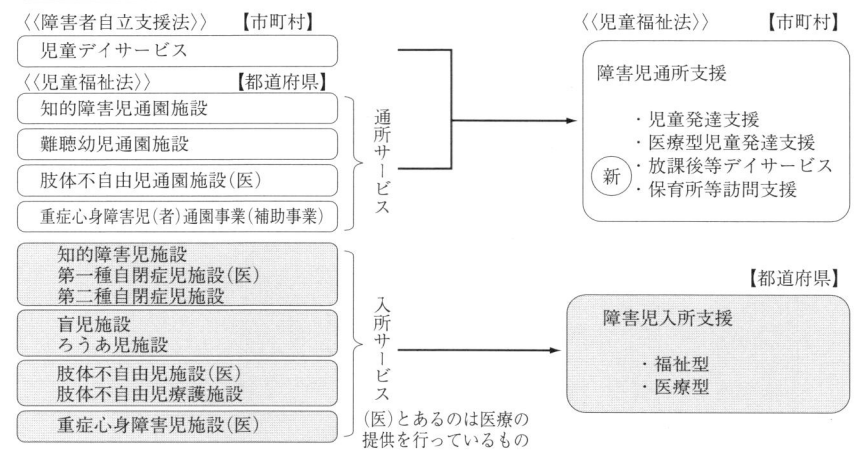

(医)とあるのは医療の提供を行っているもの

図 3-1　障害児施設・事業の一元化イメージ

出所：厚生労働省「障害保健福祉関係主管課長会議等資料」(2011年3月22日開催)。

用語解説

助産施設

　助産所は，助産師が助産（分娩の手助け）を行う場所，または妊婦・褥婦もしくは新生児の保健指導などを行う場所として適法に設置された施設を言う。日本では，その法的根拠は医療法第2条にあり，「助産師が公衆又は特定多数人のためその業務（病院又は診療所において行うものを除く）を行う場所をいう」と規定される。一般には助産院と呼ばれることもある。児童福祉法に定められる助産施設についてもここで扱う。

児童家庭支援センター

　児童家庭支援センターは，1998（平成10）年度の児童福祉法改正にともなって新たに創設されたもので，当初は児童心理療育施設，児童養護施設，児童自立支援施設，母子生活支援施設，乳児院に附置されるものであった。しかし，2008（平成20）年の児童福祉法改正により，独立した施設として運営することも可能となった。上記各施設の培ってきた育児ならびに教育のノウハウを活かす形で18歳未満の子どもに関するさまざまな相談を受け付ける。また，児童相談所と連携しながら助言・指導，調整および一時的な保護を行う。

第3章　児童家庭福祉の実施体制

○事業の概要
・保育所等を現在利用中の障害児，又は今後利用する予定の障害児が，保育所等における集団生活の適応のための専門的な支援を必要とする場合に，「保育所等訪問支援」を提供することにより，保育所等の安定した利用を促進。

○対象児童
㊲ 保育所や，児童が集団生活を営む施設に通う障害児
※「集団生活への適応度」から支援の必要性を判断
発達障害児，その他の気になる児童を対象

→ 個別給付のため障害受容が必要 → 相談支援事業や，スタッフ支援を行う障害児等療育支援事業等の役割が重要

○訪問先の範囲
㊲
・保育所，幼稚園，認定こども園，小学校，特別支援学校，その他児童が集団生活を営む施設として，地方自治体が認めたもの

（図：A保育所・A幼稚園・B幼稚園・B保育所と児童発達支援センター事業（保育所等訪問支援）を「集団生活への適応支援」で結ぶ）

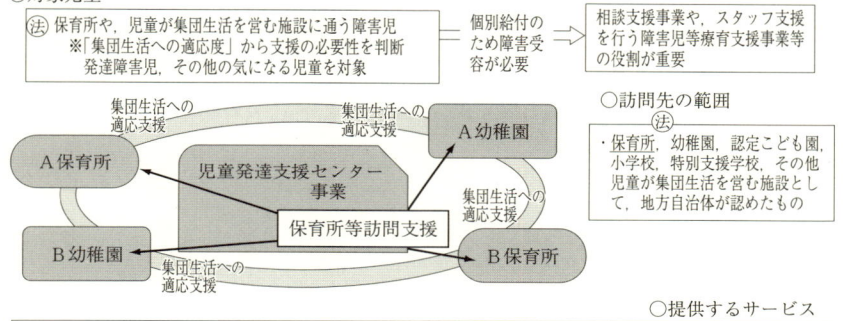

○提供するサービス
㊲ 障害児が集団生活を営む施設を訪問し，当該施設における障害児以外の児童との集団生活への適応のための専門的な支援その他の便宜を供与。
　①障害児本人に対する支援（集団生活適応のための訓練等）
　②訪問先施設のスタッフに対する支援（支援方法等の指導等）
・支援は2週に1回程度を目安。障害児の状況，時期によって頻度は変化。
・訪問担当者は，障害児施設で障害児に対する指導経験のある児童指導員・保育士（障害の特性に応じ専門的な支援が必要な場合は，専門職）を想定。

図3-2　新・保育所等訪問支援のイメージ（案）
出所：厚生労働省「障害保健福祉関係主管課長会議等資料」（2011年6月30日開催）。

〈演習課題〉

1. 児童相談所の役割や活動内容，職員の種類について考えてみましょう。
2. 児童委員と主任児童委員の委嘱の手続きについて理解を深めましょう。
3. 養護系施設と障害系施設の分類の内容を理解しましょう。

〈参考文献〉
厚生統計協会『国民の福祉の動向』通巻第898号，2010年，196～199頁。
西尾勇吾・小崎恭弘編著『子ども家庭論』晃洋書房，2011年，113～129頁。
山縣文治編『よくわかる子ども家庭福祉』ミネルヴァ書房，2010年，82～131頁。
山縣文治編『よくわかる社会福祉』ミネルヴァ書房，2011年，62～66頁，224～225頁。
社会福祉士養成講座編集委員会『児童や家庭に関する支援と児童・家庭福祉制度』中央法規出版，2010年，79～184頁。
社会福祉学習双書編集委員会『児童家庭福祉論』全国社会福祉協議会，2010年，63～92頁。
山岸道子・田中利則・山本哲也『養護内容』大学図書出版，2010年，77～161頁。
山岸道子・田中利則『養護原理』大学図書出版，2010年，22～170頁。

加藤博史『福祉とは何だろう』ミネルヴァ書房，2011年，111〜135頁。
松原和生・宮代克代『民生委員・児童委員の自己研修テキスト』エイデル出版，2005年。
庄司順一編著『Q&A 里親養育を知るための基礎知識（第2版）』明石書店，2009年。
ミネルヴァ書房編集部『社会福祉小六法』ミネルヴァ書房，2011年。
小林育子『保育士のための社会福祉』萌文書林，2007年。
小池由佳・山縣文治編著『社会的養護（第2版）』ミネルヴァ書房，2011年。
厚生労働省・児童家庭局長「児童福祉施設最低基準等の一部を改正する省の施行について」，1〜12頁，2011（平成23）年6月13日。
厚生労働省・児童家庭局長「児童福祉施設最低基準及び児童福祉施行規則の一部を改正する省令等の施行について」，1〜5頁，2011（平成23）年9月1日。
山口県健康福祉部障害者支援課福祉推進班　堂山　晃宏著『児童福祉法一部改正について』，2012（平成24）年4月。
山縣文治・福田公教・石田慎二監修／ミネルヴァ書房編『社会福祉六法』，2012年。
伊藤正男『医学書院医学大辞典』医学書院，2009年2月。
厚生労働省，社会・援護局　障害保健福祉部障害福祉課「児童福祉法の一部改正概要について」平成24年1月13日

〈読者のための参考図書・映画紹介〉
長谷川真人『児童養護施設の子どもたちはいま――過去・現在・未来を語る』三学出版，2000年。
　　――児童養護施設とはどのような施設でどのような子どもたちが生活しており，どのような問題があるか，などについて事例を活用しながら記述している。
須藤八千代『母子寮と母子生活支援施設のあいだ』明石書房，2007年。
　　――著者がケースワークの仕事をしていた時代の母子寮と現代の母子生活支援施設に着目して，その実情を描写している。
映画『誰も知らない』，主演・柳楽優弥／監督・是枝裕和，2004年。
　　――実際に生じた事件をモチーフにしている。複数の男性の間に生まれた6人の子どもたちを，母親が男性と遊び歩く中で長男が面倒を見る中で起きる出来事を描写している。
内閣府『子ども・子育て白書（各年度）』。
　　――少子化の状況および少子化への対処施策の概要を各年度ごとに資料にもとづき分析を試みている。少子化社会での子育て支援施策などの取り組みなどが理解できる。
日本子どもを守る会編『子ども白書（各年度）』。
　　――子どもの生活にかかわる問題を資料にもとづき解説している。子どもの成長・発達をめぐる問題，家庭生活・学校・地域社会での生活における問題を整理解説してある。
『日本子ども資料年鑑』（毎年発行）KTC中央出版。
　　――子どもの生活全般にわたる各種の統計の分析報告。資料分析には大変参考になる。
山縣文治編『よくわかる家庭福祉』ミネルヴァ書房，2012年。
　　――子ども家庭福祉について，テーマごと分析を行った書。教科書の内容を掘り下げて分析するにはコンパクトにまとまっている。
内閣府『男女共同参画白書（各年度）』。
　　――男女共同参画の現状，取り組みについての解説。とりわけ女性や高齢者の参画拡大に

ついての方向性を示している。
山縣文治編『子どもと家族のヘルスケア』ぎょうせい，2008年。
　──現代の子ども家庭福祉問題とその対応について，子どもの取り巻く環境，体のケア，悩みを抱える子どもへの支援，相談施設の役割，事例を示しながら紹介している。
　その他に，社会福祉小六法，保育所保育指解説書，国民の福祉の動向などを参考にすれば，より理解ができる

（田中利則）

第4章
児童福祉施策の課題

　「子どもたちの生活環境が変わった」と言われる。背景には，少子高齢化や核家族化などにともなう家族形態の変化，経済的な不況等の要因があるものと思われる。「安心して子どもを育てる」，「子どもが安心できる生活環境」とはどのようなことか，国の少子化対策や子どもの健全育成，母子保健，養育支援に関する取り組み（施策）を通して学習する。

　キーワード：少子化，健全育成，母子保健，保育

第1節　少子化と子育て支援の施策

（1）少子化の現状

　わが国においては急速に少子化が進行している。1989（平成元）年に合計特殊出生率は，当時の過去最低である1.57を記録した。これは「1.57ショック」と言われ，少子化の傾向が社会から注目を集めた。しかし，その後も少子化は進み，2003（平成15）年には「超少子化国」と呼ばれる水準である1.3を下回る1.29を記録し，さらに2005（平成17）年には，図4-1の通り過去最低の1.26という合計特殊出生率を記録した。

　2006（平成18）年以降，合計特殊出生率は回復傾向にあり，2007（平成19）年には1.34，2009（平成20）年には1.37，2011（平成23）年には1.39まで回復した。しかし，依然として「人口置換水準」を大きく下回っており，低い水準のままである。現在の傾向が続けば，2055（平成67）年には，1年間に生まれる子どもの数が現在の半分以下になるという予測が示されている。

第4章 児童福祉施策の課題

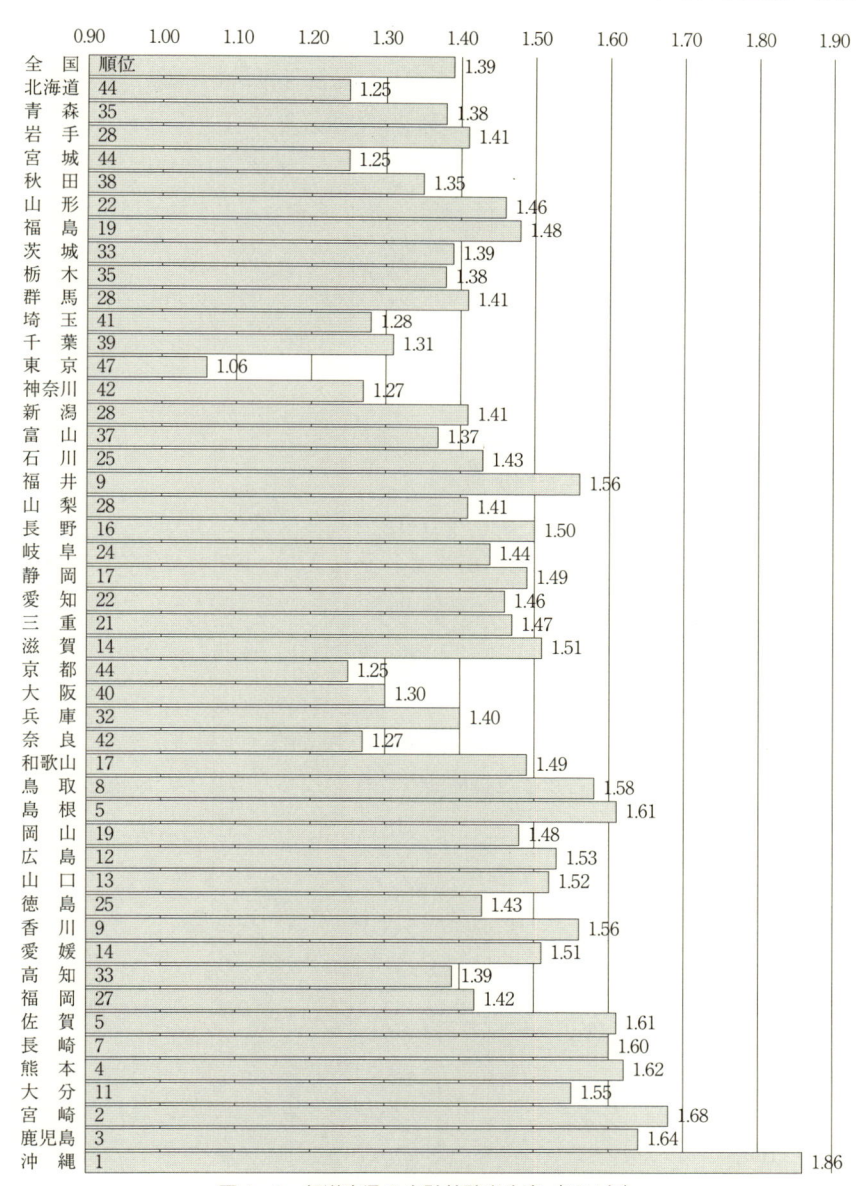

	順位	合計特殊出生率
全　国		1.39
北海道	44	1.25
青　森	35	1.38
岩　手	28	1.41
宮　城	44	1.25
秋　田	38	1.35
山　形	22	1.46
福　島	19	1.48
茨　城	33	1.39
栃　木	35	1.38
群　馬	28	1.41
埼　玉	41	1.28
千　葉	39	1.31
東　京	47	1.06
神奈川	42	1.27
新　潟	28	1.41
富　山	37	1.37
石　川	25	1.43
福　井	9	1.56
山　梨	28	1.41
長　野	16	1.50
岐　阜	24	1.44
静　岡	17	1.49
愛　知	22	1.46
三　重	21	1.47
滋　賀	14	1.51
京　都	44	1.25
大　阪	40	1.30
兵　庫	32	1.40
奈　良	42	1.27
和歌山	17	1.49
鳥　取	8	1.58
島　根	5	1.61
岡　山	19	1.48
広　島	12	1.53
山　口	13	1.52
徳　島	25	1.43
香　川	9	1.56
愛　媛	14	1.51
高　知	33	1.39
福　岡	27	1.42
佐　賀	5	1.61
長　崎	7	1.60
熊　本	4	1.62
大　分	11	1.55
宮　崎	2	1.68
鹿児島	3	1.64
沖　縄	1	1.86

図4-1　都道府県の合計特殊出生率（2011年）

出所：厚生労働省「人口動態統計」。

(2) 都道府県別に見た少子化の状況

厚生労働省の発表した「平成22年度人口動態統計月報年計（概数）の概況」によると日本の2011（平成23）年の全国の合計特殊出生率は1.39であった。47都道府県別に見ていくと、全国の合計特殊出生率を上回る県は31県であり、下回る県は13県であった。全国の中で合計特殊出生率がもっとも高いのが沖縄県（1.86）であり、以下、宮崎県（1.68）、熊本県（1.62）、児島県（1.64）の順であった。一方で、もっとも低いのが東京都（1.06）であり、続いて北海道（1.25）、京都府（1.25）、宮城県（1.25）、奈良県（1.27）という順で、大都市を含む地域が低くなっていた。

(3) 諸外国の合計特殊出生率の推移

主な国の2010（平成22）年度における合計特殊出生率は表4-1の通りである。

主な国の合計特殊出生率と諸外国の推移を見ると、1970（昭和45）年から1980（昭和55）年頃にかけて、低下傾向が顕著となった。背景として子どもの養育コストの増大や結婚・出産に対する価値観の変化、避妊の普及等が指摘されたが、その後、各国が対策を取ったことにより合計特殊出生率の回復する国も見られるようになってきた。フランスでは一時1.6台まで低下したが、これまでの「家族手当等を中心とした経済的な支援」が中心であった政策を、「保育サービスの充実」へとシフトし、さらに出産・子育てと就労に関して幅広い選択ができるような環境整備（「両立支援」）を強める政策へと転換したことなどにより2010（平成22年）には合計特殊出生率は2.01迄回復した。

表4-1 合計特殊出生率（最新年次）

国・地域	年次	合計特殊出生率	国・地域	年次	合計特殊出生率
日　　本	2010年	1.39	ド　イ　ツ	2010年	1.39
アメリカ	2010年	1.93	タ　　イ	2010年	1.80
フランス	2010年	2.01	シンガポール	2010年	1.15
スウェーデン	2010年	1.98	韓　　国	2010年	1.23
イギリス	2010年	2.00	香　　港	2010年	1.11
イタリア	2010年	1.40	台　　湾	2010年	0.90

出所：内閣府『平成24年版　子ども・子育て白書』。

第4章　児童福祉施策の課題

（4）出生率低下の社会的な背景

　出生率が低い水準に推移している社会的な背景として，次のような要因が考えられる。

　①働き方に関する取り組みが十分になされていない。

　②雇用不安などにともない経済的な格差が生じ，子どもを育てることに関する不安がある。

　③子育て支援に関するサービスが全国どこでも十分に行きわたっている状況ではない。

　④若者が社会的に自立することがむずかしい社会経済状況である。

　これらの要因については以下のような状況のあることが推測される。

　ア．働き方の見直しに関する取り組みが十分になされていない。

　子育て等に向き合う家庭を支えるために国は，子育てと仕事とを両立させるための施策として，労働環境の改善や育児や介護に関する制度づくりや，普及のための取り組みが進められている。しかし，雇用関係の悪化などにともない，現状では男性雇用労働者の1週間の就業時間は，子育て期にある30歳代の男性の4人に1人が週に60時間以上残業している状況がみられ，子どもたちと向き合う時間を確保することは現実的にはかなりきびしい状況にある。

　女性の育児休業の取得状況を見てみると，取得できる状況にあっても育児休業を利用しない場合がある。主な理由としては，「職場への迷惑」と感じたり，育児休業終了後にどのような形で職場に復帰できるのかという不安などにより育児休業を取得しない状況にある。

　イ．国際的な経済的不況の影響を受け，従来型の雇用関係が不安定となり，経済的な格差が生じている。子どもを生み・育てることへの不安を抱き，結婚しても子どもを持つ親になることに躊躇する者も多い。経済的な格差は子どもの教育にも大きな影響を与えている。

　ウ．子育て支援に関するサービスが全国どこでも十分に行きわたっている状況になっていない。

　エンゼルプラン，新エンゼルプラン，子ども子育て応援プランなどにより，

計画的に子育て支援に関するさまざまな子育て支援サービスを提供するための環境整備が進められてきたが，現在の子育て支援サービスへの取り組みは各自治体に任されている部分も大きく，全国どこでも同質の子育て支援サービスが受けられるという訳ではない。利用できる子育て支援サービスは地域によって大きな差異があり，子育て支援サービスを利用したいと思っても利用できないなどの状況が見られる。

　エ．若者が社会的に自立することがむずかしい社会経済状況

　近年，経済的な不況などの影響を受け，特に20〜30歳代の若者が職を求めても思うように職に就けない，職に就いたとしても雇用関係が不安定であったりして，雇用の困難さや失業率の増加傾向が顕著となっている。国は若者の雇用の確保や安心して働くことの可能な環境をつくるための取り組みを行っているが，安定的な雇用環境が得られないため，低賃金や不安定な雇用関係の中で働いている若者の数は多く，経済的に自立できず，自らの経済力で家庭を築くことがむずかしい状況にある。

(5) これまでの少子化対策

　1989（平成元）年の1.57ショックをふまえ，国はこの状態を脱するために1994（平成6）年にエンゼルプラン，2000（平成12）年に新エンゼルプラン，2004（平成16）年に子ども子育て応援プラン，2011（平成23）年に子育てビジョンなどの計画を作成し保育関係事業を中心に具体的な目標を掲げて取り組んできたが，少子化傾向には歯止めがかかりにくい状況にある。これまでの主な対応経過（図第1章31頁，図1−5参照）および，国の作成した計画の概要は以下の通りである。

　1）エンゼルプラン

　少子化対策を推進して行くために政府は1994（平成6）年12月，今後の10年間に取り組んでゆくべき基本的な方向と重点施策について，当時の文部・厚生・労働・建設の4大臣の合意のもとに，総合的な少子化対策を目指した「今後の子育て支援のための施策の基本的方向について」（「エンゼルプラン」と言わ

れる)」を策定すると共に，エンゼルプランで掲げた目標である，保育の量的拡大や低年齢児（0～2歳児）保育，延長保育等の多様な保育の充実，地域子育て支援センターの整備等を計画的に実現することを目指した「緊急保育対策等5か年事業」を策定し，1999（平成11）年度実現を目標として具体的な整備が進められることとなった。

2）新エンゼルプラン

エンゼルプランの後，当時の大蔵・文部・厚生・労働・建設・自治の6大臣の合意のもとにさらに加速する少子化に歯止めをかけようと，より具体的な少子化対策として「重点的に推進すべき少子化対策の具体的実施計画について（新エンゼルプラン）」が策定された。

新エンゼルプランでは，保育関係事業を中心に，在宅児の子育て支援，労働・教育関係の事業を一部加えた数値目標が設定された。

3）子ども・子育て応援プラン

2004（平成16）年度末に新エンゼルプランが終了することにともない，同年度末に，「少子化社会対策大綱にもとづく重点施策の具体的実施計画について（子ども・子育て応援プラン）」が策定された。子ども・子育て応援プランは，少子化社会対策大綱（2004〔平成16〕年6月4日閣議決定）の掲げる4つの重点課題に沿って，2009（平成21）年度までの5年間に講ずる具体的な施策内容と目標を提示している。その重点課題とは，（ア）若者の自立とたくましい子どもの育ち，（イ）仕事と家庭の両立支援と働き方の見直し，（ウ）生命の大切さ，家庭の役割等についての理解，（エ）子育ての新たな支え合いと連帯の4つとし，「子どもが健康に育つ社会」，「子どもを生み，育てることによろこびを感じることのできる社会」への転換がどのように進んでいるのかがわかるよう，おおむね10年後を展望した「目指すべき社会の姿」を掲げ，それに向けて，内容や効果を評価しながら，この5年間に施策を重点的に実施することとしている。

（6）海外の少子化対策との差異

少子化対策方法として「子育てにかかわる経済的な支援」があり，国によっ

て差異が見られる。日本では，児童手当などの現金による支給や，所得税などの税金控除が中心に行われているが，欧米諸国などでは，日本に比較して高い水準の支援が行われている国が多い。

日本の子育てに関する経済的な支援策としては，児童手当法（1968〔昭和46〕年法律第73号）にもとづき，子どもを育てる親に対して手当を支給する児童手当制度が導入されていたが，2010（平成22）年に「次代の社会を担う子ども一人ひとりの育ちを社会全体で応援する」こと，および「子育ての経済的負担を軽減し，安心して出産し，子どもが育てられる社会をつくる」ことを目的として「平成二十二年度における子ども手当の支給に関する法律」が2011（平成23）年3月までの時限立法として同年3月に成立し，4月1日より施行，同年6月より「子ども手当」の制度が導入された。「子ども手当」は従来の「児童手当」と異なり，親の所得に関係なく，0歳から中学校卒業までの全ての子どもに対して，1人につき月額13,000円の手当が支給されることとなった。その後の見直しで，2011（平成23）年10月からは3歳児未満：月額15,000円，3歳児以上小学校修了前（第1子，2子：月額10,000円，第3子以降：月額15,000円），中学生：月額10,000円に変更となった。

「子ども手当」は時限立法（期限を区切って効果を発することのできる法律）としてつくられた制度であったため，抜本的な制度の見直しが行われ，「子ども手当制度」は，これまでの児童手当制度を改正し統一されることになり，そのために必要な児童手当法の改正が行われ，2012（平成24）年4月1日から改正された「児童手当」制度がスタートした。

改正された児童手当法では，親の所得による支給制限（制限を受ける基準額は960万円，夫婦・児童2人世帯）が設けられ，親の所得制限額未満である者の場合，3歳未満：月額15,000円，3歳児以上小学校修了前（第1子・第2子）：月額10,000円，3歳児以上小学校修了前（第3子以降）：月額15,000円，中学生：月額10,000円が支給されることとなった。親の所得が所得制限額以上である者の場合，当分の間の特例給付として月額5,000円が支給されることとなった。

児童手当の支給にともなう費用は国が2，地方（都道府県・市町村）が1の割

第4章 児童福祉施策の課題

合で負担すること等が定められている。

児童手当に関して，欧米主要国の場合を見ると，もっとも手厚い支援が行われているフランスの場合には「家族手当」（児童手当）は，第2子以降の20歳未満の子どもに対して支給される。1か月当たりの支給額は，第2子で117.14ユーロ（約1万9,000円），第3子以降で150.08ユーロ（約2万5,000円）となっており，11歳以上の子どもに対する加算措置等さまざまな方法が取り入れられている。親の所得制限は設けられていない。

イギリス児童手当制度は，原則として16歳未満の第1子から支給されており，1か月当たり支給額は第1子で週18.1ポンド（月額で約1万9,000円），第2子以降で週12.1ポンド（約1万3,000円）となっている。親の所得制限は設けられていない。

ドイツでは他の国とは制度が異なり児童手当の支給と，児童扶養控除の制度が実施されており，いずれか有利な方が適用される仕組みとなっている。児童手当制度は，原則として18歳未満の第1子から支給されており，1か月当たり支給額は第1子から第3子で154ユーロ（約2万5,000円），第4子以降では179ユーロ（約3万円）となっている。

スウェーデンの児童手当制度は，原則として16歳未満の第1子から手当が支給されている。1か月当たりの支給額は，第1子で1,050クローネ（約1万9,000円），第2子で1,150クローネ（約2万円），第3子で1,504クローネ（約2万7,000円）といったように，子どもが多いほど支給額が多くなる仕組みとなっている。親の所得制限は設けられていない。

アメリカには，児童手当制度はなく，所得税制（所得控除，税額控除等）による経済的支援が行われている。

わが国の少子化対策は，保育サービスに関しては比較的充実していると言えるが，児童手当や税制優遇（控除制度）などの経済的支援に関しては，まだ対策の余地がある。今後，子どものいる世帯に対する経済的支援の拡充が望まれている。

(7) これからの少子化対策の視点と「子ども・子育てビジョン」の策定

政府は「エンゼルプラン」等の基本計画を作成し少子化対策を推進し，図4-2に示すような少子化対策を進めてきたが，これまでの対策では少子化傾向のながれを変えることはできなかった。

政府は「子ども・子育て応援プラン」に続く新たな計画である「子ども・子育てビジョン」作成の際に，今後の取り組むべき方向性として以下のような点を挙げ，「出生率の低下傾向に歯止めをかけ好転させるために，少子化の背景にある社会意識を問い直し，家族の重要性の再認識を促し，また若い世代の不安感の原因に総合的に対応するため，少子化対策の抜本的な拡充，強化，転換を図ってゆく」ための計画の作成を行うため，以下のような視点にもとづいた速やかな対応を行い，その結果としてこれからの少子化対策や子育て支援を進めるための国の基本計画として「子ども・子育てビジョン」を策定した。

1）社会全体の意識改革

出生率の向上のためには家族の絆（きずな）や地域の絆を強化すること。

そのためには国，地方公共団体，企業，地域社会等が連携の下で社会全体の意識改革に　取り組むことが重要である。

2）子どもと家族を大切にするという視点に立った施策の拡充

若年世代の経済的な負担を軽減し，家庭と仕事の両立を実現し，育児不安を感ずることなく，子どもを生み育てることのできる社会の実現を目指す。

子育ては第一義的には家族の責任であるが，「子育て家庭を，国，地方公共団体，企業，地域等，社会全体で支援する」という視点を持つことが大切である。子育て支援に関しては，「単に親の負担の軽減を目的とするのではなく，親子の関係を良好にし，子育てのよろこびを実感できることを通じて，家族機能や家族の絆を強めること」が大切で，仕事生活の調和を推進し「親子や夫婦がともに過ごす時間を増やすため，特に子育て家庭が子育てのために必要とするさまざまなニーズや懸念に対して切れ目のない支援」が実現するよう総合的な，少子化対策を進めてゆくことが求められている。

子育て支援策としては，①親の就業の有無にかかわらず，すべての子育て家

庭の支援，②在宅育児や放課後対策も含めた地域の子育て支援策の充実，③仕事と子育ての両立支援の推進，④子育て期の家族が子どもと過ごす時間を確保するための働き方の見直し，⑤出産前後や乳幼児期における親の経済的負担の軽減を含めた対策の充実，⑥就学期における子どもの安全確保に関する抜本的対応，⑦出産・子育て期の医療ニーズに対応できる体制強化，⑧特別な支援を要する子どもおよびその家族への支援の拡充，などを挙げている。

3)「子ども・子育てビジョン」の策定経緯

「新しい少子化社会対策大綱の案の作成方針について」(2008〔平成20〕年12月，少子化社会対策会議決定）を受け，2009（平成21）年1月，内閣府に「ゼロから考える少子化対策プロジェクトチーム」を立ち上げ，少子化対策担当大臣の下，全10回の会合，地方での懇談，大学生との公開討論会を開催し，同年6月には提言（"みんなの"少子化対策）をまとめた。

その後，2009（平成21）年10月，内閣府の少子化対策担当の政務三役（大臣，副大臣，大臣政務官）で構成する「子ども・子育てビジョン（仮称）検討ワーキングチーム」を立ち上げ，有識者，事業者，子育て支援に携わる地方自治体の担当者等からの意見聴取や国民からの意見募集などを行い，2010（平成22）年1月29日，少子化社会対策会議を経て，「子ども・子育てビジョン」が閣議決定された。

子ども・子育てビジョンの策定に当たっては，それまでの取組に関する評価として，施策の利用者の視点からの少子化施策に関する意向調査や，子ども・子育て応援プランに掲げられた数値目標の達成度などをふまえ，検討が進められた。

「利用者意向調査」(2009〔平成21〕年）から，子ども・子育て応援プランに掲げられた「めざすべき社会の姿」の達成度については，特に「若者が意欲を持って就業し，経済的にも自立できるような社会」，育児休業の取得促進，育児期の離職者の減少などの「仕事と家庭の両立支援と働き方の見直し」に関する評価が低いことが，「国の取組み」については，男性の子育て参加促進，労働時間の短縮などの「仕事と家庭の両立支援と働き方の見直し」，「妊娠・出産

の支援体制，周産期医療体制を充実する取組み」に対する評価が低いことが明らかになった。また，「少子化社会対策に関する子育て女性の意識調査」（2009〔平成21〕年）からは，子ども・子育て施策として重要なものについて，経済的支援措置や保育所の充実をはじめとした子どもを預かる事業の拡充，育児休業や短時間勤務などへの要望が高いことなどが明らかになった。

4）「子ども・子育てビジョン」の概要

「子ども・子育てビジョン」では，次代を担う子どもたちが健やかにたくましく育ち，子どもの笑顔があふれる社会のために，子どもと子育てを全力で応援することを目的として，「子どもが主人公（チルドレン・ファースト）」という考え方の下，これまでの「少子化対策」から「子ども・子育て支援」へと視点を移し，社会全体で子育てを支えると共に，「生活と仕事と子育ての調和」を目指すこととしている。

基本的な考え方として，「社会全体で子育てを支える」，「『希望』がかなえられる」を掲げ，子ども・子育て支援施策を行っていく際の大切な姿勢として次の3点を示している。

①生命（いのち）と育ちを大切にする
②困っている声に応える
③生活（くらし）を支える

この3つの大切な姿勢をふまえ，図4-2に示すような「目指すべき社会への政策4本柱」と「12の主要施策」にしたがって，具体的な取組みを進めることとしている。

さらに，このビジョンにもとづき，政府を挙げて，子どもを生み育てることに夢を持てる社会の実現のための施策を強力に推進することとしており，2010（平成22）年度から2014（平成26）年度までの5年間を目途とした数値目標を掲げている。

加えて，ビジョンでは，関連施策については，定期的に進捗状況を点検・評価すると共に，その結果にもとづき，必要な見直しを行うこととしている。

第4章　児童福祉施策の課題

子どもと子育てを応援する社会	家族や親が子育てを担う〈個人に過重な負担〉 ⇒ 社会全体で子育てを支える〈個人の希望の実現〉 ●子どもが主人公（チルドレン・ファースト）　●「少子化対策」から「子ども・子育て支援」へ　●生活と仕事と子育ての調和
基本的考え方	1　社会全体で子育てを支える ○子どもを大切にする ○ライフサイクル全体を通じて社会的に支える ○地域のネットワークで支える　　　　2　「希望」がかなえられる ○生活，仕事，子育てを総合的に支える ○格差や貧困を解消する ○持続可能で活力ある経済社会が実現する
3つの大切な姿勢	○生命（いのち）と育ちを大切にする　　○困っている声に応える　　○生活（くらし）を支える

目指すべき社会への政策4本柱と12の主要施策

1. 子どもの育ちを支え，若者が安心して成長できる社会へ
 (1) 子どもを社会全体で支えるとともに，教育機会の確保を
  ・子ども手当の創設
  ・高校の実質無償化，奨学金の充実等，学校の教育環境の整備
 (2) 意欲を持って就業と自立に向かえるように
  ・非正規雇用対策の推進，若者の就労支援（キャリア教育・ジョブ・カード等）
 (3) 社会生活に必要なことを学ぶ機会を
  ・学校・家庭・地域の取組，地域ぐるみで子どもの教育に取り組む環境整備

2. 妊娠，出産，子育ての希望が実現できる社会へ
 (4) 安心して妊娠・出産できるように
  ・早期の妊娠届出の勧奨，妊婦健診の公費負担
  ・相談支援体制の整備（妊娠・出産，人工妊娠中絶等）
  ・不妊治療に関する相談や経済的負担の軽減
 (5) 誰もが希望する幼児教育と保育サービスを受けられるように
  ・潜在的な保育ニーズの充足も視野に入れた保育所待機児童の解消（余裕教室の活用等）
  ・新たな次世代育成支援のための包括的・一元的な制度の構築に向けた検討
  ・幼児教育と保育の総合的な提供（幼保一体化）
  ・放課後子どもプランの推進，放課後児童クラブの充実
 (6) 子どもの健康と安全を守り，安心して医療にかかれるように
  ・小児医療の体制の確保
 (7) ひとり親家庭の子どもが困らないように
  ・児童扶養手当を父子家庭にも支給，生活保護の母子加算
 (8) 特に支援が必要な子どもが健やかに育つように
  ・障害のある子どもへのライフステージに応じた一貫した支援の強化
  ・児童虐待の防止，家庭的養護の推進（ファミリーホームの拡充等）

3. 多様なネットワークで子育て力のある地域社会へ
 (9) 子育て支援の拠点やネットワークの充実が図られるように
  ・乳児の全戸訪問等（こんにちは赤ちゃん事業等）
  ・地域子育て支援拠点の設置促進
  ・ファミリー・サポート・センターの普及促進
  ・商店街の空き店舗や学校の余裕教室・幼稚園の活用
  ・NPO法人等の地域子育て活動の支援
 (10) 子どもが住まいやまちの中で安全・安心にくらせるように
  ・良質なファミリー向け賃貸住宅の供給促進
  ・子育てバリアフリーの推進（段差の解消，子育て世帯にやさしいトイレの整備等）
  ・交通安全教育等の推進（幼児二人同乗用自転車の安全利用の普及等）

4. 男性も女性も仕事と生活が調和する社会へ（ワーク・ライフ・バランスの実現）
 (11) 働き方の見直しを
  ・「仕事と生活の調和（ワーク・ライフ・バランス）憲章」及び「行動指針」に基づく取組の推進
  ・長時間労働の抑制及び年次有給休暇の取得促進
  ・テレワークの推進
  ・男性の育児休業の取得促進（パパ・ママ育休プラス）
 (12) 仕事と家庭が両立できる職場環境の実現を
  ・育児休業や短時間勤務等の両立支援制度の定着
  ・一般事業主行動計画（次世代育成支援対策推進法）の策定・公表の促進
  ・次世代認定マーク（くるみん）の周知・取組促進
  ・入札手続等における対応の検討

図4-2　子ども子育てビジョンの概要
出所：内閣府『平成24年度版　子ども子育て白書』。

第2節　子育て支援事業の法制化

　少子化対策や子育て支援を進めるために国は基本計画を策定する共に，その

ために必要な基本法の整備をはじめ，関連する支援事業の計画や実施にための指針づくりを進めてきた。具体的には，前項でふれた通り，短期的な視点だけではなく，中長期的な視野を持った総合的な対策を目指し，「今後の子育て支援のための施策の基本的方向について」（エンゼルプラン）の策定に続き，「当面の緊急保育対策等を推進するための基本的考え方」（緊急保育対策等5か年事業），「少子化対策推進基本方針」(1999〔平成11〕年12月少子化対策推進関係閣僚会議決定)，「重点的に推進すべき少子化対策の具体的実施計画について」（新エンゼルプラン）(1999〔平成11〕年12月)，「少子化社会対策大綱に基づく重点施策の具体的実施計画について（子ども・子育て応援プラン）」と各種の方針や計画を作成し，事業の継続性が図られてきた。2010（平成22）年1月には少子化社会対策基本法にもとづく「大綱」として「子ども・子育てビジョン」が閣議決定され同年の4月よりスタートしたことにより新たな，子育て支援事業の展開をみることとなった。

　本節では，子育て支援事業を展開してゆく上で大切な「少子化社会対策基本法（2003〔平成15〕年）」，「次世代育成支援対策推進法（2003〔平成15〕年）」，および関連した動向についてについて説明を行う。

（1）「少子化社会対策基本法」および「少子化社会対策大綱」

　少子化の傾向が急速に進展することは今後の国民生活に深刻な影響を及ぼすものであるという認識に立ち，このような事態に長期的に対処してゆくことを目的として2003（平成15）年7月，議員立法により，少子化社会において講じられる施策の基本理念を明らかにし，少子化に的確に対処するための施策を総合的に推進するために「少子化社会対策基本法」(2003〔平成15〕年法律第133号)が制定され，同年9月に施行となり，内閣府に，内閣総理大臣を会長とし，全閣僚を構成員とする「少子化社会対策会議」が設置された。

　同法によれば国の取るべき施策の基本理念とし以下に示すような4点を示すと共に，国および地方公共団体の責務，少子化に対処するために講ずるべき施策の基本となる事項，その他の関連する事項が定められている。

少子化社会対策基本法では，政府に，少子化に対処するための施策の指針としての大綱の策定が義務づけられ，「少子化社会対策大綱」（2004〔平成16〕年6月4日閣議決定）に続き，「少子化社会対策大綱に基づく重点施策の具体的実施計画について（子ども・子育て応援プラン）」（2004〔平成16〕年12月24日少子化社会対策会議決定）が策定された。

コラム

「少子化社会対策基本法」に示されている「施策の基本理念」（第2条）

1 少子化に対処するための施策は，父母その他の保護者が子育てについての第一義的責任を有するとの認識の下に，国民の意識の変化，生活様式の多様化等に十分留意しつつ，男女共同参画社会の形成とあいまって，家庭や子育てに夢を持ち，かつ，次代の社会を担う子どもを安心して生み，育てることができる環境を整備することを旨として講ぜられなければならない。
2 少子化に対処するための施策は，人口構造の変化，財政の状況，経済の成長，社会の高度化その他の状況に十分配意し，長期的な展望に立って講ぜられなければならない。
3 少子化に対処するための施策を講ずるに当たっては，子どもの安全な生活が確保されるとともに，子どもがひとしく心身ともに健やかに育つことができるよう配慮しなければならない。
4 社会，経済，教育，文化その他あらゆる分野における施策は，少子化の状況に配慮して，講ぜられなければならない。

同法にもとづき，2004（平成16）年に「少子化社会対策大綱」が策定された。この大綱には，「子どもが健康に育つ社会，子どもを生み，育てることによろこびを感じることのできる社会への転換」を課題とし，少子化の流れを変えるための施策に集中的に取り組むことが重要であることを示すと共に，子育て家庭が安心とよろこびを持って子育てに当たることができるように社会全体で応援すると言う基本的考えに立ち，少子化のながれを変えるための施策は，国を上げて取り組むべききわめて重要な課題であると位置づけ，次のような「3つの視点」と「4つの重点課題」，「28の具体的行動」を提示した。

▼少子化の流れを変えるための3つの視点
①自立への希望と力「若者の自立が難しくなっている状況を変えていく」。

②不安と障壁の除去「子育ての不安や負担を軽減し，職場優先の風土を変えていく」。

③子育ての新たな支え合いと連帯——家族のきずなと地域のきずな「生命を次代に伝え育んでいくことや家庭を築くことの大切さの理解を深めていく」，「子育て・親育て支援社会をつくり，地域や社会全体で変えていく」。

▼ **少子化の流れを変えるための4つの重点課題**

①若者の自立とたくましい子どもの育ち

②仕事と家庭の両立支援と働き方の見直し

③生命の大切さ，家庭の役割等についての理解

④子育ての新たな支え合いと連帯

▼ **重点課題に取り組むための28の行動**

〔若者の自立とたくましい子どもの育ち〕

①若者の就労支援に取り組む

②奨学金の充実を図る

③体験を通じ豊かな人間性を育成する

④子どもの学びを支援する

〔仕事と家庭の両立支援と働き方の見直し〕

⑤企業等におけるもう一段の取組を推進する

⑥育児休業制度等についての取組を推進する

⑦男性の子育て参加促進のための父親プログラム等を普及する

⑧労働時間の短縮等仕事と生活の調和のとれた働き方の実現に向けた環境整備を図る

⑨妊娠・出産しても安心して働き続けられる職場環境の整備を進める

⑩再就職等を促進する

〔生命の大切さ，家庭の役割等についての理解〕

⑪乳幼児とふれあう機会の充実等を図る

⑫生命の大切さ，家庭の役割等についての理解を進める

⑬安心して子どもを生み，育てることができる社会の形成についての理解を

進める
〔子育ての新たな支え合いと連帯〕（地域における子育て支援）
⑭就学前の児童の教育・保育を充実する
⑮放課後対策を充実する
⑯地域における子育て支援の拠点等の整備および機能の充実を図る
⑰家庭教育の支援に取り組む
⑱地域住民の力の活用，民間団体の支援，世代間交流を促進する
⑲児童虐待防止対策を推進する
⑳特に支援を必要とする家庭の子育て支援を推進する
㉑行政サービスの一元化を推進する
〔子どもの健康の支援〕
㉒小児医療体制を充実する
㉓子どもの健康を支援する
〔妊娠・出産の支援〕
㉔妊娠・出産の支援体制，周産期医療体制を充実する
㉕不妊治療への支援等に取り組む
〔子育てのための安心，安全な環境〕
㉖良質な住宅・居住環境の確保を図る
㉗子育てバリアフリーなどを推進する
〔経済的負担の軽減〕
㉘児童手当の充実を図り，税制のあり方の検討を深める

2004（平成16）年12月，大綱に盛り込まれた施策の効果的な推進を図るため，「少子化社会対策大綱に基づく重点施策の具体的実施計画について（子ども・子育て応援プラン）」が策定された。

子ども・子育て応援プランでは，先に説明したように，①若者と自立とたくましい子どもの育ち，②仕事と家庭の両立支援と働き方の見直し，③生命の大切さ，家庭の役割，④子育ての新たな支え合いと連帯という4つの柱を重点課題とした取り組みが行われた。

「少子化社会対策大綱に基づく重点施策の具体的実施計画について（子ども・子育て応援プラン）」に続いて「新しい少子化社会対策大綱の案の作成方針について」（2008〔平成20〕年12月，少子化社会対策会議決定）を受け，2010（平成22）年1月29日，少子化社会対策会議を経て，前述した「子ども・子育てビジョン」が閣議決定され，これからの少子化対策や子育て支援対策を進めてゆくこととなった。

（2）次世代育成支援対策推進法

次世代育成支援対策推進法は，少子化社会の現状をふまえ，家庭や地域の子育て力の低下に対応して，次世代を担う子どもを育成する家庭を，仕事と子育ての両立や子育ての負担感を緩和・除去し，安心して子育てができるようさまざまな活動を社会全体で支援し，必要な環境整備を実現することを目的とし，「子育てに関しては，保護者が第一義的な責任を有する」という基本的認識の下に，「家庭やその他の場において，子育ての意義についての理解を深め，子育てにともなうよろこびが実感されるように配慮して行われなければならない」ことを基本理念として，2003（平成15）年に制定された。

同法の制定により，国および地方公共団体の責務が明らかにされ，国は「行動計画策定指針」を，都道府県および市町村はその「指針」にもとづく行動計画を策定することとされた。また，同法では，事業主の責務の明確化，次世代育成支援対策推進センターの設置，次世代育成支援対策地域協議会の組織化が進められている（図4-3）。

（3）新しい少子化対策の取り組み

今後の，少子化対策の抜本的な拡充，強化，転換を図るため，2006（平成18）年6月，少子化社会対策会議において「新しい少子化対策について」が決定された。

「新しい少子化対策について」では，「家族の日」や「家族の週間」の制定などによる家族・地域のきずなの再生や社会全体の意識改革を図るための国民運

第4章　児童福祉施策の課題

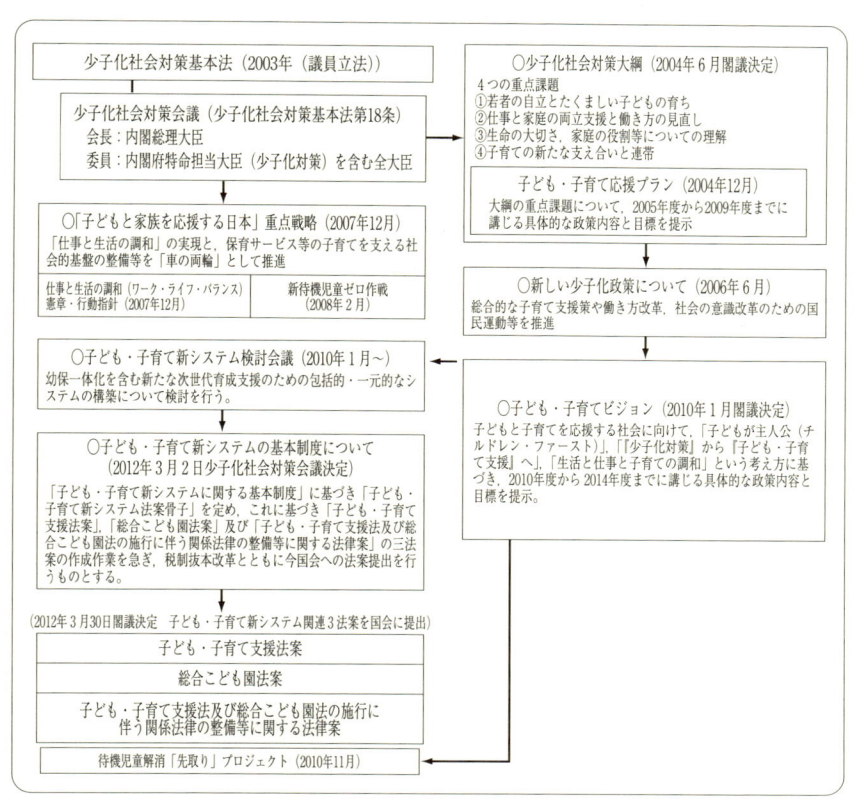

```
┌─────────────────────────────┐      ┌──────────────────────────────────┐
│ 少子化社会対策基本法 (2003年（議員立法）) │      │ ○少子化社会対策大綱 (2004年6月閣議決定) │
└─────────────┬───────────────┘      │ 4つの重点課題                      │
              │                      │ ①若者の自立とたくましい子どもの育ち    │
┌─────────────▼───────────────┐      │ ②仕事と家庭の両立支援と働き方の見直し  │
│ 少子化社会対策会議（少子化社会対策基本法第18条）│─────▶│ ③生命の大切さ、家庭の役割等についての理解│
│ 会長：内閣総理大臣                │      │ ④子育ての新たな支え合いと連帯        │
│ 委員：内閣府特命担当大臣（少子化対策）を含む全大臣│      └────────────┬─────────────────┘
└─────────────┬───────────────┘                   │
              │                               ┌────▼────────────────────────┐
┌─────────────▼───────────────┐               │ 子ども・子育て応援プラン(2004年12月)│
│ ○「子どもと家族を応援する日本」重点戦略(2007年12月)│               │ 大綱の重点課題について、2005年度から2009年度までに│
│ 「仕事と生活の調和」の実現と、保育サービス等の子育てを支える社│               │ 講じる具体的な政策内容と目標を提示    │
│ 会的基盤の整備等を「車の両輪」として推進      │               └─────────────────────────────┘
├─────────────────┬───────────┤
│仕事と生活の調和    │新待機児童ゼロ作戦│
│（ワーク・ライフ・バランス）│(2008年2月)  │
│憲章・行動指針(2007年12月)│            │
└─────────────┬───────────────┘      ┌──────────────────────────────────┐
              │                      │ ○新しい少子化政策について(2006年6月) │
┌─────────────▼───────────────┐      │ 総合的な子ども支援策や働き方改革、社会の意識改革のための国│
│ ○子ども・子育て新システム検討会議(2010年1月～)│◀─────│ 民運動等を推進                    │
│ 幼保一体化を含む新たな次世代育成支援のための包括的・一元的なシ│      └──────────────────────────────────┘
│ ステムの構築について検討を行う。          │
└─────────────┬───────────────┘      ┌──────────────────────────────────┐
              │                      │ ○子ども・子育てビジョン(2010年1月閣議決定)│
┌─────────────▼───────────────┐      │ 子どもと子育てを応援する社会に向けて、「子どもが主人公（チ│
│ ○子ども・子育て新システムの基本制度について   │      │ ルドレン・ファースト）」、「『少子化対策』から『子ども・子育│
│ （2012年3月2日少子化社会対策会議決定）    │      │ て支援』へ」、「生活と仕事と子育ての調和」という考え方に基│
│ 「子ども・子育て新システムに関する基本制度」に基│      │ づき、2010年度から2014年度までに講じる具体的な政策内容と│
│ づき「子ども・子育て新システム法案骨子」を定め、これに基づき「子ども・子育│      │ 目標を提示。                      │
│ て支援法案」、「総合こども園法案」及び「子ども・子育て支援法及び総│      └──────────────────────────────────┘
│ 合こども園法の施行に伴う関係法律の整備等に関する法律案」の三法│
│ 案の作成作業を急ぎ、税制抜本改革とともに今国会への法案提出を行│
│ うものとする。                      │
└─────────────┬───────────────┘
              │
(2012年3月30日閣議決定 子ども・子育て新システム関連3法案を国会に提出)
┌─────────────────────────────┐
│ 子ども・子育て支援法案               │
├─────────────────────────────┤
│ 総合こども園法案                  │
├─────────────────────────────┤
│ 子ども・子育て支援法及び総合こども園法の施行に │
│ 伴う関係法律の整備等に関する法律案       │
└─────────────────────────────┘
┌─────────────────────────────┐
│ 待機児童解消「先取り」プロジェクト(2010年11月) │◀─┘
└─────────────────────────────┘
```

図4-3　少子化対策施策の体系化へ向けての動き（平成23年度まで）

出所：内閣府「平成24年度版子ども・子育て白書」。

動の推進と共に，親が働いているか否かにかかわらず，すべての子育て家庭を支援するという視点をふまえ，「子どもの成長に応じて子育て支援のニーズが変化する」ことに着目して，妊娠・出産時から高校・大学生の時期に至るまでの年齢進行ごとの子育て支援策を掲げたことが特徴である。

1)「子どもと家族を応援する日本」重点戦略

「日本の将来推計人口（2006〔平成18〕年12月推計）」において示された少子高齢化についての一層厳しい見通しや社会保障審議会の「人口構造の変化に関する特別部会」の議論の整理等をふまえ，2007（平成19）年12月，少子化社会対

策会議において「子どもと家族を応援する日本」重点戦略(以下,「重点戦略」)が取りまとめられた。

重点戦略では,「若者,女性,高齢者等の労働市場参加」と「国民の希望する結婚や出産・子育て」をできる限り早く実現することの2つを同時に成し遂げることが不可欠であるとの認識に立ち,「働き方の見直しによる仕事と生活の調和(ワーク・ライフ・バランス)の実現」と共に,その社会的基盤となる「包括的な次世代育成支援の枠組みの構築」(「親の就労と子どもの育成の両立」と「家庭における子育て」を包括的に支援する仕組み)を同時並行的に取り組んでいくことが必要不可欠であるとした。

働き方の見直しによる仕事と生活の調和の実現については,2007(平成19)年12月,「仕事と生活の調和(ワーク・ライフ・バランス)憲章」および「仕事と生活の調和推進のための行動指針」が政・労・使の代表などから構成される仕事と生活の調和推進官民トップ会議において決定され,関係者の果たすべき役割や数値目標の設定やそれに伴う進捗状況の把握・評価など等についての対策が示された。

また,重点戦略をふまえ,2008(平成20)年2月に,政府は,希望するすべての人が安心して子どもを預けて働くことができる社会を実現し,子どもの健やかな育成に社会全体で取り組むため,保育所等の待機児童解消をはじめとする保育施策を質・量共に充実・強化し,推進するための「新待機児童ゼロ作戦」を発表し,2008(平成20)年12月に政府の少子化社会対策会議において決定された「新しい少子化社会対策大綱の案の作成方針について」を受け,2010(平成22)年1月29日には「子ども・子育てビジョン」が閣議決定された。

第3節　健全育成

(1) 児童健全育成の考え方と活動領域
　1) 児童健全育成とは
　「児童憲章」や「児童福祉法」第1条には「児童が心身ともに健やかに育成

されること」が児童福祉の大切な理念であることが示されている。児童健全育成とは，この理念を具体化し，「すべての子どもが安心して生活できる環境の中で情緒の安定を図り，一人ひとりの健やかな成長・発達を保障する」ための取り組みであると言える。

　児童健全育成のための活動は実に多様であり，捉え方も多様である。

　「児童健全育成の活動」に次のような2つの考え方がある。1番目の考え方は，健全育成の活動とは「胎児期からの成長・発達のすべての段階におけるあらゆる取り組みを対象とする」という考え方である。この考え方では，「児童が家庭において保護者の愛情のもとで養育されるよう支援するすべての活動」を含むという考え方であり，実施にあたっては児童福祉に関するすべての領域との関連をベースにした連携を図りながら，推進してゆくことが重要である。2番目の考え方は，児童健全育成「一般家庭で生活する児童を対象とするものであり，特別な配慮を必要とする児童に対する対策は含まない」で，児童福祉の実践活動として取り組む活動であり，児童の健全な人間形成を図るために必要とされる生活環境を整えることや，児童や家庭に対する相談援助などの活動が含まれる，とする考え方である。

2）児童健全育成施策の目標

　児童健全育成の目的としては，児童が良好な健康状態のもと，自身の持つ能力を最大限に発揮でき，精神的にも調和のとれた成長・発達を遂げることのできるよう保障するところにある。全人的な成長発達を保障するには，愛情と思いやりにもとづいた児童を取り巻く人間関係や社会環境を整えるとともに，よろこびをともなうことのできる自発的な行動としての「あそび」を保障することが重要である。

　幼児の生活では，眠りなどの基本的な生活行動のほかは，「あそび」で構成されている。自由で楽しい「あそび」は，知的発達や情緒的な発達，さらに，社会性の発達や身体的な発達のため大切な基礎行動であり，十分にこれが保障される必要がある。また，年長児童にとっても「あそび」は健全育成の重要な要素で，「心のゆとり」や「他の人びとへの奉仕や思いやりの活動」などの育

成に大きく関連している。

3) 児童健全育成の活動領域

健全育成のための活動領域は多岐にわたっており，それぞれの領域の活動が相互に関連することによって成立している活動である。児童健全育成に関する活動に含まれる活動領域は考え方により異なるが，先に述べた2番目の考え方に沿って見るとおおよそ次のような活動領域が含まれる。

①一般市民を対象として行われる児童健全育成思想の啓発・普及や児童文化財の普及・規制などの活動。
②児童館をはじめとした児童厚生施設等を活用して行われる，地域の児童を対象とした健全育成のための中心とした活動。
③地域住民を対象とした，健全育成のための地域組織づくりとその活動。
④児童やその家庭を対象とした相談援助事業など。

(2) 児童健全育成の施策

1) 児童文化財の普及等

児童のための文化財とは，児童の健全な育成や発達をうながすことを意図しながら選択され，創造された文化財である。児童文化財については，「児童福祉法」によれば，社会保障審議会および都道府県児童福祉審議会は「児童及び知的障害者の福祉を図るため，芸能，出版物，がん具，遊戯等を推薦し，又はそれらを製作し，興行し，若しくは販売する者等に対し，必要な勧告をすることができる」(第8条第7項) となっており，児童文化財について具体的に推薦したり勧告を行うこととされ，個々の文化財について，広く一般の市民に対して児童の福祉向上のために有益なものとしてすすめることが求められている。児童の健全育成を阻害するおそれのある文化財に対しては，具体的な方法を示しながら関係者の自主規制を求める勧告を行っているが，勧告自体には法的な強制力がないため，関係者の良識と倫理に委ねられている現状がある。そのため，多くの都道府県において，青少年に対する環境浄化を目的とした青少年の保護育成に関する条例を制定し，有害文化財に対する規制を行っている。

2）児童文化財の推薦
①社会保障審議会による推薦

社会保障審議会では，児童福祉法第8条第7項の規程により，出版物，舞台芸術，映像・メディア等，各部門ごとに優れた児童福祉文化財の推薦を行っている。

②推薦基準

社会保障審議会における児童文化財の推薦は次のような基準によって推薦される。

(ア)児童に適当な文化財であって，児童の道徳，情操，知能，体位等を向上せしめ，その生活内容を豊かにすることにより児童を社会の健全な一員とするために積極的な効果を持つもの。

(イ)児童福祉に関する社会の責任を強調し，児童の健全な育成に関する知識を広め，または，児童問題の解決についての関心および理解を深める等，児童福祉思想の啓発普及に積極的な効果を持つもの。

(ウ)児童の保育，指導，レクリエーション等に関する知識および技術の普及に積極的な効果を持つもの。

こうした基準に沿って，社会保障審議会福祉文化分科会において推薦された児童福祉文化財は，審議会の会長の同意により，審議会における推薦となり，その結果は公表されることになっている。

3）健全育成のための施設
①児童厚生施設

「児童厚生施設」は，児童福祉法第40条により「児童遊園，児童館等児童に健全な遊びを与えて，その健康を増進し，又は情操をゆたかにすることを目的とする施設」として設置される施設とされており，利用希望の児童は特に限定されることなくだれでも自由に利用できる施設である。児童厚生施設には児童遊園（公園などの屋外の施設）や，児童館（屋内の施設）などの施設がある。

②児童遊園

「児童遊園」は，地域児童を対象として，児童に健全な遊びを与え，その健

康を増進し，自主性，社会性，創造性を高め，情操を豊かにするとともに，母親クラブなどの地域組織活動を育成助長する拠点としての機能を有するものである。都市部の商業地帯や工場地帯，住宅密集地，交通の頻繁な地域等で遊び場に恵まれない地域に児童の遊び場として設けられている施設で，遊びを指導する職員としての児童厚生員や地域ボランティアにより，安全に配慮しつつ遊びの指導が行われている。

健全育成のための総合的機能を持つ施設として「こどもの国」がある。

③児童館

「児童館」は，厚生労働省の示す「児童館設置運営要綱」（1990〔平成2〕年7月30日「児童館の設置運営について」）によれば小型児童館，児童センター，大型児童館（規模や目的によりA型，B型，C型の3つのタイプがある），その他の児童館の4種に分けられている。

a）小型児童館

「小型児童館」は，小地域の児童を対象とする児童館で，「児童に健全な遊びを与え，その健康を増進し，情操を豊かにするとともに，母親クラブ，子ども会などの地域組織活動の育成助長を図る等，児童の健全育成に関する総合的な機能を有するもの」である。そのため，児童に対する個別的・集団的指導を行い，また，中学生や高校生等の年長児童の自主的な活動に対する支援を行い，さらに，地域の子ども会，母親クラブなどの組織活動の育成助長やその指導者の育成を図りながら，母親からの子育てに関する各種の相談に応じる等の家庭支援を地域組織と連携して行っており，幅の広い活動となっている。

対象児童はすべての児童であるが，主に指導の対象となる児童としては，おおむね3歳以上の幼児，小学校3年生以下の学童および昼間保護者のいない家庭等で児童健全育成上指導を必要とする学童となっている。職員については，2人以上の児童厚生員を置き，必要に応じ，その他の職員を置くことになっている。

b）児童センター

「児童センター」は，小型児童館の機能に加えて，運動を主とする遊びを通

して，運動に親しむ習慣の形成，運動の仕方，技能の習得，精神力の涵養等による体力の増進を図ることを目的とした指導機能を有する児童館である。

児童センターは297㎡以上の広さを持つことが要件とされているが，500㎡以上の広さを持ち，下記に示すような中学生や高校生などの年長児童の情操を豊かにし，健康を増進するための育成機能を持つ児童センターのことを「大型児童センター」と呼んでいる。

児童センターの利用対象児童は，小型児童館と同様にすべての児童であるが，特に運動不足，運動嫌い等により体力が立ち遅れている幼児や学童を優先することとなっている。

職員については，小型児童館と同様に2人以上の児童厚生員を置くが，その他の職員を置く場合，体力増進指導の職員については，その専門的知識技能を有する者，年長児童指導に関して専門的知識を有する者を置くことが望ましいとされている。

「大型児童センター」は，中学生や高校生などの年長児童を優先し，音楽，映像，造形表現，スポーツ等の多様な活動を通し，年長児童の社会性を伸ばし，心と身体の健康づくりを図るものである。したがって，指導に当たっては，特に年長児童に適した文化活動，芸術活動，スポーツおよび社会参加活動等に配慮することを目的とする。設備については，センターの活動にとって必要とされる，トレーニング室や演劇や音楽活動のためのスタジオや造形活動などのためのアトリエ，小ホール，映画等ライブラリー，喫茶室など，年長児童を育成するために必要とされる設備，および社会参加活動拠点として活用するための諸設備を設けることになっている。

　c）大型児童館

「大型児童館」は，原則として，都道府県内または広域の児童を対象として，小型児童館や児童センターの機能に，児童の多様なニーズに対応できる総合的な機能が整備されているものである。大型児童館は，その機能の相違により，さらにA型児童館，B型児童館，C型児童館に分けられている。

「A型児童館」は，児童センターの機能に加えて，都道府県内の児童館の指

導および連絡調整等の役割を果たす中枢的機能を有するものとされている。その機能には，児童館相互の連絡・連携を密にして児童館活動の充実を図り，児童厚生員等の研修を行ったり，ボランティアを育成すること，さらには歴史，産業，文化等，地域の特色を活かした資料，模型の展示などを行ったり，地域の児童館に貸し出すための優良な映画フィルム，ビデオソフト，紙芝居等を保有し，計画的に活用することなどがある。

「B型児童館」は，川や池，草原，森等の立地条件を活かした各種の自然観察，自然探求，自然愛護，その他自然と触れ合う野外活動が行える自然環境に恵まれた地域に設置され，自然を活かした遊びを通して協調性，創造性，忍耐力等を高めることを目的とした児童館であり，小型児童館の機能に加えて，宿泊しながら野外活動の行える機能を有するものである。自然観察や自然探求など，自然とふれ合う野外活動をともなう点に特色があり，そうしたキャンプ，登山，ハイキング，サイクリング，水泳などの野外活動から得られる各種遊びの内容や，指導技術を開発し，児童館等に普及させることなどが定められている。

「C型児童館」は，広域を対象として児童に健全な遊びを与え，児童の健康を増進し，または情操を豊かにするなどの機能に加えて芸術，体育，科学等の総合的な活動ができるように，劇場，ギャラリー，屋内プール，コンピュータプレイルーム，歴史・科学資料展示室，宿泊研修室，児童遊園などが適宜附設され，多様な児童のニーズに総合的に対応できる体制にある児童館で，児童厚生員のほか，各種の設備，機能が十分活用されるよう必要な職員の配置を行うこととされている。

d）その他の児童館

「その他の児童館」とは，公共性および永続性を有するもので，設備および運営について小型児童館に準ずるものを言う。それぞれの対象地域の範囲，特性および対象児童の実態に相応したものである。

4）児童健全育成のためのさまざまな取り組み

児童健全育成をめざす活動としては児童厚生施設を中心とした活動のほか，

次のような支援活動が制度化され、取り組まれている。
　①地域子育て支援拠点事業
　少子化や核家族化の進行、地域社会の変化など、子どもや子育てをめぐる環境が大きく変化する中で、家庭や地域における子育て機能の低下や子育て中の親の孤独感や負担感の増大などといった問題が生じていることなどから、子育ての負担感等の緩和を図り、安心して子育て・子育ちができる環境を整備を行うために、各地域に子育て支援を目的とした拠点を設置し、地域の子育て支援機能の充実を促進することを目的としてスタートした事業ではあるが、2009（平成21）年度より、児童福祉法に位置づけられた事業となり、社会福祉法の第2種社会福祉事業として位置づけられた活動である。この事業の最終目的は児童福祉のための事業（子どもの健やかな育ちと生活を保障）であると共に、親支援としての意義も有した子育て支援事業である。核家族化が進行し、地域のつながりの希薄化などを背景として、家族自体が孤立化傾向を深め、子育ての活動も孤立化し、親の子育てに対する負担感が大きくなっており、すべての乳幼児の子育て家庭を対象とした事業として位置づけられる活動で、子育てが始まった早い段階で子育て家庭が出会う公的サービスの1つである。さまざまなニーズに応じた多様な支援に結びつけていく窓口としての役割も持つ活動である。この事業は市町村（以下、特別区を含む）が取り組む事を原則としているが、事業の運営が確保できると認められる社会福祉法人や特定非営利活動法人または民間事業者などであれば委託することができる。
　この事業の実施形態としては図4-4に示すような3つの型が、それぞれの役割を果たすこととなっている。
　②放課後児童健全育成事業
　「放課後児童健全育成事業」とは、児童福祉法第6条の2第2項によって、「小学校に就学しているおおむね10歳未満の児童であって、その保護者が労働等により昼間家庭にいないもの」を対象として、「授業の終了後に児童厚生施設等の施設を利用して適切な遊びおよび生活の場を与えて、その健全な育成を図る事業」をいう。

	ひろば型	センター型	児童館型
機能	常設のつどいの広場を設け、地域の子育て支援機能の充実を図る取組を実施	地域の子育て支援情報の収集・提供に努め、子育て全般に関する専門的な支援を行う拠点として機能するとともに、地域支援活動を実施	民営の児童館内で一定時間、つどいの場を設け、子育て支援活動従事者による地域の子育て支援のための取組を実施
実施主体	市町村（特別区を含む。）（社会福祉法人、NPO法人、民間事業者等への委託も可）		
基本事実	①子育て親子の交流の場の提供と交流の促進　②子育て等に関する相談・援助の実施　③地域の子育て関連情報の提供　④子育て及び子育て支援に関する講習等の実施		
実施形態	①～④の事業を子育て親子が気軽に集い、うち解けた雰囲気の中で語り合い、相互に交流を図る常設の場を設けて実施 ・機能拡充型（別単価） 一時預かり事業や放課後児童クラブなど多様な子育て支援活動とひろばと一体的に実施し、関係機関等とネットワーク化を図り、よりきめ細かな支援を実施 ・出張ひろばの実施（加算） 常設のひろばを開設している主体が、週1～2回、1日5時間以上、出張ひろばを開設 ・地域の子育て力を高める取組の実施（加算） ①中・高校生や大学生等ボランティアの日常的な受入・養成の実施 ②世代間や異年齢児童との交流の継続的な取組の実施 ③父親サークルの育成など父親のグループづくりを促進する継続的な取組の実施 ④公民館、街区公園、プレーパーク等の子育て親子が集まる場所に定期的に出向き、必要な支援や見守り等を行う取組の実施	①～④の事業の実施に加え、地域の関係機関や子育て支援活動を行う団体等と連携して、地域に出向いた地域支援活動を実施 ・地域支援活動の実施 ①公民館や公園等地域に職員が出向いて、親子交流や子育てサークルへの援助等の地域支援活動を実施 ②地域支援活動の中で、より重点的な支援が必要であると判断される家庭への対応	①～④の事業を児童館の学齢児が来館する前の時間を活用し、子育て中の当事者や経験者をスタッフに交えて実施 ・地域の子育て力を高める取組の実施（加算） ひろばにおける中・高校生や大学生等ボランティアの日常的な受入・養成の実施
従事者	子育て支援に関して意欲があり、子育てに関する知識・経験を有する者（2名以上）	保育士等（2名以上）	子育て支援に関して意欲があり、子育てに関する知識・経験を有する者（1名以上）に児童館の職員が協力して実施
実施場所	公共施設空きスペース、商店街空き店舗、民家、マンション・アパートの一室等を活用	保育所、医療施設等で実施するほか、公共施設等で実施	児童館
開設日数等	週3～4日、週5日、週6～7日　1日5時間以上	週5日以上　1日5時間以上	週3日以上　1日3時間以上

図4-4　地域子育て支援拠点事業の概要

出所：厚生労働省「地域子育て支援拠点事業説明資料」より。

　対象児童については、行政通知「放課後児童健全育成事業実施要綱」によって、「その他健全育成上指導を要する児童も加えることができる」とされ、10

歳以上の放課後児童や盲学校・聾学校・養護学校に就学している放課後児童も対象とされ，現在，全国に19,946か所設置され，814,439名の児童が利用登録している（2010〔平成22〕年5月1日現在，厚生労働省雇用均等・児童家庭局育成環境課調べ）。

　この事業は，児童館のほか，保育所や幼稚園，学校の余裕教室，団地の集会室などの社会資源を活用して実施することになっており，地域の実情，放課後児童の就学日数等を考慮し，年間281日以上開所し，1日平均3時間以上実施することになっている（図4-5）。実施に当たっては，職員としては放課後児童指導員を配置し，次のような活動を行う。

　(ア)　放課後児童の健康管理，安全確保，情緒の安定
　(イ)　遊びの活動への意欲と態度の形成
　(ウ)　遊びを通しての自主性，社会性，創造性を培うこと
　(エ)　放課後児童の遊びの活動状況の把握と家庭への連絡
　(カ)　家庭や地域での遊びの環境づくりへの支援
　(キ)　その他放課後児童の健全育成上必要な活動

③地域組織づくりとその活動

　児童の健全育成の推進を図るためには，地域住民に支えられて地域組織による活動が不可欠である。児童健全育成にかかわる地域組織としては子ども会（子ども育成会）や母親クラブなどの活動がある。母親などの地域活動への参加は，地域における児童健全育成活動の重要な柱となるものである。

　(ア)　子ども会

　地域における児童健全育成のための組織としては，児童を対象とした「子ども会」がある。活動については，学校の校区単位や町内会単位で展開されている子ども会活動がある。「子ども会」は，小学校や中学校の校区や町内会単位で組織されており，地域に根ざした活動に取り組み，子どもたちの豊かな生活を目標とするものである。その組織形態や運営は地域によりさまざまな形で取り組まれている。

　(イ)　母親クラブ等

「母親クラブ」は児童を持つ母親などの地域における連携を目指して結成されたもので，「家庭の母親に児童の余暇指導，健康，栄養，社会生活訓練等に関する正しい知識を与え……健全なる児童の生活指導の遺憾なきを期すること」を目的として結成された。

　母親クラブの地域組織のうち，30人以上の会員を持ち，児童館などの公共施設との連携があり，組織的，かつ継続的に活動を行う組織に対しては，国からの活動費助成を受けることができる。

第4節　母子保健

（1）母子保健の目的

　母子保健とは，母性と子どもの健康の保持，増進を図ることを目的とし，次世代を担う子どもが心身共に健やかに育つことができるよう，主に思春期から妊娠・出産・育児期にわたる一連の保健的な支援を指し，子どもが健康に生まれ，育てることが可能となるよう母性を尊重，保護し，子ども自身の成長・発達する能力を援助することを目的としている。

（2）母子保健の理念と措置

　児童福祉法では，母子保健は子どもの健全育成の理念にもとづいて，福祉的な視点から規定されている活動であるとされているが，母子保健活動の要である「母子保健法」には，「母性並びに乳児及び幼児の健康の保持及び増進を図るため，母子保健に関する原理を明らかにするとともに，母性並びに乳児及び幼児に対する保健指導，健康診査，医務その他の措置を講じ，もつて国民保健の向上に寄与することを目的とする」（第1条）と母子保健の目的が示されている。

　同法にはさらに，母性は，「児童の健全な出生と育成の基盤として尊重され保護される権利を有すること，乳幼児の健康が保持，増進されるべきこと，母注及び乳幼児の保護者は，自らすすんで母子保健に関する理解を深め，母性及

び乳幼児の健康の保持増進に努めるべきこと」などが規定されている（第1条～第4条）。

母子保健に関する公的な措置としては，「母子保健に関する知識の普及」，「保健指導」，「新生児の訪問指導」，「健康診査」，「栄養の摂取に関する援助」，「妊娠の届出」，「母子健康手帳」，「妊産婦の訪問指導等」，「低出生体重児の届出」，「未熟児の訪問指導」，「医療施設の整備」，「調査研究の推進」，「費用の徴収や支弁」などの取り組みが行われている。地域における母子保健活動を進めてゆくための施設として，「市町村は必要に応じ母子健康センターを設置するようにつとめなければならない」（母子保健法第22条）とされている。母子保健センターは，「母子保健に関する各種の相談に応ずるとともに，母性並びに乳児及び幼児の保健指導を行い，又はこれらの事業にあわせて助産を行うことを目的とする施設」と規定されている。

母子保健における「健康診査」については，妊婦乳児健康診査，1歳6か月児健康診査，3歳児健康診査，先天性代謝異常等検査，神経芽細胞腫（しんけいがさいぼうしゅけんさ）検査などが行われているが，発達障害児などの早期発見を目指して5歳児検診のあり方についてのモデル事業などの取り組みも行われている。「保健指導」としては，妊娠の届け出および母子健康手帳の交付，妊産婦訪問指導，新生児訪問指導，未熟児訪問指導，母子保健相談指導事業，生涯を通じた女性の健康支援事業，乳幼児発達相談指導事業，などが行われている。

（3） 母子保健対策について

母子保健は保健診査や保健指導，療養援護など多岐にわたっている。2011（平成23）年度には図4-5に示すような対策が進められている。主な対策としては次のような取り組みが行われている。

1)「健やか親子21」について

わが国の母子保健は，20世紀中の取組みの成果として，すでに世界最高水準にあるが，妊産婦死亡や乳幼児の事故死について改善の余地があるなどの残された課題や思春期における健康問題，親子間における心の問題の拡大などの新

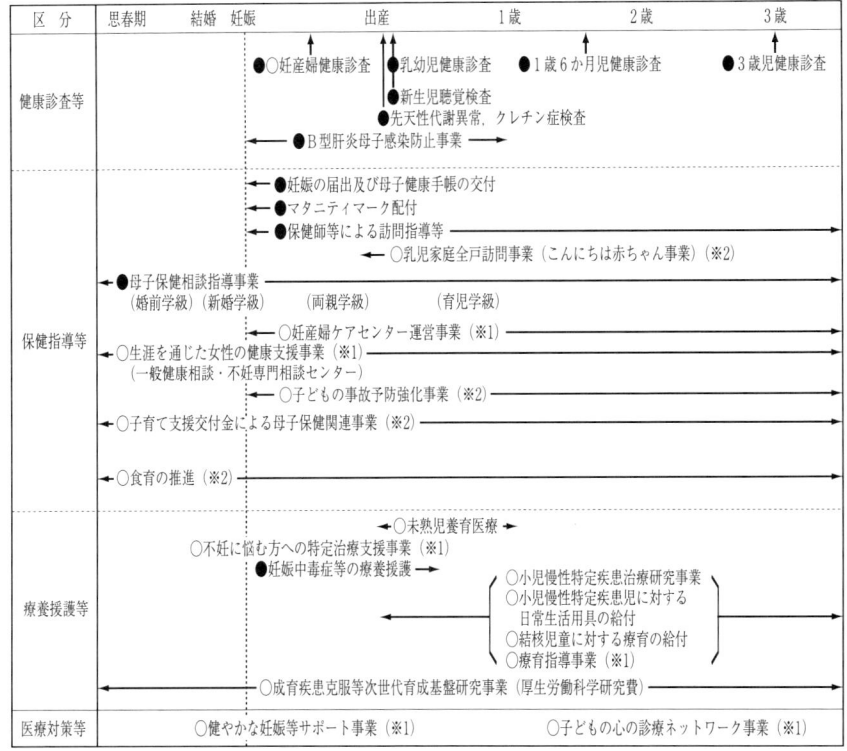

主な母子保健対策 (2011〔平成23〕年4月現在)

区　分	思春期	結婚	妊娠	出産	1歳	2歳	3歳

健康診査等
- ●妊産婦健康診査
- ●乳幼児健康診査
- ●新生児聴覚検査
- ●先天性代謝異常, クレチン症検査
- ●1歳6か月児健康診査
- ●3歳児健康診査
- ←●B型肝炎母子感染防止事業

保健指導等
- ←●妊娠の届出及び母子健康手帳の交付
- ←▼マタニティマーク配付
- ←●保健師等による訪問指導等→
- ←○乳児家庭全戸訪問事業（こんにちは赤ちゃん事業）（※2）
- ●母子保健相談指導事業
  （婚前学級）（新婚学級）（両親学級）（育児学級）
- ←○妊産婦ケアセンター運営事業（※1）─
- ○生涯を通じた女性の健康支援事業（※1）
  （一般健康相談・不妊専門相談センター）
- ←○子どもの事故予防強化事業（※2）
- ○子育て支援交付金による母子保健関連事業（※2）
- ○食育の推進（※2）

療養援護等
- ○未熟児養育医療→
- ○不妊に悩む方への特定治療支援事業（※1）
- ●妊娠中毒症等の療養援護
- ○小児慢性特定疾患治療研究事業
- ○小児慢性特定疾患児に対する日常生活用具の給付
- ○結核児童に対する療育の給付
- ○療育指導事業（※1）
- ○成育疾患克服等次世代育成基盤研究事業（厚生労働科学研究費）

医療対策等
- ○健やかな妊娠等サポート事業（※1）
- ○子どもの心の診療ネットワーク事業（※1）

○国庫補助事業　●一般財源による事業　※1母子保健医療対策等総合支援事業　※2子育て支援交付金による事業

図4-5　日本の母子保健対策の概況

注：妊婦健康診査については, 必要な回数（14回程度）のうち, 5回分は地方財政措置, 残りの9回分は, 妊婦健康診査支援基金（平成23年度まで）により, 国庫補助（1/2）と地方財政措置（1/2）。
出所：『平成23年版　厚生労働白書』。

たな課題が生じている。また, 小児医療や地域母子保健活動の水準の低下を防止するなど, 保健医療環境の確保についても対応すべき課題が多い。

「健やか親子21」は, 21世紀初頭における母子保健分野の国民運動計画である。2001（平成13）年度にスタートし, 2005（平成17）年度の中間評価, 見直しを経て, 新たに2006（平成18）年度から2014（平成26）年度までに積極的に施策を推進していくための目標を掲げている。主な課題としては,

(ア)　思春期の保健対策の変化と健康教育の推進
　(イ)　妊娠・出産に関する安全性と快適さの確保と不妊への支援
　(ウ)　児保健医療水準を維持・向上させるための環境整備
　(エ)　子どもの心の安らかな発達の促進と育児不安の軽減
を掲げ，達成すべき主な目標を設定している。

2）妊産婦検診に関する支援の充実

　近年，出産年齢の上昇により，健康管理が重要となる妊婦が増加傾向にあり，さらに経済的な理由などから健康診査を受診しない妊婦も増加傾向にある。

　妊産婦検診については妊婦健診が公費負担で受けられるようになったり，妊婦健診の適正な健康診査の受診に向けてのリーフレット等の作成や，母子健康手帳と併せてマタニティマークの配布などを行っている。

　また，「周産期医療ネットワークの整備」，「不妊専門相談センター事業の整備」，「乳幼児健康支援一時預かり事業」，「生殖補助医療」や「小児慢性特定疾患治療研究事業」などの取り組みを行うことにより，出産前後の母子保健に関わる課題に対応するための対策が進められている。

3）「食育」等の推進について

　日本人の価値観や生活スタイルが変化にともない，「食」をめぐる問題は実に大きな物であると言われている。特に，「栄養の偏り」や「不規則な食事」習慣にともなう，「肥満や生活習慣病の増加」，「過度の瘦身志向」などのほか，日本は食物に自給率が低く海外への依存度高く，食物への安全上の不安なの問題が生じている。また，「食」に関する情報が社会に氾濫し，「地域の多様性と豊かな味覚や文化の香りあふれる日本の「食」が失われる危機にある」ことなどが指摘されている。食生活の改善面や「食」の安全の確保面などからも，国民が自ら「食」のあり方について考えることの重要性が問われるようになり，「食育」についての重要性が認識され，食育基本法（2005〔平成17〕年法律第63号，同年7月施行）が制定された。

　「食育」とは生きる上での基本であって，「知育，徳育および体育の基礎となるべきもの」で，子どもたちに対する食育は，心身の成長および人格の形成に

大きな影響を及ぼし，生涯にわたって健全な心と身体を培い豊かな人間性を育んでいく基礎となるものと位置づけられ，家庭や学校，保育所，地域等において，国民的広がりを持つ運動として食育に関する取り組みが進められており，母子保健領域の活動においても今後の取り組みが期待される。

第5節　保育所

(1) 保育の目的

「保育」という言葉は，通常，児童福祉や幼児教育の分野において，保護と教育，育成などを意味する用語として用いられ，幼稚園や保育所などが実践の場として位置づけられている。幼稚園は文部科学省の規定により，就学前の児童を対象として「学校教育法」に基づいて設置される教育施設である。これに対して，保育所は厚生労働省の規定により設置される「保育に欠ける子どもの保育」を目的とする児童福祉施設で，「児童福祉法」の規定にもとづいて設置される福祉施設である。同法には「保育所は日日，保護者の委託を受けて保育に欠ける乳児又は幼児を保育することを目的とする施設とする」（児童福祉法第39条）と定められている。また，保育所の基本的な活動内容を定めた「保育所保育指針」の第1章総則の「2　保育所の役割」には「保育に欠ける子どもの保育を行い，その健全な心身の発達を図ることを目的とする児童福祉施設であり，入所する子どもの最善の利益を考慮し，その福祉を積極的に増進することに最もふさわしい生活の場でなければならない」と示されている。また，保育所は，子どもが生涯にわたる人間形成にとってきわめて重要な時期に，その生活時間の大半を過ごす場である。このため，保育所の保育は，子どもが現在をもっとも良く生き，望ましい未来をつくり出す力の基礎を培うために，次の目標を目指して行わなければならない」として，下記の点が示されている。

　(ア)　十分に養護の行き届いた環境の下に，くつろいだ雰囲気の中で子どものさまざまな欲求を満たし，生命の保持および情緒の安定を図ること。

　(イ)　健康，安全など生活に必要な基本的な習慣や態度を養い，心身の健康の

基礎を培うこと。

(ウ) 人とのかかわりのなかで，人に対する愛情と信頼感，そして人権を大切にする心を育てると共に，自主，自立および協調の態度を養い，道徳性の芽生えを培うこと。

(エ) 生命，自然および社会の事象についての興味や関心を育て，それらに対する豊かな心情や思考力の芽生えを培うこと。

(オ) 生活の中で，言葉への興味や関心を育て，話したり，聞いたり，相手の話を理解しようとするなど，言葉の豊かさを養うこと。

(カ) さまざまな体験を通して，豊かな感性や表現力を育み，創造性の芽生えを培うこと。

などの目標が示されている。

また，「保育所は，入所する子どもの保護者に対し，その意向を受け止め，子どもと保護者の安定した関係に配慮し，保育所の特性や保育士等の専門性を活かして，その援助に当たらなければならない」と保護者とのかかわりが大切であることや，「保育所は，子どもの人権に十分配慮するとともに，子ども1人ひとりの人格を尊重して保育を行わなければならない」，「保育所は，地域社会との交流や連携を図り，保護者や地域社会に，当該保育所が行う保育の内容を適切に説明するよう努めなければならない」，「保育所は，入所する子ども等の個人情報を適切に取り扱うとともに，保護者の苦情などに対し，その解決を図るよう努めなければならない」ことなど保育所が負うべき社会的責任についても示されている。

保育の活動については「国及び地方公共団体は，児童の保護者とともに，児童を心身ともに健やかに育成する責任を負う」（児童福祉法第2条）と親と国の責任において行われることが示されているが，核家族や地域社会の関係の希薄化などに伴う養育機能の低下や，児童虐待の増加など，子どもの育ちや子育てにともなう環境は楽観視できない状況にある。

さまざまな課題と危機が顕在化する中で，育てにともなうさまざまな活動を支える上で，保育や保育所の果たす役割は多岐に渡り，期待される活動はきわ

めて大きなものとなっている。

(2) 保育の基本的な仕組み
1) 保育所における保育サービス

日本における保育サービスの中心は，保育所が担っていると言える。保育所とは，児童福祉法の規定にもとづいて設置，運営される児童福祉施設であり，「認可保育所」と言われる。児童福祉法が施行された1948（昭和23）年当時，保育所は全国に1,476か所，利用児童数は135,503人であったが，2011（平成23）年には，保育所23,385か所，利用児童数2,122,951万人と，少子化の中でもかつての15.6倍以上の児童が利用している。保育所は，児童福祉法第39条規定による施設（「社会福祉法」では「第二種社会福祉事業」に定められている）であり，利用の仕組みは1997（平成9）年に措置施設から利用施設へと変わった。保育所の設置は都道府県や市町村，社会福祉法人が中心で，保育事業の公共性や保育の質が確保されてきたが，2000（平成12）年の規制緩和政策や保育所の待機児童の増加問題など複合的に関連し，保育所の設置主体制限が緩和され，国の定めた基準を満たせば民間団体やNPO法人，株式会社などでも参入が可能となった。さらに，東京都の認証保育所のように自治体の定めた基準を満たせば自治体の認めた保育所の開設が可能となるなど保育所をめぐる環境は大きく変化した。こうしたことから児童福祉施策としての保育所活動の公共性と共に，保育の質が問われるようになった。

2) 就学前児童の保育と教育

幼児教育で最初の幼稚園は，東京女子師範学校に設置されて付属幼稚園（1876〔明治9〕年）と言われている。保育所については，新潟の静修学校（1890〔明治23〕年）や，野口幽香が森嶋峰と共に東京に設立した二葉幼稚園（1900〔明治33〕年）などが最初の取り組みで，保育や養護，教育等の活動は明確に区別されることなく同時に進められてきた。

第2次世界大戦終了後に，児童福祉法（1947〔昭和22〕年）が成立し，保育所は 児童福祉施設にもとづく「児童福祉施設」，幼稚園は「学校教育法」の規定

にもとづく「学校教育施設」として位置づけられ，国の所管もそれぞれ厚生省（現厚生労働省）と文部省（現文部科学省）が管轄することとなった。

保育所の目的は先に述べた通り児童福祉法39条に規定されているが，幼稚園は学校教育法第77条に「幼児を保育し，適当な環境を与えて，その心身の発達を助長することを目的とする」と規定されている。

1963（昭和38）年に「幼稚園及び保育所の調整についての文部省，厚生省間の了解事項について」が示されたが，その中で，「幼稚園は学校教育を施すところ」，「保育所は保育に欠ける児童の保育を行うところ」と基本的な役割が示され，さらに「それぞれの機能を果たすよう充実整備されなければならない」とされため，幼稚園と保育所は持つべき機能や役割，活動の目的などについて異なった認識を強めることとなった。

少子化現象や家族関係の変化にともない，多種・多様な「子育て支援」に関する支援施策が求められるようになり，保育所と幼稚園の機能統合を求める「幼保一元化」の声が聞かれるようになった。1998（平成10）年には文部省初等中等教育局長・厚生省児童家庭局長通知として「幼稚園と保育所の施設の共有化等に関する指針について」が示された。そのなかに「幼稚園及び保育所について保育上支障のない限りその施設及び設備について相互に共有することができる」との内容が示されている。

国民から求められる保育環境の拡大を実現するために，幼稚園と保育所の機能や目的，役割等の見直しを行い，制度の違いを超えた保育サービスを総合的に提供することを目的として，「就学前の子どもに関する教育，保育等の総合的な提供の推進に関する法律」（平成18年）にもとづいて，2006（平成18）年に「認定こども園」制度が創設された。

核家族化などにともなう，子どもを持つ家庭環境の変化や働く女性の増加などにともない保育環境の拡大を求める声が広まり，東京や大阪などの都市部では保育所を利用したいと思っても，利用できない，いわゆる「待機児童」といわれる児童の数が増加し，緊急に対応しなければいけない課題として浮上しており，幼保一元化を求める声が増加し，国は新たな仕組みの創設を目指す取り

組みを模索したが，現行制度の抜本的な改正にとどまり，新たな制度の実現には至っていない。

3) 保育所以外の保育サービス

保育の活動を提供する環境としては児童福祉法等により国の定めた基準を満たし，設置認可された「認可保育所」と，国の定めた基準は満たしていないが，保育活動を行うための環境を準備し，保育活動を行っている「認可外保育所」がある。また，東京都の「認証保育所」のように，自治体が独自に決めた基準を満たした場合に，自治体として必要な運営資金の助成を行う仕組みなどがある。

認可外保育所には事業所が所内に設置する「事業者内保育施設」や「企業委託型の保育サービス」，「駅型保育施設」，「ベビーホテル」などがある。

保育活動にかかわる規制緩和の影響もあり，認可外保育所は増加傾向にあるが，一部の保育所で園児の事故や保育の質の低下などをはじめとした不適切な経営が問題となり，国は2001（平成13）年から良質な保育環境を提供することを目指して，認可外保育施設に対しては事業の届け出制，立ち入り調査，運営の定期報告義務，改善勧告などを定め，その指導・監督を強化するなどの取り組みが行われることとなった。

コラム

よい保育所を選ぶ時のポイント

子どもを保育所に通わせようと考えた時に，「より良い保育環境を利用したい」とだれしもが思うことであろう。実際には，どのような点に注意して施設を選んだら良いのかはよくわからないというのが現実の姿でもある。親が保育所を利用したいと思った時に，親の抱えるこうした戸惑いに応えるため，厚生労働省では，「よい保育施設の選び方　十か条」を作成し，母子手帳などを通して紹介し，その活用に努めている。これから保育所の保育士をめざす学生にとっては知っておくべきことであろう。

「よい保育施設の選び方　十か条」
一　まずは情報収集を　　　　　　二　事前に見学を
三　見た目だけで決めないで　　　四　部屋の中まで入って見て
五　子どもたちの様子を見て　　　六　保育する人の様子を見て

七　施設の様子を見て	八　保育の方針を聞いて
九　預けはじめてからもチェックを	十　不満や疑問は率直に

出所：厚生省児童家庭局保育課長通知（児保第45号）（平成12年12月25日）。

4）保育所の利用方法

　児童福祉法第24条では「保育に欠ける児童」について，市町村は保護者からの申し込みにより保育所に入所させ保育することが定められている。さらに児童福祉法施行令第27条により，保育所を利用するための保護者の労働や疾病等の要件が規定されている。それによると，(ア)「昼間の労働が常態であること」，(イ)「妊娠中または出産後間もないこと」，(ウ)「疾病，負傷，精神・身体に障害を有していること」，(エ)「同居の親族を常時介護していること」，(オ)「震災，風水害，火災その他の災害の復旧に当たっていること」，(カ)「その他の特別な事情がある場合」などが挙げられている。

　保護者は入所希望申請を行い，申し込みが受理されると児童の家庭状況を調査し，保育の実施基準に照らし合わせ入所決定がなされる。また，市町村には保育に関する情報公開義務（児童福祉法第25条），保育所には地域住民への保育に関する情報提供の努力義務（児童福祉法第48条）があり，利用選択への配慮がなされている。保育所利用のための仕組みは図4-6の通りである。

5）保育所の運営・管理と保育内容

　保育所の運営・管理についての詳細は，児童福祉法および「児童福祉施設の設備及び運営に関する基準」（第5章　保育所）に規定されている。

　「児童福祉施設の設備及び運営に関する基準」によれば，保育士などの人的配置については発達状況を考慮し，2歳未満を乳幼児，2歳以上を幼児に分類し，それぞれの年齢段階に応じた設備や保育活動に使用する部屋の面積，保育環境，必要な用具などが定められている。

　保育士の配置数は乳児3人に1人以上，満1歳以上3歳未満の幼児6人に1人以上，満3歳以上4歳児未満の幼児には20人に1人以上，4歳以上の幼児は30人に1人以上となっているが，多様化する保育所の活動を充実させてゆくためには保育士の手厚い配置が望まれる。

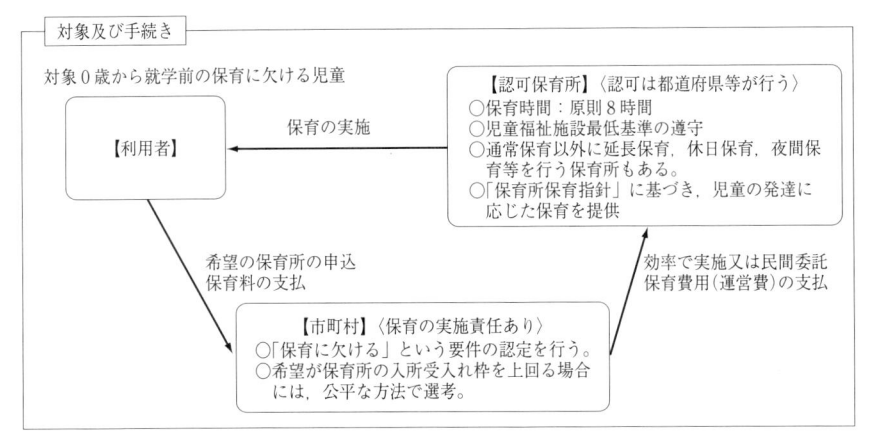

```
┌─対象及び手続き──────────────────────────────────┐
│                                                            │
│  対象0歳から就学前の保育に欠ける児童    ┌【認可保育所】〈認可は都道府県等が行う〉─┐
│         ┌─────┐                          │○保育時間：原則8時間                     │
│         │     │   保育の実施           │○児童福祉施設最低基準の遵守               │
│         │【利用者】│◄──────────────────│○通常保育以外に延長保育，休日保育，夜間保 │
│         │     │                          │ 育等を行う保育所もある。                 │
│         └─────┘                          │○「保育所保育指針」に基づき，児童の発達に │
│            │  ▲                          │ 応じた保育を提供                         │
│            │  │希望の保育所の申込       └──────────────────┘
│            │  │保育料の支払                        ▲
│            ▼  │                        効率で実施又は民間委託
│                                         保育費用（運営費）の支払
│         ┌【市町村】〈保育の実施責任あり〉─┐
│         │○「保育に欠ける」という要件の認定を行う。│
│         │○希望が保育所の入所受入れ枠を上回る場合 │
│         │ には，公平な方法で選考。               │
│         └──────────────────┘
└──────────────────────────────────────┘
```

図4-6　保育所利用の仕組み

出所：社会保障審議会少子化対策特別部会「次世代育成支援のための新たな制度体系の設計に向けた基本的考え方」（平成20年5月20日）（参考資料集）。

　保育所の保育時間は1日8時間を原則としているが，保護者の労働や家庭の状況を考慮して対応することができ，利用者の希望，地域の実情に合わせ，開所時間の弾力化や延長保育，夜間保育の進展による長時間保育が行われている。

　保育の内容の基準については「児童福祉施設の設備及び運営に関する基準35条」規定のほかに，保育所における保育のあり方や具体的な保育内容を示す指針として「保育所保育指針」がある。「保育所保育指針」は1965（昭和40）年に初めて出され，近年では1990（平成2）年，2000（平成12）年の改訂に引き続き2008（平成20）年4月に改訂が行われ，厚生労働大臣による告示として公布された。

　これまで保育所で行う保育活動は「幼稚園教育要領」の教育内容との整合性を図ることが求められてきたが，今回公布された「保育所保育指針」は，多くの部分で「幼稚園教育要領」との整合性が図られている。

6）保育所の利用費用

　保育所における保育活動実施のために必要な費用を保育所運営費と言う。保育所運営費は保育所の定員規模，地域，子どもの発達年齢区分による統一的な

第4章　児童福祉施策の課題

表4-1　平成22年度保育所運営費国庫負担金における保育所徴収金基準額表

各月初日の入所児童の属する世帯の階層区分			徴収金額（月額）	
階層区分	定　義		3歳児未満の場合	3歳児以上の場合
第1階層	生活保護法による被保護世帯)		0円	0円
第2階層	第1階層および第4～第7階層を除き，前年度分の市町村民税の区分が次の区分に該当する世帯	市町村民税非課税世帯	9,000円	6,000円
第3階層		市町村民税課税世帯	19,500円	16,500円
第4階層	第1階層を除き，前年分の所得税課税世帯であって，その所得税の区分が次の区分に該当する世帯	40,000円未満	30,000円	27,000円
第5階層		40,000円以上103,000円未満	44,500円	41,500円
第6階層		103,000円以上413,000円未満	61,000円	58,000円
第7階層		413,000円以上734,000円未満	80,000円	77,000円
第8階層		734,000円以上	104,000円	101,000円

出所：全国児童福祉主管課長会議資料（平成22年1月19日開催）。

基準の保育単価（月額）などをもとに，市町村が全額を保育所に支弁する。保護者は収入に応じて市町村が決定する負担金（保育料）を市町村に支払う。保育所の運営費用は国が2分の1を，都道府県と市町村はそれぞれ4分の1を負担する。行政改革により2004（平成16）年，国庫負担金の削減と一般財源化（地方交付税対応）が導入されることになり，地方自治体の負担の割合が増加することになった。さらに，1997（平成9）年の児童福祉法改正で応能負担から受益者負担となり，保育費用は子どもの年齢別の均一の保育料制度が導入されたが，保護者の負担は所得，税額を考慮して徴収される。国は，国庫負担の基準として表4-1のような保育サービスにかかわる費用徴収基準額を定めている。

7）保育士資格について

児童福祉領域の専門職員として，中心的な役割を担っているのが保育士である。
乳幼児の保育のほか，保育所以外の児童福祉施設における児童への養護や生活指導，学習指導，自立支援，障害児の療育，訓練，また近年の子育て支援策のながれを受けた地域の一般家庭への育児相談支援活動など，幅広い役割を果

たすことが期待されている。

児童福祉法が制定された当時、保育士は「保母」と呼ばれ、その職域と資格要件については児童福祉施行令第13条により「児童福祉施設において、児童の保育に従事する女子を保母」と規定していたが、1999（平成11）年に児童福祉法が改正され、保母という名称は男女共通の名称として「保育士」へと改められた。2003（平成15）年の改正では保育士資格は児童福祉法に定められた国家資格として法定化された。これにより、保育士は「保育士の名称を用いて、専門的知識及び技術をもって、児童の保育及び児童の保護者に対する保育に関する指導を行うことを業とする者」と規定され、名称独占、保育士の信用失墜行為の禁止、秘密保持などの義務が加わった。保育士の養成方法については2010（平成22）年に養成カリキュラムなどの養成課程の改正が行われ、2011（平成23）年度よりスタートしたが、修養年限、養成カリキュラム、資格取得のあり方、現任研修などのあり方を含めて、今日の多様なニーズに対応することの可能な専門職としてのスキルの向上が求められることとなった。

（3）多様化する保育施策

これまでの保育に欠ける子どもたちへの支援は、就労等の理由のある親に対する保育サービスとして保育所を中心として展開されてきたが、今日では、働く親に対する支援だけではなく、家庭で子育てをしている親たちをいかに支援するかが大きな課題となっている。核家族化などの影響を受け地域や近隣社会の中で家族が孤立化してしまい、子育てと育児ストレスが増加するなか、児童虐待の激増というような予期しない事態が発生している。安心して子どもを生み育てることができるような総合的な支援施策は、すべての子育て中の家庭が望むものとなっている。

2008（平成20）年に、児童福祉法の一部改正が行われ、新たな子育て支援サービスが創設され、一定の質を確保しながら多様な保育サービスの普及促進とすべての家庭における子育て支援の拡充を図るために、家庭的保育事業（保育ママ）や乳児家庭全戸訪問事業（こんにちは赤ちゃん事業）、すべての子どもを

対象とした一時預かり事業等の促進や，多様なニーズに対応するために障害児保育や休日保育などの保育対策等促進事業も行われることなった．主な取り組みを概説する。

1) 乳児保育

1歳児未満の乳児を対象とした保育の取り組みは，1969（昭和44）年に乳児指定保育事業として実施されてきたが，「子どもが3歳になるまでは母親の手で養育することが必要」とする考え根強い考えかたがあり，利用者は限定的であったが，共働き家庭の増加等にともない，最近では特に利用希望の高い保育事業となっている。

乳児を対象とした保育活動は1998（平成10）年には保育所の一般事業となり，すべての保育所において，乳児のみならず産後・育児休業明けの保護者への事前指導，相談指導，年度途中入所までを対象として，その受け入れの促進が図られている。

2) 障害児保育

障害を持つ児童に対する保育活動は，1974（昭和49）年に特別保育事業として実施されることとされている。また，障害児保育は「集団生活が可能な保育に欠ける中・軽度の障害児を対象として健常児と一緒に保育する」ことされているが，障害の有無にかかわらず，保育所等において一体的に支援を行うことの実現を目指している。

障害児を受け入れている保育所に対しては保育士の加配，障害児用のトイレ，設備などの環境整備，遊具，器具などの購入，担当保育士の障害児保育の技能向上のための研修などに対して，費用補助が行われていたが，制度改革の影響を受け，障害児保育のための支出されていた費用が一般財源化されたため，地方公共団体の考え方，裁量に大きく左右されることとなった。しかし，障害児保育に対する評価の高まりと共に，保育所において障害児保育を希望する声は増加，障害児保育を実施している施設は増加傾向にある

3) 病児・病後児保育事業

市町村が行う事業で，病気の回復期などの児童などに対しては，保護者が家

庭での保育や集団保育が困難な場合，病院・保育所等で病気の児童を一時的に保育したり，保育中に体調不良となった児童への緊急対応等を行い，安心して子育てができる環境の整備などを行うことを目的として行われる。病児・病後保育は次の3つの類型で実施される。

①病児対応型

児童が病気の「回復期に至らない場合」であり，かつ，当面の症状の急変が認められない場合において，当該児童を病院・診療所，保育所等に付設された専用スペースで一時的に保育する。

②病後児対応型

児童が病気の「回復期」であり，かつ，集団保育が困難な期間において，当該児童を病院・診療所，保育所等に付設された専用スペースで一時的に保育する。

③体調不良児対応型

児童が保育中に微熱を出すなど「体調不良」となった場合において，安心かつ安全な体制を確保することで，保育所における緊急的な対応を図る事業および保育所に通所する児童に対して保健的な対応等を図る。

2011（平成23）年度から，保護者が家庭で保育できない期間において，病気の児童の自宅を訪問し一時的に保育する事業が創設された。

4）延長保育

共働き家庭などの保護者からの要望の高い保育ニーズで，「延長保育促進事業及び長時間延長保育促進基盤整備事業」として，保育所が自主的に取り組む事業で，児童の心身への影響や地域の実情を考慮しながら行う。開所時間11時間を基本に，さらに30分以上の延長保育を実施することのできる事業である。

5）一時預かり保育事業

一時預かり保育事業は，専業主婦などが家庭等の育児疲れの解消や短時間勤務や断続勤務などの就労形態への対応，職業訓練，急病や入院，事故，出産，介護，冠婚葬祭などの事情が発生し，緊急で一時的に保育が必要となる場合の需要に対応するため，保育所等が一時的な保育に取り組むことのできる事業である。預かり事業の形態としては(ア)市町村または保育所を経営するものである

保育所型，(イ)地域または市町村が適切と認めたものである地域密着型，(ウ)認可外保育施設での事業実施を想定した地域密着Ⅱ型などがある。

6) 休日保育

保護者の就労形態が多様化しているなかで，日曜日や国民の祝日等に保護者が就労などのため，保育に欠ける児童の保育ニーズに対応するため，休日等に保育所などで児童を保育することで，安心して子育てができる環境を整備することを目的に取り組まれてきたもので，市町村が指定する休日保育実施保育所において行われる。

7) 夜間保育

保護者の就労形態が多様化している中で，夜間においても保育に欠ける児童に対する保育の実施が求められており，1995（平成7）年から本格的に実施となった。保育時間は午前11時から午後10時となっているが，延長保育制度との併用，通常保育と夜間保育の実施なども可能とされている。長時間保育は子どもの成長発達に及ぼす影響も大きく，夜間保育を行う保育所は，保育環境に十分な配慮が求められるとともに，保護者との連携が不可欠である。

8) 地域子育て支援センター事業

地域全体で子育てを支援する基盤形成を可能とするために，保育所地域子育てモデル事業としてスタートした。子育て家庭への支援活動を行うための担当職員を配置し，育児不安などを抱える保護者への相談支援を行うことを目的としている。2000（平成12）年からは保育所だけではなく，母子生活支援施設や乳児院などでも育児不安を抱える保護者への相談支援や子育てサークルの育成・支援，地域の保育資源の情報提供，保育ママなどへの支援などを行うことができるようになった。

9) 家庭的保育事業

家庭的保育は，増加する保育所入所の困難な待機児童を少しでも減らすことを目指して取り組まれている事業である。希望するすべての人が安心して子どもを保育所に預け，働くことができるようにするため，保育所から技術的な支援を受けながら，保育士または研修により市町村長が認めた者の居宅等におい

【平成24年4月1日現在の認定件数】

認定件数	公私の内訳		類型別の内訳			
	公立	私立	幼保連携型	幼稚園型	保育所型	地方裁量型
911件	182件	729件	486件	273件	122件	30件

出所：平成24年4月25日付，文部科学省・厚生労働省，幼保連携推進室資料。

て少人数の乳幼児の保育を実施することで，保育サービスの供給を増やし，待機児童の解消を図り，地域の実情に応じた多様な保育サービスを提供することを目的として2009（平成20年）6月に保育対策等促進事業として導入されたが，2010（平成22）年度より家庭的保育事業として実施されることとなった。

(4) 認定こども園

　2006（平成18）年10月より就学前の多様な教育・保育のニーズに対応する新たな選択肢として「認定こども園」の制度が創設され。認定こども園は，保護者の就労の有無にかかわらず受け入れて，教育・保育を一体的に実施し，すべての子育て家庭を対象に，子育て不安に対応した相談や親子の集いの場の提供などを実施することとしている。

　認定こども園については2012（平成24）年の通常国会で，認定こども園法「就学前の子どもに関する教育，保育などの総合的な提供を推進する法」の改正案が成立したことにより新たな展開を見ることとなった。

　認定こども園には次のような形態が設けられており，認定園数は2012（平成24）年4月1日現在911園となっている。

①幼稚園連携型：地域の実情に応じて，認可幼稚園と認可保育所が連携して一体的な運営を行う。

②幼稚園型：認可幼稚園が保育に欠ける子どものための保育時間を確保する。

③保育所型：認可保育所が保育に欠ける子ども以外の子どもも受け入れる。

④地方裁量型：幼稚園・保育所のいずれも認可もない地域の教育・保育施設が認定こども園として機能を果たすタイプ

第4章 児童福祉施策の課題

表4-2 都市部とそれ以外の地域の待機児童数

	利用児童数（％）	待機児童数（％）
7都道府県・指定都市・中核都市	1,124,742人（53.0％）	20,939人（81.9％）
その他の都道府県	998,209人（47.0％）	4,617人（18.1％）
全 国 計	2,122,951人（100.0％）	25,556人（100.0％）

出所：厚生労働省「保育所関連状況のとりまとめ」平成23年4月。

表4-3 年齢区分別の待機児童数

	平成23年度利用児童数（％）	平成23年度待機児童数（％）
低年齢児（0～2歳）	773,311人（36.4％）	21,109人（82.6％）
うち0歳児	105,366人（5.0％）	3,560人（13.9％）
うち1・2歳児	667,945人（31.5％）	17,549人（68.7％）
3歳児以上	1,349,640人（63.6％）	4,447人（17.4％）
全年齢児計	2,122,951人（100.0％）	25,556人（100.0％）

出所：厚生労働省「保育所関連状況のとりまとめ」平成23年4月。

（5）保育所の現状と動向

1）保育所の現状と課題

　保育所の現状について，厚生労働省が「保育所関連状況とりまとめ」として2011（平成23）4月に公表した結果を見ると（公表された結果は2011〔平成23〕年4月1日時点のものであり，東日本大震災の影響で調査の出来なかった岩手県，宮城県，福島県の一部の地域は含まれていない）。保育所の数は着実に増加し，2011（平成23）年度の全国の保育所の定員充足率は96.3％となっている。一方で，保育所を利用したくても利用できない，いわゆる「待機児童」に関する対応が社会問題化している。この問題の背景としては保育所の利用希望者が都市部に集中（表4-2参照）していることや，待機児童は低年齢児，特に1・2歳児に集中して多いことなどから（表4-3参照），「育児休暇を終えて仕事に復帰」しようするときに待機児童の問題が顕在化することが予測される。待機児童問題を解決して行くためには今後，こうした点をふまえた保育環境の整備が急務と言える。

2）保育所をめぐる動向

　政府は，「明日の安心と成長のための緊急経済対策」（2009〔平成21〕年12月8

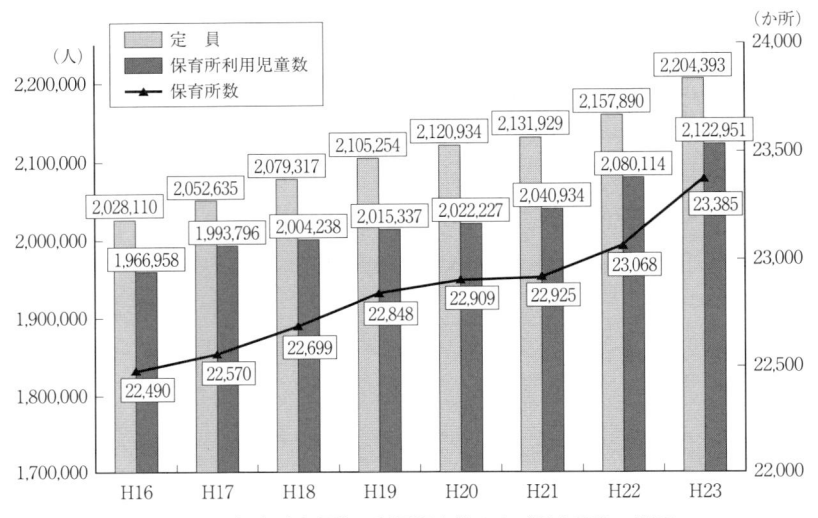

図4-7 保育所定員数，利用児童数および保育所数の推移

出所：厚生労働省「保育所関連状況とりまとめ」平成23年4月。

日閣議決定）にもとづき，幼・保一体化を含む新たな次世代育成支援の創設を目的とした「子ども・子育て新システム検討会」を開催し，2011（平成23）年7月には新たな制度として「こども園」（仮称）の設置を含む，「子ども・子育て新システムに関する中間とりまとめについて」を公表し，新たな仕組みとしての「総合こども園」の創設を目指したが，実現には至っていない。国は現在ある「認定こども園」制度のうち，特に幼稚園型の認定こども園のあり方を抜本的に見直すこととなった。「総合こども園」構想は実現までには至らなかったが，幼保一元化へ向けての環境整備は進められており，今後の乳・幼児期における保育や教育環境などに大きな変化をもたらすことが予測されるため，注視してゆく必要がある（図4-7）。

〈演習課題〉
1. 少子化対策として今後取り組むべき課題についてまとめてみよう。
2. 児童館の種類と活動内容を一覧表にし，役割の違いを1,000字程度でまとめ

てみよう。
3. 乳幼児期における母子保健の役割についてまとめてみよう。
4. 保育活動として現在取り組まれている活動を整理し，これからどのような活動が必要と思われるかについて1,000字程度で，まとめてみよう。

〈引用・参考文献〉
厚生労働省『厚生労働白書（平成22・23年版）』。
内閣府『子ども・若者白書（平成24年版）』。
内閣府『子ども・子育て白書（平成22～24年版）』。
山野則子・金子恵美編著『児童福祉』ミネルヴァ書房，2008年。
全国社会福祉協議会編『新版・社会福祉学叢書 児童福祉』全国社会福祉協議会，2003年。
内閣府『子ども・子育てビジョン』，2010年。
子ども・若者育成支援推進本部『子ども・若者ビジョン』，2010年。
厚生労働省「全国児童福祉主管課長会議資料（平成20～24年度）」，2009～2012年。
厚生労働省「平成24年度全国児童福祉主管課長・児童相談所長会議資料」，2012年7月。
厚生労働省「保育所保育指針」2008年8月。
厚生労働省「保育所関連状況とりまとめ」2011年4月。
「明日の安心と成長のための緊急経済対策」，2010年12月8日，閣議決定。
社会福祉法人恩賜財団母子愛育会，日本子ども家庭総合研究所『日本子ども資料年鑑2012』KTC中央出版，2012年。
子ども・子育て新システム検討会「子ども・子育て新システムに関する中間とりまとめについて」，2011年7月。

〈読者のための参考図書〉
山縣文治編『よくわかる家庭福祉』ミネルヴァ書房，2012年。
　　──子ども家庭福祉について，テーマごとに分析を行った書。教科書の内容を掘り下げて分析するにはコンパクトにまとまっているので理解しやすい。
山縣文治編『子どもと家族のヘルスケア』ぎょうせい，2008年。
　　──現代の子ども家庭福祉問題とその対応について，子どもを取り巻く環境，体のケア，悩みを抱える子どもへの支援，相談施設の役割，事例を示しながら紹介している。
内閣府『子ども・子育て白書』各年版。
　　──少子化の状況および少子化への対処施策の概要を年度ごとに資料にもとづき分析を試みている。少子化社会での子育て支援施策などの取り組みなどが理解できる。
日本子どもを守る会編『子ども白書』各年版。
　　──子どもの生活にかかわる問題を資料にもとづき解説している。子どもの成長・発達をめぐる問題，家庭生活・学校・地域社会での生活における問題を整理解説してある。
KTC中央出版『日本子ども資料年鑑』毎年発行。
　　──子どもの生活全般にわたる各種の統計の分析報告。資料分析には大変参考になる。

(小野澤　昇)

第5章
児童虐待防止と障害児保育

　児童虐待の多くは「悩んでいる人に気づき，声をかけ，話を聞いて，必要な支援につなげ，見守る人」（内閣府）がいれば，虐待という状態に陥る前に対応することができる。

　そこで，本章ではそうしたゲートキーパーとなるために必要な基本事項について，児童虐待の防止等に関する法律（児童虐待防止法）の規定や障害児保育の概要等をもとに学んでいく。

キーワード：何かおかしい，早期対応・早期支援，合理的配慮

第1節　児童虐待の防止

　少子化や核家族化といった現代社会の変化にともない，子育てに対する悩みを抱えこまざるを得なくなった人びとが増えている。たしかに，いつの世においても子育てに悩みはつきものであるが，現代社会においては，子どもを育てる環境そのものが激変したために，これまで以上に多くの要因が子育てに関するストレッサーとなっている。

　たとえば，インターネットの普及にともなう情報化は，子育てに関する情報の収集を容易にしたと言えるが，その一方で，あふれかえる情報に振り回され，「正しい育児」を探し求める親をも増大させたと言える。情報と現実との間にあるギャップを緩和させるための身近な相談者を持たない者にとっては，それは継続的な強いストレスとなるだろう。

　そして，そのようなストレス状況下に置かれ続けた場合，ストレスのもとと

なった子ども，もしくは子育てそのものに対する攻撃的あるいは回避的な行動が見られるようになる。もちろん，そのような不適切な子育て行動が見られたとしても，多くは一過性のものであり，子どもの生命の保持や健やかな生活に対する影響は大きくない。しかしながら，それらが継続的・反復的に見られるようになった場合は，子どもの健やかな生活はおろか子どもの生命それ自体が失われかねない事態が生じる。

(1) 児童虐待の増加

全国の児童相談所が児童虐待相談として対応した件数は年々増加している（図5-1）。

2011（平成23）年度における児童虐待相談は5万9,862件（速報値）となり過去最多を更新した。統計がとられ始めた1990（平成2）年度比では54倍，児童虐待の防止等に関する法律が制定される直前の1999（平成11）年度比でも5倍強となっている。

このような児童虐待相談対応件数の急激な増加は，虐待そのものの増加だけでなく，連日繰り返されるといっても過言ではない児童虐待に関する報道による社会の関心の高まりが影響している。

なお，専門的かつ継続的な支援を必要とするケースも増加している。そのようなケースにおいては保護者の意に反してでも子どもの福祉を守るために児童養護施設への入所措置などがとられることがある（児童福祉法第28条第1項）。この措置に関しては2年間を超えてはならないとされるが，必要に応じてその期間は更新されることがある（児童福祉法第28条第2項）。

図5-2は，児童福祉法第28条関係事件として家庭裁判所に申し立てられた事件の推移を表したものである。年により多少の増減があるが，おおむね増加傾向にあることがわかる。

児童福祉法は，虐待を受けた子ども等について，児童相談所長からの報告と都道府県知事の決定により，家庭以外の場所で子どもを養育するための措置（社会的養護）を可能としている。とは言え，児童養護施設に入所している子ど

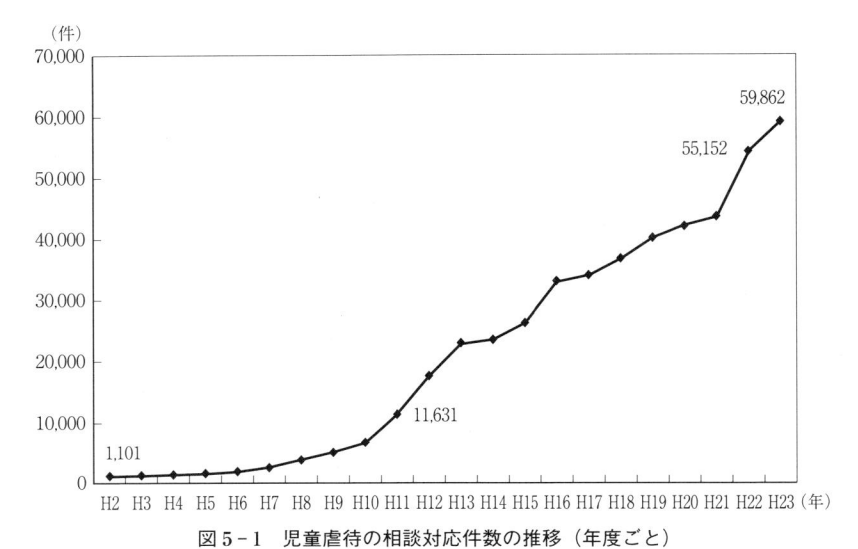

(件)

図5-1　児童虐待の相談対応件数の推移（年度ごと）

出所：筆者作成。

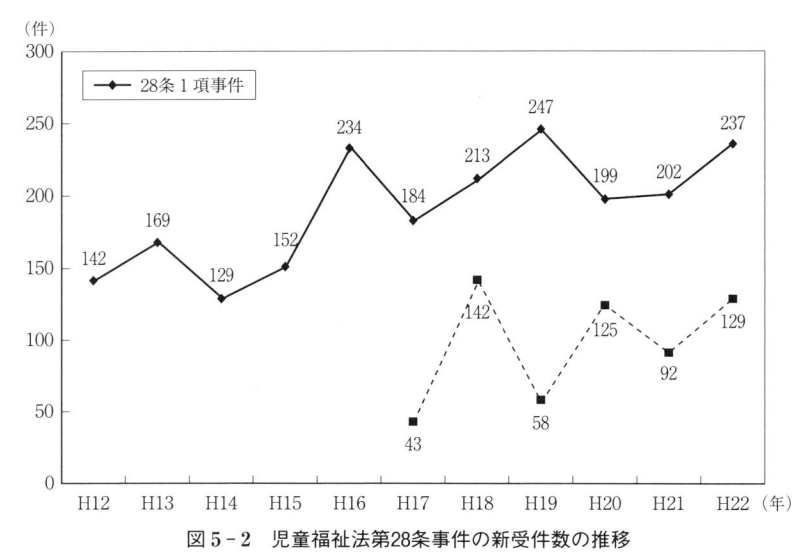

図5-2　児童福祉法第28条事件の新受件数の推移

出所：筆者作成。

ものうち半数以上が虐待を受けている（児童養護施設入所児童等調査結果，2008〔平成20〕年2月1日）という現状は，懸念を抱かざるを得ない。児童虐待への対応は，現代社会における重要な課題の1つである。

（2）児童虐待防止法

わが国においては児童福祉法に先んじて1993（昭和8）年に児童虐待防止法が制定されている。その内容は，児童を酷使したり，身体に障害のある児童を見世物にしたりすることなどを禁じたものである。絶対的貧困がはびこっていた当時においては，そういった行為は，やむを得なかったと言えるのかもしれない。しかしながら，それらは，主として大人の生活を支えるための経済的搾取であり，同時に，児童の「生きる権利」や「育つ権利」「守られる権利」，「参加する権利」を奪うものであったと言える。

1947（昭和22）年の児童福祉法の制定と共に児童虐待防止法は廃止されたが，その内容は児童福祉法第34条として今もなお残されている。その後，児童虐待に関しては児童福祉法を基幹とする種々の施策により対応されていった。特に1990年代には，児童虐待ケースマネージメントモデル事業（1996〔平成8〕年）や児童虐待防止市町村ネットワーク事業（1997〔平成9〕年）などが実施されている。

児童相談所における虐待を主訴とする相談や児童の生命が奪われる事件の増大をうけ，児童虐待防止に対する取り組みを総合的に進めるために，児童虐待に対する特別法として，児童虐待の防止等に関する法律（以下，児童虐待防止法）が2000（平成12）年5月に制定され，同年11月20日より施行された。

その後も，児童虐待事例が減少せず，深刻な事例も多発したことから，2004（平成16）年および2007（平成19）年に児童虐待防止法は改正された（表5-1，5-2）。なお，同時に児童福祉法も改正されている。

児童虐待防止法の目的は，「児童に対する虐待の禁止，児童虐待の予防及び早期発見その他の児童虐待の防止に関する国及び地方公共団体の責務，児童虐待を受けた児童の保護及び自立の支援のための措置等を定めることにより，児

表5-1 児童虐待防止法の改正点（2004年）

児童虐待の定義の見直し（明確化）
国及び地方公共団体の責務の改正（強化）
児童虐待に係る通告義務の拡大
警察署長に対する援助要請等
面会・通信制限規定の整備
児童虐待を受けた子ども等に対する学業の遅れに対する支援，進学・就職の際の支援等に関する規定の整備

出所：『少子化社会白書（平成17年版）』，157頁。

表5-2 児童虐待防止法の主な改正点（2007年）

児童の安全確認等のため，裁判官の許可状を得た上で，解錠等を伴う立入を可能とする立入調査等の強化
保護者に対する面会・通信等の制限の強化，都道府県知事が保護者に対し児童へのつきまといや児童の住居等付近でのはいかいを禁止できる制度の創設等
保護者に対する指導に従わない場合の措置の明確化

出所：『少子化社会白書（平成20年版）』，124頁。

童虐待の防止等に関する施策を促進し，もって児童の権利利益の擁護に資すること」である。このうち，「児童の権利利益の擁護に資する」という部分については法改正により追加された部分である。

基本的な視点として「児童虐待が児童の人権を著しく侵害し，その心身の成長及び人格の形成に重大な影響を与えるとともに，我が国における将来の世代の育成にも懸念を及ぼす」が掲げられており，虐待の世代間連鎖を断ち切ることが志向されている。

（3）児童虐待の定義と特徴

児童虐待防止法は，その第2条において，保護者がその監護する18歳未満の児童に対して行う4種類の行為を児童虐待と定義している（表5-3）。この時保護者には，親権を行う者としての親が含まれるのはもちろん，未成年後見人や児童を現に監護（監督保護）するものが含まれる。そのため，法的な親子関係等のない同居人であったとしても場合によっては保護者に含まれる。また，18歳や19歳のものに対しても18歳未満の子どもに対するのと同様の姿勢で対応

第5章　児童虐待防止と障害児保育

表5-3　児童虐待の法的定義（児童虐待防止法第2条）

①身体的虐待	児童の身体に外傷が生じ，又は生じるおそれのある暴行を加えること
②性的虐待	児童にわいせつな行為をすること又は児童をしてわいせつな行為をさせること
③ネグレクト	児童の心身の正常な発達を妨げるような著しい減食又は長時間の放置，保護者以外の同居人による①②④に掲げる行為と同様の行為の放置その他の保護者としての監護を著しく怠ること
④心理的虐待	児童に対する著しい暴言又は著しく拒絶的な対応，児童が同居する家庭における配偶者に対する暴力（配偶者の身体に対する不法な攻撃であって生命又は身体に危害を及ぼすもの及びこれに準ずる心身に有害な影響を及ぼす言動）その他の児童に著しい心理的外傷を与える言動を行うこと
※配偶者には，婚姻の届出をしていないが事実上婚姻関係と同様の事情にある者を含む。	

出所：児童虐待防止法第2条をもとに筆者作成。

表5-4　被措置児童等虐待における施設職員等（児童福祉法第33条の10）

小規模住居型児童養育事業に従事する者
里親若しくはその同居人
乳児院，児童養護施設，知的障害児施設等，情緒障害児短期治療施設もしくは児童自立支援施設の長，その職員その他の従業者
指定医療機関の管理者その他の従業者
児童福祉法第12条の4に規定する児童を一時保護する施設を設けている児童相談所の所長，当該施設の職員その他の従業者
児童福祉法第33条第1項もしくは第2項の委託を受けて児童に一時保護を加える業務に従事する者

出所：児童福祉法第33条の10をもとに筆者作成。

することが望ましい。

　なお，児童虐待防止法は「高齢者虐待の防止，高齢者の養護者に対する支援等に関する法律（2005〔平成17〕年）」や「障害者虐待の防止，障害者の養護者に対する支援等に関する法律（2011〔平成23〕年）」とは異なり施設職員等による虐待が規定されていない。そのため，施設職員等（表5-4）による被措置児童等に対する同種の行為が，2009（平成21）年4月から児童福祉法において被措置児童等虐待と定義されることとなった。

（4）身体的虐待

　子どもの身体に外傷が生ずる，または生ずるおそれのある暴行を加えることを身体的虐待という。児童虐待のなかではもっとも相談件数が多いが，それは

151

身体的虐待

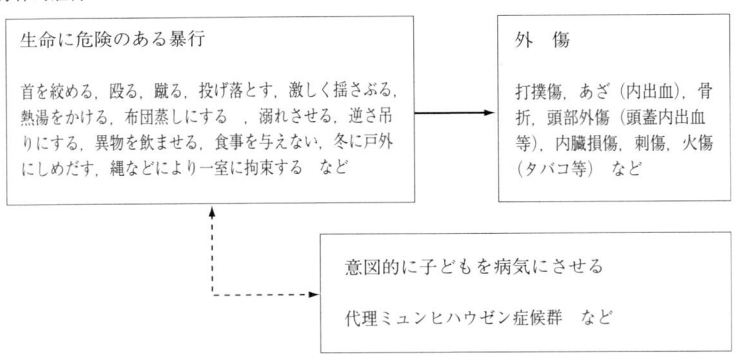

```
┌─────────────────────────────┐              ┌─────────────────────────────┐
│ 生命に危険のある暴行          │              │ 外　傷                        │
│                             │              │                             │
│ 首を絞める，殴る，蹴る，投げ落とす，激しく揺さぶる， │──────▶       │ 打撲傷，あざ（内出血），骨     │
│ 熱湯をかける，布団蒸しにする，溺れさせる，逆さ吊   │              │ 折，頭部外傷（頭蓋内出血     │
│ りにする，異物を飲ませる，食事を与えない，冬に戸外 │              │ 等），内臓損傷，刺傷，火傷     │
│ にしめだす，縄などにより一室に拘束する　など      │              │ （タバコ等）　など            │
└─────────────────────────────┘              └─────────────────────────────┘
           ▲
           ┊
           ┊           ┌─────────────────────────────┐
           └┄┄┄┄┄┄┄┄┄┄┄│ 意図的に子どもを病気にさせる  │
                       │                             │
                       │ 代理ミュンヒハウゼン症候群　など │
                       └─────────────────────────────┘
```

図 5-3　身体的虐待のイメージと具体例

出所：『子ども虐待対応の手引き』より筆者作成。

暴行の結果として残る外傷が医療機関や警察等において発見されやすいからである。『子ども虐待対応の手引き』においては，図5-3のような行為が例示されている。ここで注意すべきは，外傷を生じるおそれがあれば，それは身体的虐待に含まれるということである。つまり，「結果として怪我をしなかったのだから虐待ではない」，「躾のためであり虐待ではない」とは言えないのである。

また，「子どもを意図的に病気にさせる」については，代理ミュンヒハウゼン症候群として知られる児童虐待の一形態がある。こうした行為については一般的な思考では思い至らない（あるいは認めたくない）ことが多いため，とくに留意する必要がある。

（5）性的虐待

児童にわいせつな行為をすること，または児童にわいせつな行為をさせることを性的虐待という。図5-4にあるように，直接的な性行為だけでなく，性的な満足や経済的利益のために子どもを利用することも性的虐待に含まれる。そのため，その語感よりも広い概念で捉えておく必要がある。つまり，性的虐待とは性的暴行と性的搾取とからなるのである。

4種類の虐待行為のうち，もっとも顕在化しにくく，また，対応に心理的な

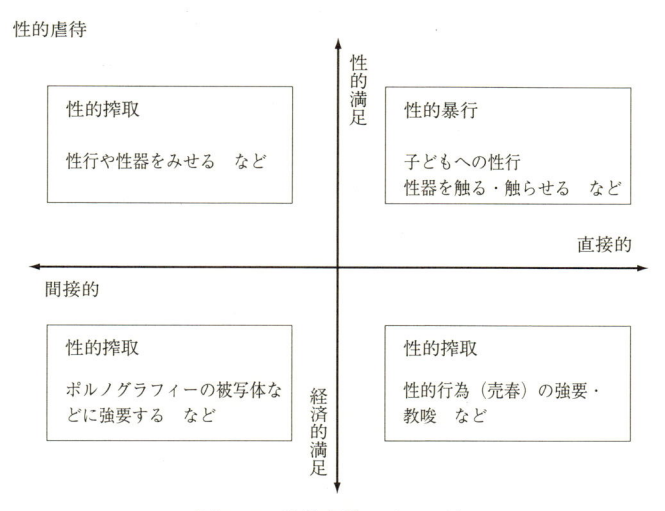

第 5 章　児童虐待防止と障害児保育

```
        性的虐待
           │性
           │的
  性的搾取  │満  性的暴行
           │足
  性行や性器をみせる　など │ 子どもへの性行
           │   性器を触る・触らせる　など
           │
───────────┼─────────── 直接的
           │
  間接的    │
           │
  性的搾取  │経  性的搾取
           │済
  ポルノグラフィーの被写体な│的  性的行為(売春)の強要・
  どに強要する　など │満  教唆　など
           │足
           ▼
```

図 5-4　性的虐待のイメージ
出所：『子ども虐待対応の手引き』より筆者作成。

抵抗がともなうことが多い。性的虐待は子どもの正常な性発達だけでなく，その精神に与える影響も大きい。適切な対応がなされなければ二次的，三次的な問題が生じる可能性が高い。

（6）ネグレクト

　保護者としての監護（監督保護）を著しく怠ることをネグレクト（保護の怠慢）と言う。ただし，ネグレクトは日本語における怠慢意外にも，不注意や無関心等の幅広い意味も含むため，英語のneglectをカタカナ表記してネグレクトと言われる。

　児童虐待防止法においては，「児童の心身の正常な発達を妨げるような著しい減食又は長時間の放置や，保護者以外の同居人による虐待行為の放置など」と定義される。

　自動車の中に放置された乳幼児が熱中症で死亡したり，誘拐されたりすることがあるが，これらの事件はネグレクトという虐待の結果である。これら以外

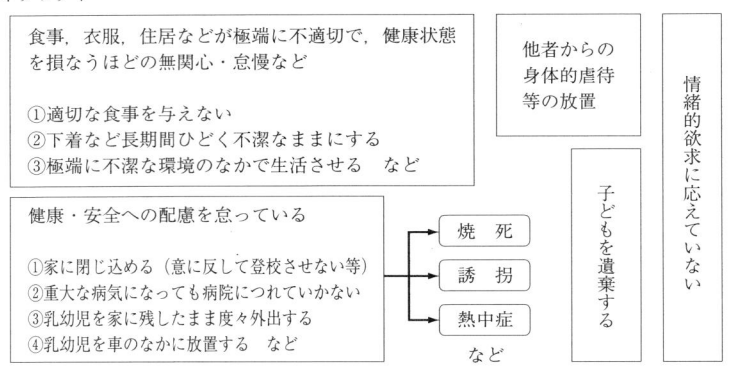

```
ネグレクト
┌─────────────────────────────────┐  ┌──────────┐  ┌────┐
│食事，衣服，住居などが極端に不適切で，健康状態│  │他者からの │  │情  │
│を損なうほどの無関心・怠慢など             │  │身体的虐待 │  │緒  │
│                                 │  │等の放置   │  │的  │
│①適切な食事を与えない              │  └──────────┘  │欲  │
│②下着など長期間ひどく不潔なままにする     │              │求  │
│③極端に不潔な環境のなかで生活させる　など │              │に  │
└─────────────────────────────────┘              │応  │
┌─────────────────────────────────┐  ┌──────┐  │え  │
│健康・安全への配慮を怠っている            │→│焼　死│  │子│て  │
│                                 │  ├──────┤  │ど│い  │
│①家に閉じ込める（意に反して登校させない等）│→│誘　拐│  │も│な  │
│②重大な病気になっても病院につれていかない  │  ├──────┤  │を│い  │
│③乳幼児を家に残したまま度々外出する       │→│熱中症│  │遺│    │
│④乳幼児を車のなかに放置する　など        │  └──────┘  │棄│    │
└─────────────────────────────────┘  など      │す│    │
                                                  │る│    │
                                                  └─┘    └────┘
```

図5-5　ネグレクトのイメージ

出所:『子ども虐待対応の手引き』より筆者作成。

については図5-5の通りとなるが，何がネグレクトになるのかは，子どもの年齢や能力等により異なる。たとえば，わが国においては，子どもだけでの留守番は社会的に許容されることが多いが，外国においてはネグレクトとして処罰の対象となることもある。

そのため，ある行為がネグレクトにあたるのかどうかは総合的に判断しなければならない。身体的虐待などとは異なり，子どもに対する直接的かつ攻撃的な言動がないために，何がネグレクトにあたるのかは定めにくい面もある。しかし，子どもの服装や食事時の様子などを他の子どもと比較することで，ネグレクトの存在をうかがい知ることは比較的容易であるとも言える。

迷子や家出においても，それらが頻繁(ひんぱん)に繰り返されたり，保護者が探しに現れなかったりするような場合は，ネグレクトが疑われる。

コラム

ミュンヒハウゼン症候群

　精神疾患（虚偽性障害）の一種で，名称は「ほら吹き男爵」と呼ばれたドイツのミュンヒハウゼン男爵にちなむ。病気を装ったり，自らを傷つけたりする。自身の代わりに子どもをわざと病気にしたり，子どもに関する情報（子どもが嘘をついた

等）をねつ造したりすることもある（代理ミュンヒハウゼン症候群）。自身の精神的満足のために，子どもを道具として利用している状態と言える。

心理的虐待

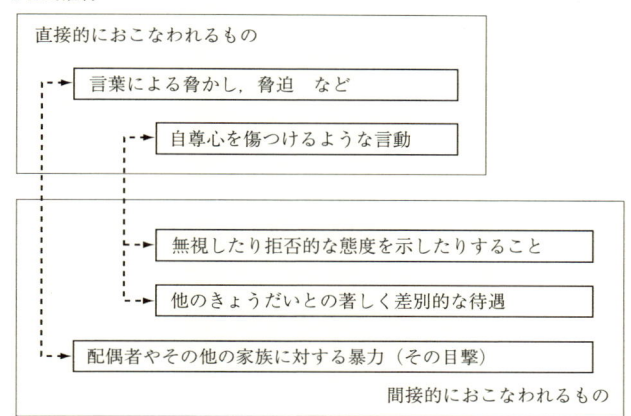

```
直接的におこなわれるもの
    ├─ 言葉による脅かし，脅迫　など
    └─ 自尊心を傷つけるような言動

    ├─ 無視したり拒否的な態度を示したりすること
    ├─ 他のきょうだいとの著しく差別的な待遇
    └─ 配偶者やその他の家族に対する暴力（その目撃）
                            間接的におこなわれるもの
```

図5-6　心理的虐待のイメージ
出所：『子ども虐待対応の手引き』より筆者作成。

（7）心理的虐待

　児童に対して著しい心理的外傷を与える言動を心理的虐待と言う。具体例は図5-6のとおりである。すべての虐待は多かれ少なかれ心理的虐待の側面を持っているが，あえて「心理的虐待」という場合，子どもの存在それ自体を否定するような言動かどうかという点に着目する。

　代表的な言動として挙げられるのは，「お前なんか生まなければよかった」といった言動である。こういった言動はネグレクトともとれるが，積極的になされた場合はもちろん，消極的になされた場合であっても，関心の乏しさ自体が子どもの存在を否定することにつながっていく。結果として，子どもの自尊心（自信）や自律性が低下していく。

　このような時，表面的な育児がなされていることは多く，そのために心理的虐待は潜在化し，多くの場合は，そういった言動が繰り返し何度もなされることによって，心理的虐待となっていく。同様に，存在それ自体の否定というこ

とでは，他のきょうだいとの理不尽な待遇差も心理的虐待となる。

また，ドメスティックバイオレンス（DV）を日常的に目撃したり，DVに荷担させられたりすることでも，子どもの心はさまざまに傷ついていく。親を守りきれないといった自責の念や暴力がいつ自分に降りかかってくるかわからないといった恐怖の念により，子どもの主体性が損なわれ，次第に受動的になっていく。

（8）経済的虐待

「高齢者虐待の防止，高齢者の養護者に対する支援等に関する法律（2005〔平成17〕年）」や「障害者虐待の防止，障害者の養護者に対する支援等に関する法律（2011〔平成23〕年）」においては，これらの定義に加えて「経済的虐待」が含まれる。

未成年の子どもの財産に関しては，児童福祉法第34条において児童の酷使等が禁止されているが，民法においては親権を行う者が，自己のためにするのと同一の注意をもって管理するものとされている。また，子の財産の管理が不適切であった場合には，子の親族または検察官の請求により家庭裁判所が「管理権の喪失」を宣告することができるとされているため，児童虐待においては経済的虐待が含まれていない。

児童虐待防止法だけでなく，児童福祉法においても児童虐待は定義されていると言ってよい。児童福祉法においては「何人も，次に掲げる行為をしてはならない」として11種類の行為が列挙されている（児童福祉法第34条）。

（9）児童虐待とDV

2004（平成16）年の法改正により，保護者以外の同居人によるものや，児童が同居する家庭における配偶者に対する暴力，いわゆるDV（ドメスティック・バイオレンス）についても児童虐待に含まれることになった。

児童虐待やDVは，本来なら安全かつ安心できる場所である家庭内において行われる「一貫性を欠いた場当たり的な力の行使」と言うことができる。その

第5章　児童虐待防止と障害児保育

ために生活の中から安全感が失われるとともに，突然の暴力に対する不安感や緊張感にさらされつづけることとなる。それは感情の急激な変化に翻弄（ほんろう）されるづけることでもあり，結果として否定的な感情だけでなく，肯定的な感情をも抱き続けることがむずかしくなる。感情コントロールが難しいために，感情を爆発させたり，パニックに陥ったりしやすい。

その結果，安定した人間関係を保つ（継続させる）ことが苦手であったり，情緒的に不安定になったりしやすい。

そういった生活において支配的な問題解決のシステムは暴力による場のコントロールである。それらはもちろん，社会生活を適切に送るうえでは有害であり，そうした誤学習が生じた場合，他者に対する攻撃的・挑発的な言動として現れてくることがある。それらは自身に対する他者からの暴力を煽（あお）るような言動であることもある。

なお，児童に対する直接的な力の行使ばかりでなく，間接的なそれについても児童虐待に含まれる点については留意すべきである。

(10) 虐待を受けた子どもの特徴

身体医学的所見は虐待された子どもの治療に必要なだけではなく，虐待の証明にも有用である(1)（表5-5）。

身体的虐待は，過去の骨折痕としてレントゲン検査により推定されることが多い。そうした外科的（整形外科的）問題に加えて，網膜剥離（もうまくはくり）や鼓膜破裂などといった眼科的あるいは耳鼻科的問題が生じることもある。

医療関係の専門家でなくとも気づきやすいものには皮膚所見がある。保育場面等においては，脇の下や内腿など衣服によって外側から見えない場所に外傷が生じている場合もあるので留意する必要がある。特に，子どもが生活をしている上で，あまり怪我をしないような不自然な部位に外傷があったり，何度も同じ場所を怪我したりするような場合には，虐待の可能性が高い。なお，頭部外傷を繰り返すことで，てんかんを発症する場合もある。

また，虐待を受けている子どもの多くは親を悪くは言わない。むしろ，虐待

157

表5-5　虐待を強く疑わせる身体的所見等

［1］発育や発達の障害 　　基礎疾患のない低身長・低体重 → キャッチアップ現象
［2］皮膚所見 　　噛み跡，道具によると見られる傷痕や内出血，柔らかい組織の内出血，皮下出血を伴う抜毛，顔面の側部の傷，移動を獲得する前の外傷，首を絞めた跡，境界鮮明な火傷の跡，不衛生な皮膚の状態，以上の所見が複数種類見られること
［3］頭部外傷 　　頭蓋骨骨折，頭蓋内出血，脳挫傷などの脳実質障害，乳幼児揺さぶられ症候群，
［4］眼科的所見
［5］耳鼻科的所見
［6］頭蓋骨以外の骨折 　　保護者の説明と合わない骨折，歩行開始前の子どもの四肢の骨折，新旧混在する多発骨折，乳幼児の肋骨骨折，骨幹端骨折，乳幼児の肩峰骨折・骨盤骨折・脊柱の圧迫骨折
［7］内臓出血
［8］溺　水
［9］婦人科的所見
［10］精神医学的所見

出所：『子ども虐待対応の手引き』より筆者作成。

という事実を「私が悪い子だったから，お父さん（お母さん）は私のことを叩いたんだ」と認知（解釈）する傾向にある。言い換えれば，虐待を自身に対する裏返された愛情（罰）として受け入れていく。そのため，罰を受けることがなくなるとかえって不安定になり，罰を受けるために自分にとって重要な他者を挑発することがある。直接的な支援者である保育士などがひとりで抱えこむような形で子どもとかかわると，こうした虐待的人間関係の再現傾向にのみ込まれやすい。

　なお，施設へ入所した当初などは，不安や緊張感からこうした虐待的人間関係は影を潜め，「いい子」と感じられることが多い。子どもが施設での生活に慣れてくるにしたがって虐待的人間関係が再現されるようになってくる。

(11) 通告義務／通告先

　虐待を受けている児童，あるいは虐待を受けていると思われる児童を発見した者は，①市町村，②都道府県が設置する福祉事務所，③児童相談所のいずれ

かに対して速やかに通告（連絡）しなければならない。この児童虐待に関する通告は匿名で行ったり，地域の児童委員を介して行ったりすることもできる。通告の方法については規定されていないため，文書や口頭で行うことができる。近年では，電子メールを活用して虐待に関する相談を受けつける自治体もある。

ただし，児童の生命に危険が迫っていると思われるような場合は警察や医療機関などへの通報が優先される。

児童虐待に関する通告は刑法における秘密漏示罪の規定や守秘義務違反にはあたらない。また，通告を受けた市町村や児童相談所の職員，通告を仲介した児童委員は，通告者を特定させる情報を漏らしてはならないと規定されている。なお，この場合の情報には氏名や住所といった直接的に通告者を特定できる情報だけでなく，通告のあった時間や当該虐待を目撃した場所など，類推することで間接的に通告者を特定できるような情報も含まれる。

児童福祉施設の職員あるいは児童の福祉に職務上関係のある者は，児童虐待を発見しやすい立場にあることを自覚し，児童虐待の早期発見に努めなければならない（児童虐待防止法第5条）とされている。この虐待の早期発見は法律上の努力義務でしかないが，虐待が子どもの心身や家族の将来に対して深刻な影響を及ぼすことを考えれば，事態の深刻化を防止するためには必須と言ってもよい。

通告を受けた市町村等は子どもの安全確認を行う。その後，緊急性や要保護性が高いケースについては児童相談所に送致される。それ以外のケースは，市町村や福祉事務所により，子どもや保護者への指導等が行われる。

(12) チームとしての通告

複数の要因が影響し合った結果として虐待は生み出されるため，虐待への対応は長期に渡る。そして，複数の機関が連携して対応する必要がある。決して単独で事態を解決しようとしないことが重要である。

児童相談所は通告後48時間以内に子どもの安否確認を行うが，かならずしも家庭訪問をするわけではない。子どもの登園が続いているような場合であれば，

園での子どもの様子の確認がなされる。子どもの様子に関する記述は法的対応をする際の資料ともなり得るため、子どもの様子を普段から詳細に観察・記述しておく必要がある。

　もっとも、虐待を疑った場合であっても、そのすべてが虐待と言えるわけではなく、通告をすればすべてが解決するというわけでもない。虐待であるか否かを問わず、地域での見守りを必要とするケースは多い。そのため、通告はチーム対応の始まりであると言える。その意味でも組織として通告し、その後の対応も含めて考えていく必要がある。

　2004（平成16）年の法改正で、児童福祉施設や学校、病院といった児童の福祉に業務上関係のある団体にも児童虐待の早期発見に関する努力義務が課せられることとなった。とはいえ、虐待かどうかの判断は、保育所等には求められてはいない。求められているのは、虐待が疑われる子どもやその家族についての情報を共有すること、そして支援にあたっての共通認識を図ることである。

　2010（平成22）年、現場の実務者の負担感や意見などを把握するため「児童虐待の防止等に関する意識等調査」が総務省により行われた。この調査では、保育所担当者の70％程度が情報提供に抵抗はないと回答している。一方で、抵抗があると回答したものは、その理由として「保育所は、保護者との関係が悪化することを怒れる傾向にあるから」や「保育所は、保育所内で事実を把握し、誤報の可能性がなくなってから、通告すべきだとの考えであり、その前段階での相談、情報提供は控える傾向にあるから」を挙げることが多かった。

(13) 視点の持ち方

　児童虐待は原因と結果を簡単に区別することができない複雑な現象・状態と言える。つまり、児童虐待は、一般的に言われるような親（加害者）と子（被害者）の利害対立ではなく、生活環境に内在している病理が家族システムとして複雑に顕在化した「状態」である。

　虐待に関するリスク要因にはさまざまなものがあり、それらは複雑に影響し合う。そこに急激な環境の変化が加われば、虐待にいたるリスクは飛躍的に高

まる。このことはどこででも，そして，だれにでも起こり得ることであり，児童虐待をするのは特別な人間であるとは言えない。

　子育ての悩みが虐待へと深刻化する前に「何かおかしい」と気づくことができれば，早期に支援を開始することができ，それが虐待の予防につながっていく。

　そのため，保育士自身が子どもの様子を観察することで，虐待の兆候をいち早く読みとることが必要である。加えて，他の保護者との会話の中にも児童虐待あるいはマルトリートメントに関する内容が潜んでいる場合もある。自ら通告することをためらい，遠回しな言い方での相談があることもあるので留意する必要がある。たとえば，保育所への送迎時に「子どもを叩いてしまった」といった発言がある場合などは，保護者自身が養育に困っていることを暗に示そうとしていることがある。

　偏（かたよ）りのない情報を収集するためには複数の視点が必要である。特に重要なのは「正しい情報」よりも「情報の偏りを少なくする」という視点である。同時に，十分な情報が集まるまでは良い悪いといった二元的思考をしないように留意することも必要である。良い悪いといった観点からは，犯人捜しの対応に終始してしまいやすい。情報収集はその後の支援を検討するために行うものであり，収集した情報を吟味するための協議が重要になる。

コラム

意図の有無

　虐待においては，その意図の有無が争点とされることが多い。しかし，意図の有無に関わらず，つまり積極的であろうが消極的であろうが，結果として子どもの権利が侵害されているならば，それは虐待である。そうした意味では，子どもに対する過干渉もまた，子どもの主体性を奪うという意味で，虐待に含まれる。

---

(14) 関係機関の種類

　虐待を受けている子どもを早期に発見し，適切な保護と家族関係の再構築を図るためには，関係機関が子ども等に関する情報を共有することが必要である。

表5-6 児童虐待への対応にあたって児童相談所が協働・連携すべき関係機関等の例

市町村（福祉事務所・家庭児童相談室）	要保護児童対策地域協議会	保健所，市町村保健センター
児童委員，里親	児童家庭支援センター	児童福祉施設（保育所を含む）
学校，教育委員会	医療機関	警察
弁護士，弁護士会	家庭裁判所，法務局，人権擁護委員	配偶者暴力相談支援センター
精神保健福祉センター	社会福祉協議会	民間虐待防止団体

出所：『児童相談所運営指針』，『子ども虐待対応の手引き』より筆者作成。

「子ども虐待対応の手引き（2009〔平成21〕年3月31日改訂版）」においては，児童虐待への対応に関して児童相談所が協働・連携すべき関係機関として14の組織等（表5-6）が挙げられている

虐待ケースの中には24時間体制での見守りといった，地域全体で子どもや保護者を支えていくための体制を必要とすることが少なくない。そのため，児童虐待防止市町村ネットワーク事業の創設（2000〔平成12〕年度）や児童福祉法改正による要保護児童対策地域協議会（以下，地域協議会）の法定化（2004〔平成16〕年度）などが行われた。

地域協議会に関しては2007（平成19）年の児童福祉法改正により，その設置が努力義務化されたこともあり，現在では，ほぼすべての市町村に設置されている。「要保護児童」には非行児童なども含まれるため，要保護ケースのすべてが児童虐待関係のものとはいえない。しかし，地域協議会が扱っている要保護ケースの中心は，児童虐待ケースであると言える。2010（平成22）年4月1日現在の登録ケース数は112,157件で，児童虐待ケースはそのうちの53,232件（47.5%）である。

地域協議会は市町村レベルのネットワークであるが，当該市町村の機関だけでなく，教育委員会や児童相談所，保健所，警察署といった行政機関や保育所，幼稚園，小中学校などの関係機関，関係団体（医師会，民生児童委員協議会，社会福祉協議会等）が参加することが多い。こうした多様な機関がかかわることで，発見から支援までの一貫した対応のための連携が促進されている。

地域協議会は，代表者会議，実務者会議，個別ケース検討会議という三層構造として設置されていることが多い。また，「要保護児童対策調整機関」とし

```
┌─────────────────────────────────────────────────────────────┐
│ 養育里親                                                     │
│   ①要保護児童の養育についての理解及び熱意並びに児童に対する豊かな愛情を有している │
│   ②経済的に困窮していない　※　要保護児童の親族である場合を除く │
│   ③都道府県知事が行う養育里親研修を修了している             │
│   ④里親本人又はその同居人が欠格事由（4項目）に該当していない │
│ ─────────────────────────────────────────────────────────── │
│ 養子縁組里親                                                 │
│   ⑤要保護児童を養育することを希望する者であって，養子縁組によって養親となることを希望する │
│ ─────────────────────────────────────────────────────────── │
│ 専門里親                                                     │
│   ⑤3年以上の養育里親としての経験もしくは児童福祉事業への従事ないし，これらと同等以上の能力 │
│   ⑥専門里親研修を修了している                               │
│   ⑦委託児童の養育に専念できる                               │
│ ─────────────────────────────────────────────────────────── │
│ 親族里親                                                     │
│   ⑤要保護児童の扶養義務者及びその配偶者である親族である（3親等内の親族） │
│   ⑥要保護児童の両親その他要保護児童を現に監護する者が死亡，行方不明，拘禁，疾病による入院等 │
│   の状態となったことにより，これらの者による養育が期待できない要保護児童の養育を希望する │
└─────────────────────────────────────────────────────────────┘
```

図5-7　里親の類型と認定の要件

出所：「里親制度の運営について」（平成14年9月5日雇児発第0905002号）より作成。

て指定されるのは，市町村における虐待相談の担当部署である児童福祉主幹課が多い。

┌─ コラム ─────────────────────────────────────┐
│   │
│   オレンジリボン運動   │
│   │
│   子ども虐待をなくすことを目指すために市民運動として始まる。シンボルマーク │
│ のオレンジ色は，里親家庭で育った子どもたちが「子どもたちの明るい未来を示す │
│ 色」として選んだと言われている。特定非営利活動法人（NPO法人）である「児童 │
│ 虐待防止全国ネットワーク」が総合窓口となっている。 │
└───┘

(15) 専門里親

　家庭での養育に欠ける児童に対しては，児童福祉施設における施設養護と共に里親による家庭養護が行われている。

　児童福祉法にもとづく里親制度における里親は，「保護者のない児童又は保

護者に監護させることが不適当であると認められる児童（要保護児童）を養育することを希望し，かつ，省令で定める要件を満たす者であって，都道府県知事が要保護児童を委託する者として適当と認め，養育里親名簿に登録された者」のことである。類型としては，養育里親，専門里親，養子縁組を希望する里親，親族里親の4つがある（図5-7）。

　このうち専門里親は，個別的な支援を必要とする子ども（児童虐待等の行為により心身に有害な影響を受けた児童や非行等の問題を有する児童，身体障害，知的障害または精神障害がある児童）の養育に専念することとなる。特に，虐待を受けた子どもにとっては，個別的な人間関係のなかで形成される「大人との情緒的・心理的関係や生活環境の安定性と継続性」が，その後の成長の基盤となる。そのため，専門里親が養育する児童（実子も含む）の人数は2人までであり，その他の里親と比べて少ない。委託期間は原則として2年以内だが更新可能となっている。

(16) 虐待と「障害」

　児童虐待は，複数の要因が絡み合い問題解決への糸口が見えにくくなった時に起こりやすい。子どもの側の要因としては，画一的なマニュアルでは対処がむずかしくなるような何らかの育てにくさが指摘されている。たとえば，乳児期にある子どもや未熟児，障害のある子どもが挙げられている。

　とくに，子どもに何らかの機能障害がある場合，個別的な対応や費用が必要になるため養育に対する負荷が大きくなる。中でも，障害により保護者と子どもとのコミュニケーションが妨げられるような場合に虐待に至るおそれは高くなる。こうした危険生がもっとも高いのが，自閉性障害等の「発達障害」である。「発達障害」は外見から判断することが難しいために，障害特性に対応するための試行錯誤が"子育ての悩み"として一括りにされてしまい，障害特性に対する適切な支援につながらないことが多い。適切な支援を受けられない状態が長期間継続すれば，それは養育環境のリスク要因となる。また，孤立した養育は保護者を精神的に不安定にさせ，保護者の側のリスク要因を高めてもい

く。そのようにして，保護者の側のリスク要因，子どもの側のリスク要因，養育環境のリスク要因がそろい，一点に収斂（しゅうれん）していく時，児童虐待が発生することになる。

一方で保護者の側の障害もまた，虐待につながる可能性がある。特に「保護者の精神疾患は子ども虐待の重要なリスク因子の1つ」(2)である。もちろん，精神疾患があるから児童虐待になると安易に決めつけてはならない。あくまでも要因（因子）の1つとして検討すべきである。

また，虐待を受けた子どもは，虐待の後遺症として発達障害に類似した行動特性を示すことがある。たとえば，国際的な精神疾患の診断基準の1つであるDSM-Ⅳ-TR（『精神疾患の診断・統計マニュアル（新訂版）』）では，子どもの基本的な情緒的欲求や身体的な欲求の持続的な無視，主な養育者の頻繁（ひんぱん）な変更による安定した愛着形成の阻害を反応性愛着障害の原因として挙げている。この反応性愛着障害には抑制型と脱抑制型とがあり，前者は広汎性発達障害に，後者は注意欠陥多動性障害（ADHD）に類似している。

第2節　障害児保育

障害のある児童に対しては，できるだけ早期に，必要な治療と指導訓練を行うことによって，障害の軽減や基本的な生活能力の向上を図り，将来の社会参加へとつなげていく必要がある(3)。そのため，母子保健法に定められている1歳6か月児健康診査や3歳児健康診査などにおいて障害の早期発見が図られている。とくに，2005（平成17）年に施行された発達障害者支援法では，それらの健康診査において発達障害の早期発見に十分留意しなければならないと規定された。

また，近年では，障害の程度が重い障害児以外にも，特別な配慮や支援を必要とする，いわゆる「気になる子」への適切な対応が求められるようになってきている。

保育所への障害児の受け入れに関しては，1974（昭和49）年度より，障害程

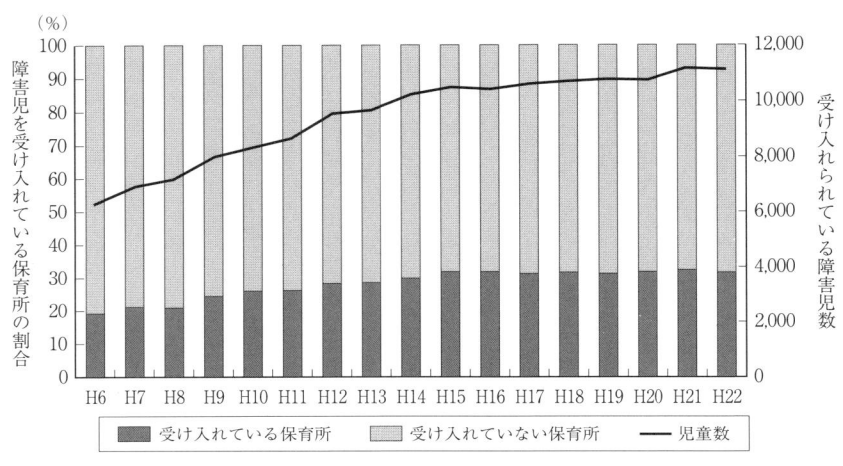

図5-8 障害児を受け入れている保育所の割合と受け入れられている障害児数
出所：『障害者白書』および『厚生労働白書』をもとに筆者作成。

度が中程度である児童の受入れを促進するために，障害児保育促進事業として保育所に保育士を加配する事業が実施されてきた（2003〔平成15〕年度に一般財源化）。このほかにも，バリアフリー化のための改修などを行う事業や，障害児保育を担当する保育士の資質向上を図るための研修等が実施されている。

こうした各種の事業と共に，保育所における障害児の受入数はおおむね増加している。図5-8は，認可保育所における障害児保育の実施状況を表したものである。認可保育所は全国に2万3,000か所程度が設置されているが，2010（平成22）年度においては3割ほどの保育所において，1万1,000名あまりの障害児（特別児童扶養手当の対象）が保育サービスを利用している。

ただし，2007（平成19）年度から，特別児童扶養手当の対象とならない軽度の障害児や発達障害児も保育士の加配に関する地方交付税の算定対象に含まれることになった。そのため，2008（平成20）年における障害児保育の対象者は39,557名となっている。

障害のある児童とその家族に対する支援を効果的に実施するためには，在宅施策と施設施策とを総合的に推進し，障害のある児童が，できるだけ身近な場

表5-7 障害児通所支援の内容

	対象	場所	サービス内容
児童発達支援	障害児	・児童発達支援センター ・サービスを適切に供与することのできる施設	・日常生活における基本的な動作の指導 ・知識技能の付与 ・集団生活への適応訓練
医療型児童発達支援	上肢,下肢又は体幹の機能の障害(肢体不自由)のある児童	・医療型児童発達支援センター ・指定医療機関*	・児童発達支援 ・治療
放課後等デイサービス	学校教育法第1に規定する学校(幼稚園及び大学を除く)に就学している障害児	・児童発達支援センター ・サービスを適切に供与することのできる施設	授業の終了後又は休業日における ・生活能力の向上のために必要な訓練 ・社会との交流の促進 ・その他の便宜
保育所等訪問支援	保育所その他の児童が集団生活を営む施設として厚生労働省令で定めるものに通う障害児	・保育所/幼稚園/認定こども園 ・小学校 ・特別支援学校 ・その他児童が集団生活を営む施設として市町村が認める施設	当該施設への訪問による ・障害児以外の児童との集団生活への適応のための専門的な支援 ・その他の便宜(当該施設職員に対する支援等)

注:独立行政法人国立病院機構若しくは独立行政法人国立精神・神経医療研究センターの設置する医療機関であつて厚生労働大臣が指定するもの。
出所:児童福祉法および児童福祉法施行令をもとに筆者作成。

所で適切な療育を受けられるようにする必要がある。この点に関しては,2011(平成23)年の障害者基本法改正により,新たにに規定されることとなった。同年には,さらに障害者自立支援法や児童福祉法も改正された。これらの改正により障害種別に設けられていた障害児に対するサービスは,通所・入所といった利用形態の違いごとに一元化され,障害児通所支援と障害児入所支援とに再編成された。これは身近な地域でのサービス利用を容易にすることや増加する重複障害への対応を狙いとしている。なお,既存の施設や事業は,3年以内に新体系に移行することとされている。

障害児通所支援には,児童発達支援,医療型児童発達支援,放課後等デイサービス,保育所等訪問支援の4種類のサービスが含まれる(表5-7参照)。このうち,放課後等デイサービスと保育所等訪問支援は新たに創設されたサービスである。

児童発達支援は,児童発達支援事業として実施されるものと児童福祉施設で

ある児童発達支援センターにおいて実施されるものとに分けられる。このうち，児童発達支援センターは地域の中核的な療育支援施設として位置づけられるため，障害児相談支援事業や保育所等訪問支援を実施しなければならないとされている。

　新設された保育所等訪問支援においては，障害児本人に対する支援（集団生活適応のための訓練等）と訪問先施設のスタッフに対する支援（支援方法等の指導等）が，原則として2週間に1回程度，訪問支援員により提供される。訪問支援員となるのは，障害児支援に関する知識および相当の経験を有する児童指導員，保育士，理学療法士，作業療法士，心理担当職員等であって，集団生活への適応のための専門的な支援の技術を有する者である。

　一方で，障害児保育をどのように提供するかは，市町村の判断に委ねられている。多くの市町村で障害児保育に対する財政支出がなされるようになったものの，障害児の対象範囲や職員配置基準等は市町村ごとに異なる。そのため，自治体間における格差は大きい。保育所への入所の可否（集団行動への適応）のみが取りざたされ，障害のある子どもに必要な合理的配慮について検討されることがなければ，ライフステージに応じた一貫した支援はむずかしい。

（1）発達障害者支援法

　「発達障害」と聞く時，どのようなイメージを持つだろうか。これを発達「の」障害と捉えれば，視覚障害や聴覚障害，肢体不自由など，およそすべての障害が子どもの発達に何らかの障害を及ぼし得るのであるから，その範囲に含まれる。もちろん，このような広義の捉え方もあるが，より狭義の発達障害が定義されることとなった。

　1980年代から1990年代にかけて小学校等において，明らかな障害が見られないにもかかわらず，落ち着いて座っていられないなど，行動面での課題がある子どもの存在が指摘されるようになった。こうした子どもたちの行動や発達は非定型的であったため，発達の遅れというそれまでの障害観にあてはまらず，「気になる子」として次第に注目を集めるようになっていった。

2004（平成16）年に成立した発達障害者支援法においては，そうした非定型的な発達特徴を低年齢のうちから示す「広汎性発達障害（Pervasive Developmental Disorders：PDD），学習障害（Learning Disorder, Learning Disability：LD），注意欠陥多動性障害（Attention-Deficit/Hyperactivity Disorder：ADHD）」が発達障害と定義された。広汎性発達障害には自閉症やアスペルガー症候群などが含まれる。また，これら以外にも，言語の障害や協調運動の障害，心理的発達の障害，行動および情緒の障害といった脳機能の障害も含まれる。

　法の目的は，「発達障害者の心理機能の適正な発達及び円滑な社会生活の促進のために発達障害の症状の発現後できるだけ早期に発達支援を行うことが特に重要であることにかんがみ，発達障害を早期に発見し，発達支援を行うことに関する国及び地方公共団体の責務を明らかにするとともに，学校教育における発達障害者への支援，発達障害者の就労の支援，発達障害者支援センターの指定等について定めることにより，発達障害者の自立及び社会参加に資するようその生活全般にわたる支援を図り，もってその福祉の増進に寄与すること」である。言い換えれば，自閉症や学習障害，注意欠陥多動性障害などの発達障害のある者およびその家族に対するライフステージを通じた一貫した支援を行うことが発達障害者支援法の目的なのである。

（2）一貫した支援

　ライフステージを通した一貫した支援のためには早期発見・早期療育といった支援が重要である。そのために発達障害者支援法は市町村や市町村教育委員会が行う健康診査において発達障害の早期発見に留意しなければならないことを規定した。また，市町村に対しては早期の発達支援を受けることができるようにするための措置を講じることとした。この措置には，発達障害児の保護者の相談に応じることや，発達障害者支援センターなどへの紹介が含まれる。これらの措置にあたっては，児童および保護者の意思を尊重すると共に，必要な配慮をしなければならないとされる。加えて，「市町村は，保育の実施に当たっては，発達障害児の健全な発達が他の児童と共に生活することを通じて図

られるよう適切な配慮をする」ともされた。

　発達障害者支援法においては保育のほかにも，教育や放課後児童健全育成事業の利用，就労の支援，地域での生活支援，権利擁護，発達障害者の家族への支援などが規定されている。発達障害のある子どもは一度身につけたルールを変更することがむずかしいことが多い。そのため，ライフステージの移行期において問題が生じやすい。ライフステージごとにかかわりのある組織などが発達障害についての理解を深めることで，ライスステージの移行期における不適応の発生を予防することができるようになる。たとえば，学齢期以降の「多動で席について授業を受けることができない」や「ちょっとしたことで興奮して暴力を振るう」といった2次的，3次的な不適応は，保護者や保育士などが幼児期のうちに子どもの特性に気づき，子どもの最善の利益のために，合理的な配慮にもとづく支援策を講じることで予防したり軽減したりすることができる。

(3) 発達障害児に対する支援

　発達障害のある人の心理機能の適正な発達や円滑な社会生活のためには，発達障害の特性に対応した医療的，福祉的および教育的援助が必要となる。脳における認知や情報処理過程といった部分での自動化や省力化がむずかしいために，雑多な刺激が入り交じるような環境や初めての環境・行動などは苦手とすることが多い。また，こうした情報処理は自身の身体感覚についてもあてはまる。いわゆる五感に関する過敏さや鈍感さだけでなく，疲れを感じなかったり，体温の調節が不得手であったりするなど，定型的な発達をする（した）人にとっては想像すること自体がむずかしいような身体的側面にまで及ぶ。決して，精神的な面だけに課題があるのではない。

　一般的な保育者は発達障害のある子どもに対する対応に悩み，振り回されていると感じることが多い。その感覚自体は誤りではないが，逆の視点もまた必要である。つまり，発達障害のある子どももまた，発達障害の特性に関して無知な保育者に振り回されているのである。

　発達障害のある子どもと接する際には，発達の道筋や情報処理（認知）の仕

方が非定型的であることに留意する必要がある。特に,自閉性障害の子どもは言葉を文字通りに解釈することで言葉の意味を取り違えることが多い。そのため,保育者は言葉遣いに対して手を抜いてはならない。コミュニケーション上の誤解や混乱は精神的な負担感をもたらすため,その子にとってもっともわかりやすい方法は何かということやその子どもが「自分のニーズや要求を適切に伝達する」にはどうしたらよいのかということを常識にとらわれることなく,いちから考える必要がある。なぜなら,「両親に注目を要求したり,あまり好きではない活動に抵抗したり,コミュニケーション上の誤解をはっきりさせたりすることは,たくさんの場面で日常的に使われている,もっとも大事な実用的なコミュニケーション・スキル」[4]だからである。

なお,その際は,決してひとりで抱えこむことなく,支援チームを組織することが重要である。それは,複数の視点から多角的に子どもをみることによって,子どもの特性に関する情報を偏りなく集めることができるからである。また,情報を共有することで,その子の特性に応じた個別マニュアルの作成やそれにもとづく首尾一貫した対応が可能となる。

「発達障害に関する最新かつ信頼できる情報を収集・分析し,ご本人・ご家族,全国の発達障害者支援機関および一般国民に対して広く普及啓発活動を行う」ことを目的として,国立障害者リハビリテーションセンターに発達障害情報センターが開設されている。発達障害情報センターにおいてはWebサイトを通じた情報発信が行われている。

(4) 5歳児健診

保育所や幼稚園で集団生活をするようになってから,「集団行動がとれない」,「指示が入りにくい」など急激にさまざまな問題点が指摘されるようになる子どもがいる。こうした行動上の課題については,保育所や幼稚園側が気づいていても,社会生活上の困難がこの時点では重篤(じゅうとく)でないために,保護者にその認識がないことも少なくない。

就学前の適切な対応は就学直後の問題を軽減することができるため,発達障

害の早期発見を目的とする5歳児健診が提唱されるようになった。発達障害者支援法の施行と共にその実践は広がりを見せている。

　母子保健法にもとづく1歳6か月児健診や3歳児健診はすべての子どもを対象とするが，5歳児健診においては，すべての5歳児が受診する場合と保育所等から受診を勧められた5歳児が受診する場合とがある。また，健診の方法については，個別健診だけでなく，保育所等における集団場面での様子を観察する集団健診としても行われる。

　ただし，適切な支援が保障されないなかでの診断はむしろ虐待のリスクを大きくしてしまうため，健診自体と同様にあるいはそれ以上に事後相談の体制が重要である。子どもの発達や心理に関する相談だけでなく，子育て全般の悩みに対する相談に日常的に応じられるようにしておく必要がある。

　発達障害のある子どもの支援にあたっては，子どもを直接的に支えるばかりでなく，保護者を支えることによって子どもを間接的に支えるという視点も欠かせない。

〈演習課題〉
1. 自分が住んでいる地域の要保護児童対策地域協議会にどのような機関が参加しているのかを調べてみよう。
2. 児童虐待防止推進月間である11月を中心に，年間をとおして児童虐待防止に関するさまざまな広報・啓発活動が自治体や関連団体により実施されています。身近な地域で行われている活動に参加してみよう。
3. インターネットには，障害のある子どもを育てている人や障害のある本人が率直な気持ちを書いているブログがたくさんあります。それらを読んで，「気持ちを支える」ということについて考えてみましょう。

〈引用文献〉
(1) 厚生労働省雇用均等・児童家庭局総務課虐待防止対策室『子ども虐待対応の手引き（平成21年3月31日改正版）』2009年，38頁。
(2) 厚生労働省雇用均等・児童家庭局総務課虐待防止対策室『子ども虐待対応の手引き（平成21年3月31日改正版）』2009年，242頁。

(3) 内閣府『障害者白書(平成23年版)』佐伯印刷株式会社,2011年,76頁。
(4) キャスリーン・ダイヤー&スティーブン・ルース著(1996年)／三田地真実訳『実際に使えるコミュニケーション・スキルの指導』学苑社,2004年,6頁。

〈参考文献〉
西澤哲著『子ども虐待』講談社現代新書,2010年。
小木曽宏編著『Q&A 子ども虐待問題を知るための基礎知識(第2版)』明石書店,2009年。
保育と虐待対応事例研究会編『続・子ども虐待と保育園——事例で学ぶ対応の基本』ひとなる書房,2009年。

〈読者のための参考図書〉
内山登紀夫監修／諏訪利明・阿倍陽子編『特別支援教育をすすめる本1 こんなとき,どうする？ 発達障害のある子への支援 幼稚園・保育園』ミネルヴァ書房,2009年。
　——14の事例が豊富なイラストともに紹介されている。「してはいけないこと」と「こうしてみよう」をもとに具体的な対処方法を考えるためのヒントが満載されている。
ジョーン・E・デュラント『親力をのばす0歳から18歳までの子育てガイド——ポジティブ・ディシプリンのすすめ』明石書店,2009年。
　——順を追って読み進めることで,子どもの健やかな発達と効果的な育児法についての研究成果や子どもの権利の原則を身につけることができる。子育て支援の進め方についての参考にもなる。
『発達と障害を考える本1〜12』ミネルヴァ書房,2006〜2008年。
　——小学校でよくある事例がイラストやマンガで紹介されている。小学生から読めるように工夫されており,障害について考え始めるための最初の一歩に最適。
日原信彦・中山修監修『発達障がいと子育てを考える本1 はじめてみよう からだの療育——自閉症スペクトラムを中心に』ミネルヴァ書房,2010年。
佐竹恒夫・東川健監修『発達障がいと子育てを考える本2 はじめてみよう ことばの療育』ミネルヴァ書房,2010年。
日原信彦・中山修監修『発達障がいと子育てを考える本3 はじめてみよう て・ゆびの療育——自閉症スペクトラムを中心に』ミネルヴァ書房,2010年。
内山登紀夫監修／中山修編『発達障がいと子育てを考える本4 はじめてみよう きく・みる・かんじるの療育——自閉症スペクトラムを中心に』ミネルヴァ書房,2010年。
　——療育の実際が,保護者の視点で問いかけられ,専門家の視点から解説されている。1つのテーマはイラストを交えて4頁でまとめられているので読みやすい。バリエーションも多数紹介されている。
杉山登志郎『子ども虐待という第四の発達障害』学研,2007年。
　——著者の臨床例や研究をもとに,子ども虐待が脳に及ぼす影響についてわかりやすく解説されている。子どもとのかかわりを再考するきっかけとなる。
川畑隆『教師・保育士・保健師・相談支援員に役立つ子どもと家族の援助法——よりよい展開へのヒント』明石書店,2009年。
　——児童相談所での経験をもとにした各種の相談事例が,読者に語りかけるように述べられている。他者が持つ力を引き出すための援助法を学ぶことができる。

(椎名清和)

第6章
少年非行とひとり親家庭・情緒障害児

　社会にはさまざまなハンディキャップを持った子どもたちがいる。子どもの行動だけに着目するのではなく，子どもの家族関係・保育や教育の環境，さらにライフステージなどの背景への理解，医学的な理解などをすることで，子どもの成長をしていく権利を支えるという視点から学んでいく必要がある。

　子どもは育つ環境を選択ができない。そして自らの置かれている環境の調整ができない。だから，子どもを育てる大人や社会は，子どもの育ちを支えること，つまり子どもの権利擁護に責任を負っていかなくてはならない。本章では，非行，ひとり親，情緒障害などのハンディキャップを持つ子どもの支援について学んでいく。

　キーワード：非行　少年法　ひとり親　DV　子どもの権利　障害者権利条約

第1節　少年非行

　福祉と司法が，少年の育成を目的として相互にかかわりながら行われている分野である。少年非行を犯罪対策や治安的な課題としてみるのではなく，福祉的な対応を含めて学ぶ必要がある。犯罪という行為のみに着目するのではなく，子どもを育てるという視点から，少年非行の問題について学んでみたい。

（1）少年法における少年非行

　少年非行の背景には，家族の問題や児童虐待，環境の問題などや体罰など，子どもを取り巻く環境が大きく影響をしていると言われている。非行というそ

のものの問題性はあるものの，子どもが育つ過程において影響を受け，子どもなりの防御や回避という手段における非行行為が存在していることも，非行の問題を考える上で考慮をしていかなくてはならない。

　少年法では，目的を次のように定めている。（少年法第１条）「この法律は，少年の健全な育成を期し，非行のある少年に対して性格の矯正及び環境の調整に関する保護処分を行うとともに，少年の刑事事件について特別の措置を講ずることを目的とする」。この条文からもわかるように，少年法は少年を罰するための法律ではなく，少年の健全な育成を目的としていることがわかる。

（２）児童福祉法における少年非行

　児童福祉法では，法の目的そのものが児童の健全育成を目的としており，第二条では「国及び地方公共団体は，児童の保護者とともに，児童を心身ともに健やかに育成する責任を負う」としている。また，非行少年の対象施設である，児童自立支援施設の規定については，その第四十四条で「児童自立支援施設は，不良行為をなし，又はなすおそれのある児童及び家庭環境その他の環境上の理由により生活指導等を要する児童を入所させ，又は保護者の下から通わせて，個々の児童の状況に応じて必要な指導を行い，その自立を支援し，あわせて退所した者について相談その他の援助を行うことを目的とする施設とする」として自立を支援することを目的としており，決して罰するための施設との位置づけはされていない。

（３）児童自立支援施設などへの社会的評価

　児童自立支援施設は，非行少年を収容して罰するものだという誤ったスティグマの存在がある。このような好ましくない社会的評価（スティグマ）を解消するために，「教護院について，家庭環境等の理由により生活指導等を要する児童も入所の対象とし，児童の自立を支援することを目的とする施設に改め，児童自立支援施設に改称児童自立支援施設は，教護院から名称の変更」（平成９年厚生白書）をしている。

その一方で、少年法の改正の経緯などを見ると厳罰化という世論が厳然として存在をしている。

（4）少年非行における福祉的対応

しかしながら少年非行への対応は、少年法や児童福祉法の基本的理念にそった対応を司法と福祉では行われていることも事実である。児童福祉の分野では、少年非行への対応は、児童相談所や要保護児童対策地域協議会が中心となって児童の家族関係や社会や学校環境などの調整などを行うことで対応していくことが求められ、児童自立支援施設などでの保護などでの対応も行われている。

少年法にもとづく司法の対応では、家庭裁判所の更生保護制度にもとづいて、調査官による調査や指導などによる少年への支援が行われており、矯正教育（きょうせいきょういく）としての少年鑑別所や少年院などでの監護措置（かんごそち）が行われていること理解する必要がある。

少年非行への対応は、司法と福祉が相互に連携協力をし合う仕組みとなっていることから、それぞれの仕組みの理解をしていく必要がある。

（5）非行とは

少年非行の定義は、少年警察活動規則第二条によると「非行少年は、犯罪少年、触法少年及びぐ犯少年をいう」とされている。非行少年と規定をされるに根拠は、少年法となり20歳未満の少年であり、次のようなものを家庭裁判所の審判に付し保護の対象としている。（少年法第3条）

①犯罪少年

　罪を犯した少年。

②触法少年

　14歳に満たないで刑罰法令に触れる行為をした少年。

③虞犯（ぐはん）少年

　次に掲げる事由があって、その性格または環境に照らして、将来、罪を犯し、または刑罰法令に触れる行為をする虞のある少年。

a．保護者の正当な監督に服しない性癖のあること。
　　b．正当の理由がなく家屋に寄りつかないこと。
　　c．犯罪性のある人若しくは不道徳な人と交際し，またはいかがわしい場所に出入ること。
　　d．自己または他人の徳性を害する行為をする性癖のあること。

　少年法ではこのように規定をされている。大きな特徴は，刑法と異なり虞犯（ぐはん）という考え方が用いられていることである。刑法では，刑に処するにあたっては法定主義がとられ，法の定める行為にのみが処罰対象となるが，少年法における規定では，将来，法を犯すおそれのある者も対象としている点である。これは，刑罰主義にもとづくのではなく，少年の育成を中心としている理念に沿って，非行の防止や社会参加を前提とした少年への教育という考え方があるからであり，少年法の大きな特徴となっている。

（6）非行の原因

　非行少年における被虐待経験についての調査（科学警察研究所＝2002〔平成14〕年，過去数年間に，非行少年等における被虐待経験を尋ねた調査）などにより明らかにされている。調査によると，凶悪・粗暴犯はその他刑法犯と比べて，身体的暴力等を生育歴上のより早い時期に受けた者が多く，粗暴傾向にある少年ではおおむね5～6ケースに1件の割合で何らかの被虐待経験が見られるなどの報告がある。また，2000（平成12）年に行われた「少年院在院者に対する被害経験のアンケート調査」でも，家族および家族以外の者から身体的暴力，性的暴力，不適切な保護態度のいずれか1つでも受けた経験のある者は，全体の約70％にも上ることが報告をされている。

　このような調査結果を待つまでもなく，子どもは家族関係や育つ環境により価値観が育てられており，非行を子ども自身に起因する問題とすることはむずかしい。しかしながら非行はその行為が問題にされることが多く，マスメディアなどによって反社会的行為をしたという事実が追及され子どもの責任や保護者の責任が問われるような社会風潮がある。暴走族などの集団化した非行問題

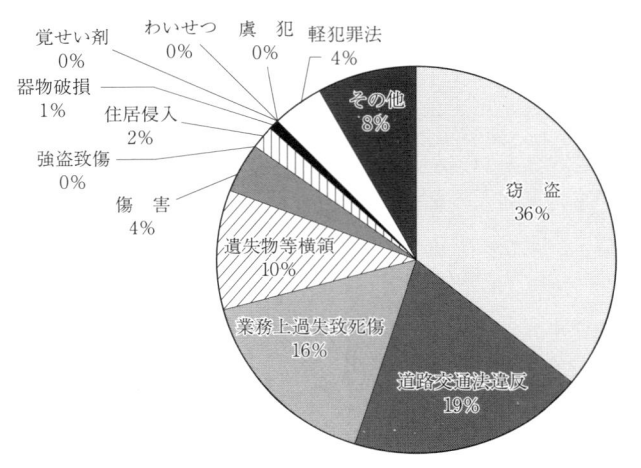

図6-1 少年保護事件の内容（少年保護事件の非行別新受人員　家庭裁判所別）
注：刑法犯・特別刑法犯・ぐ犯の総数における割合。
出所：司法統計「平成23年度少年保護事件の非行別新受人員家庭裁判所別」から筆者作成。

などでも，その行為が問題視をされ，彼らをかばうということではないが，少年法や児童福祉法の理念が示すように行為を導き出す社会環境や家族関係，学校環境などの問題に目を向けていくことが必要である。

(7) 司法による手続き

　少年非行における司法手続きは，家庭裁判所を中心に行われている。実際に家庭裁判所が受理をしている内容についてはグラフの通りである。虞犯少年が少年法の特徴であると述べたが，実際の運用では，家庭裁判所が受理した2011（平成23）年度の少年審判（150,844人）のうち623人でしかない。

| 警察・検察官における送致 | （全件送致主義＊） | 児童相談所 |

＊14歳未満の少年の事件については，知事又は児童相談所長のみから家庭裁判所に送致。
＊全件送致主義　成人の事件の場合，検察官に起訴するかどうかの裁量が認められている起訴便宜主義があるが，少年事件ではそのような裁量は認められていない。少年法第42条では「検察官は，少年の被疑事件について捜査を遂げた結果，犯罪の嫌疑があるものと思料する時は，（略）これを家庭裁判所に送致しなければならない。犯罪の嫌疑がない場合でも，家庭裁判所

第6章　少年非行とひとり親家庭・情緒障害児

の審判に付すべき事由があると思料するときは，同様である。」としていることから，少年犯罪の嫌疑がある場合には，すべて家庭裁判所に送致が求められる（嫌疑のない場合はこの限りではない）

↓

| 家庭裁判所 |

　↓　⇔　| 少年鑑別所 |

すべての少年が少年鑑別所に装置されるわけではなく家庭裁判所の観護措置の決定によって送致された少年が対象で，最高8週間少年鑑別所に収容して専門的な調査（身体検査・知能検査・心理検査等や面接や日常生活の観察等）や診断（医学的）を行う。

　　　　⇔　| 家庭裁判所調査官 |

家庭裁判所調査官は，少年や保護者に面会などして事情を聴き，学校などの関係などに調査をするなどして，少年の非行について動機や原因，生育歴，少年の性格や生活環境などの調査を行い，少年が立ち直るためにどのような支援や方策が必要かを裁判官に報告する。

↓

| 審　判 | ＝処分の決定

裁判官は，家庭裁判所調査官の報告や鑑別結果をうけ，これらを参考にしながら審判において少年への聴取などを重ねることや訓戒や指導的な措置をとり，少年の更生のためにもっとも適切な解決方法を決定する（審判）。

ただし，非行事実が認められない時や非行事実が軽微であり関係者の説諭や指導によって効果が得られると判断された場合や調査官の保護的措置などによって再非行の防止等が期待できる場合などには，審判不開始の決定もなされる。

審判結果⇒　| 試験観察 |

試験観察は，調査官が少年を観察する期間を定めて，尊守事項等を定めて少年がどのように履行するかなど観察し，規則正しい生活が送れるように指導をし，保護者に引き渡して生活の報告などを定期的にさせるなどをするもの。ボランティア活動への参加など積極的な在宅補導委託などの仕組みも行われている。

　　　　⇒　| 少年院 |
　　　　　　| 保護観察（保護観察所） |
　　　　　　| 児童自立支援施設・児童養護施設 |
　　　　　　| 不処分 |
　　　　　　| 児童相談所長送致 |
　　　　　　| 検察官送致 |　　⇒検察庁

＊故意の犯罪行為などで死亡事件等を犯した16歳以上の少年については，検察官に装置しなければならない。検察官送致をされた少年は，原則成人と同様の公判を得て刑罰に処せられることになる。（裁判所は，内容によって家庭裁判所に移送することもできる）
＊付添人制度
少年と保護者は，付添人を選任することができる。多くの場合，付添人は弁護士であるが，保護者も家庭裁判所の許可を得ることで付添人になることができる。

(8) 児童福祉法による手続き

児童福祉法では，相談を受理した非行問題を有する児童については，一般的な養護相談と同じように次のような手続きをしている。

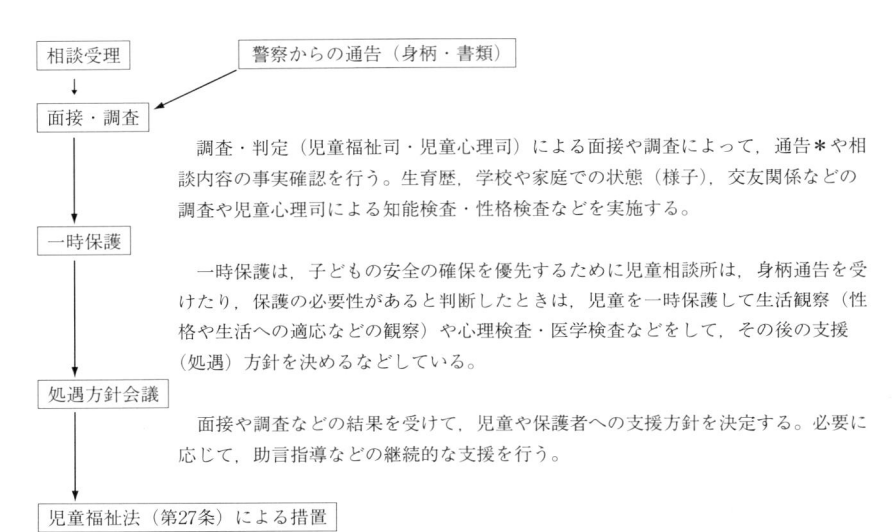

```
相談受理        警察からの通告（身柄・書類）
  ↓         ↙
面接・調査
```
　　　　　　調査・判定（児童福祉司・児童心理司）による面接や調査によって，通告＊や相談内容の事実確認を行う。生育歴，学校や家庭での状態（様子），交友関係などの調査や児童心理司による知能検査・性格検査などを実施する。

```
  ↓
一時保護
```
　　　　　　一時保護は，子どもの安全の確保を優先するために児童相談所は，身柄通告を受けたり，保護の必要性があると判断したときは，児童を一時保護して生活観察（性格や生活への適応などの観察）や心理検査・医学検査などをして，その後の支援（処遇）方針を決めるなどしている。

```
  ↓
処遇方針会議
```
　　　　　　面接や調査などの結果を受けて，児童や保護者への支援方針を決定する。必要に応じて，助言指導などの継続的な支援を行う。

```
  ↓
児童福祉法（第27条）による措置
```
　①訓戒・誓約
　　児童，保護者に「訓戒」をして「誓約書」への署名をするなどして指導する。
　②児童福祉司指導
　　非行を繰り返さないために，児童や保護者にたいして福祉司や心理司等の面接や訪問指導を行い家族関係の調整や環境調整などおこない非行防止の指導を行う。
　③施設入所
　　児童自立支援施設・児童養護施設・里親等に措置＊
　④家庭裁判所送致
　　家庭裁判所の審判に付することが適当であると認める児童は家庭裁判所に送致
　＊措置とは，都道府県知事（児童相談所長）が職権で必要性を判断し，上記のサービスの種類を決定する仕組み（行政処分）のこと。利用者は，もしこの決定に不服があるときは，児童相談所の同意を得て児童福祉審議会に審査を請求することができる。また，行政処分不服申し立てを裁判所に起こすこともできる。ただし，施設措置などの場合は，児童相談所は児童福祉法28条（家庭裁判所による決定）を除き児童の保護者の承諾を得て措置を行っている。

第6章　少年非行とひとり親家庭・情緒障害児

（9）児童自立支援施設
1）児童自立支援施設の設置

　児童自立支援施設は，児童福祉法第44条によって次のように規定をされている。「児童自立支援施設は，不良行為をなし，又はなすおそれのある児童及び家庭環境その他の環境上の理由により生活指導等を要する児童を入所させ，又は保護者の下から通わせて，個々の児童の状況に応じて必要な指導を行い，その自立を支援し，あわせて退所した者について相談その他の援助を行うことを目的とする施設とする」とする施設で，児童福祉法及び児童福祉法施行令により，国と都道府県，政令指定都市にかならず設置をしなければならない（必置義務）児童福祉施設である。全国に58か所（国立2施設，私立2施設，残りが都道府県立もしくは政令指定都市の市立）が設置をされている。

2）児童自立支援施設の歴史

　児童自立支援施設は，池上雪枝が1883（明治16）年に大阪で「池上感化院」を設置したのが始まりであると言われている。その後，留岡幸助が1899（明治32）年にヨーロッパの「ホーム・スクール」に習い，少年期教育では，犯罪抑止のために健全な家族との生活が必要として，夫婦と共に生活をする（感化する＝Withの精神）こと，つまり，家族的小舎夫婦制の施設で暮らすことが非行の子どもたちの教育では必要と考え，東京巣鴨に「東京家庭学校」を設けた。さらに職業指導としての農業や暮らしを確立するために1914（大正3）年に北海道家庭学校（現在の北海道家庭学校＝私立）に移転をしている。

　感化法は1900（明治33）年制定された。その後，1922（大正11）年に少年法が制定された。これにより感化院への児童の収容は14歳未満に限定された。そして，1933（昭和8）年少年教護法となり，これによって感化法は廃止され感化院は教護院となった。1947（昭和22）年に児童福祉法が公布され，教護院は児童福祉施設として位置づけられた。

　1997（平成9）年の児童福祉法改正では，「いじめ，虐待の増加など，児童をめぐる問題が複雑・多様化していることに対応し，教護院について，家庭環境等の理由により生活指導等を要する児童も入所の対象とし，児童の自立を支援

181

することを目的とする施設に改め，児童自立支援施設に改称する（厚生白書）」とされ，名称が児童自立支援施設に変更をされた。また，あわせて施設長に学校教育を受けさせる義務が課され児童自立支援施設の子どもたちの教育を受ける権利の確立が図られ公教育が導入された。それまでの教護院における学校教育では，就学免除・猶予の扱い（学校教育法第33条）となっており，施設内の学級で学校教育に「準ずる教科」について教護職員が学科指導を行っていた。

―エピソード―

児童自立支援施設――「心に鍵を」

　児童自立支援施設は，鍵をかけない開放処遇を原則としている。したがって，東京都の児童自立支援施設の女子寮ももちろん鍵はない。子どもたちが過ごす部屋も内鍵でいつでも逃げ出せる。そのような状況の中で覚さん（仮名）が転勤していった時に「今度のきた職員はとっても厳しく怖いらしい」と，最初の宿直の時に8人いた子どもの内6人が無断外出をしてしまった。勤務後に，毎日子どもたちの行きそうなところを探し回った。全員が揃ったのが1か月後。泣きたいのは覚さんの方だったが，帰ってきた子どもに向き合う中で，心の絆ができたような気がした。日々の話や目標を決めて頑張ろうと約束したことを子どもたちが成し遂げていく過程で，彼女たちの心に「自分に負けない」という鍵ができあがっていったように見えた。

　あれから約20数年がすぎ，あの頃の子どもたちが親になって，覚さんがフェイスブックなどでつながると「あの頃が懐かしい」，「よく頑張ったと思う」，「つらかったけどね」などの答えが返ってくる。そして，彼女たちの子育ての様子が垣間見られるが，かならずしも順風満帆の人生ではなく，離婚や別れを経験している者もおり，シングルマザーとして頑張っている者もおり，でも「心の鍵」を大切にして語りかけてくる彼女たちに再び出会うと，少なくても向き合ってきたことは間違いではなかった。

　そして，覚さんが今思うことは施設職員として，彼女たちの施設後の生活をあまりにも知らないこと。そして，彼女たちが社会の生活の中で支援を必要としながらも，ひとりで頑張らざる得ない状況に置かれ続けていたことを知ると，社会的養護を必要とする子どもたちの支援のあり方をもう一度考えさせられている。覚さんは「先生元気だよ」「先生，懐かしいね」と言えるまでの彼女たちの生活のありように施設職員としてどう応えたらよいのだろうかと，しみじみ思う。

(10) 非行防止

　非行防止では，虐待防止から始まり，要支援家庭への支援などを通じて乳幼

児期からの家族関係などへのサポートが必要となる。虐待の連鎖は，非行の連鎖でもあることから，子育て支援から児童期，少年期におけるサポートまでの途切れない社会的支援（子育て支援）が必要となる。

　乳幼児期は，児童虐待や子育て不安などへの支援が中心となり，児童期から少年・青年期にかけては，相談を中心とした地域連携（ネットワーク）による支援が必要となる。保育指針では，保育所に子育て支援における相談を位置づけるなどして，要支援家族への早期の相談が行われるように位置づけている。また，区市町村は乳児全戸訪問事業等から要支援家族の早期発見に努め，支援（サービス）の実施では**要保護児童対策地域協議会**をその要として関係機関（関係者）の連携と共同により，要支援家族にたいするサービスを提供することで虐待防止や非行防止に役割を担うことになっている。

主な支援施策

乳幼児期→青年期

主な事業（児童福祉施設等除く）	主な支援人材
乳児全戸訪問事業	保健師等
要支援家庭訪問事業	民生児童委員・主任児童委員
保健センター（乳児健診・発育相談等）	保健師・医師他
児童家庭支援センター	保育士　相談員
児童相談所	児童福祉司・児童心理司　他
要保護児童対策地域協議会	区市町村構成員
つどいの広場	区市町村およびNPO等
児童家庭相談室	女性相談員等
少年サポートセンター・少年補導センター	警察官・心理士他
教育センター	スクールカウンセラー
	スクールソーシャルワーカー

用語解説

要保護児童対策地域協議会

　要保護児童等に関する情報その他要保護児童の適切な保護を図るために必要な情報の交換を行うと共に，要保護児童等に対する支援の内容に関する協議を行う（児福法第25条の2第2項）。地域協議会の対象は，虐待を受けている子どものほか，非行児童や障害児なども含まれ，地域ネットワークによる支援を行う仕組みとして設けられている。

第2節　ひとり親家庭

　ひとり親家庭の問題は，DV（ドメスティックバイオレンス）や離婚，死別などさまざまな理由などその背景はさまざまである。たとえば児童虐待防止法の児童虐待の規定でも子どもの前での暴力行為や性的行為が児童虐待とされると規定をされているように，経済的な問題や精神的な問題などひとり親で育つ子どもにも様々な影響を及ぼすことが多く支援が必要とされる。

　子どもの分離を前提としない親子での支援が必要で，生活保護法にもとづく支援や就労支援などの経済的な支援と生活基盤を支える母子生活支援施設などや保育などの子育て支援など，ひとり親家庭を支える支援は多岐にわたるので，DV防止法（配偶者からの暴力の防止及び被害者の保護に関する法律）から生活保護法，児童福祉法などのそれぞれの制度を理解する必要がある。

用語解説

DV（domestic violence）　直訳＝家庭での暴力

　配偶者や婚姻の届出をしていないが事実上婚姻関係と同様の事情にある者からの暴力をDVとしている。いわゆる精神的暴力も含む（DV防止法1条1項）が，そのうち保護命令の対象になるのは配偶者からの身体に対する暴力であり，身体に対する不法な攻撃であって生命または身体に危害を及ぼすものである（法10条）。つまり，精神的暴力は保護命令の対象にはならない。

（1）ひとり親家庭とは

　ひとり親家庭とは，配偶者が亡くなる，配偶者と離婚する，配偶者の生死が不明，配偶者が1年以上児童を遺棄，未婚の母のいずれかに該当をする18歳未満（20歳未満）の児童を養育（扶養）している父または母のいずれか一方によって形成されている家族（家庭）のことである。基本法令は，母子及び寡婦福祉法および児童福祉法である。

第6章　少年非行とひとり親家庭・情緒障害児

（2）ひとり親家庭形成の問題と課題
　離婚や死別などひとり親家庭を形成する要因はさまざまでもあるが，経済的困窮や子どもの養育にさまざまな問題を抱え，それらが複合的に作用をして貧困形成していると言われている。2011（平成23）年度厚生労働省全国母子世帯等調査の結果によると主なひとり親家庭になる理由は離婚（母子家庭80.8％・父子家庭74.3％）となっている。また就業している割合は，母子家庭80.6％（正規職員39.4％），父子家庭91.3％（正規職員67.22％）となっており，母子家庭における非正規率は47.4％（父子家庭8.0％）で，父子家庭に比べて圧倒的に多いのが現状である。

（3）ドメスティックバイオレンス
　近年はひとり親にかかわる問題としてドメスティックバイオレンス（DV）の問題もある。DVの対策として「配偶者からの暴力の防止及び被害者の保護に関する法律（2001〔平成13〕年10月施行，いわゆるDV防止法）」が制定され，2008（平成20）年改正では，身体への暴力だけにとどまらず生命等にかかわる脅迫も対象となり，電話等でのコンタクトや親族への接近禁止も盛り込まれて守られる仕組みは強化されている。

1）DVの現状
　DVの状況については，2010（平成22）年度検察庁の調査によると全国の警察が認知したDV被害は33,852件にのぼり，裁判所が保護命令をした件数は，2010（平成22）年で2,434件（司法統計）とされる。DV防止法施行時から警察が関与したDV被害は10倍以上となっており，実際のDV被害実態は，配偶者暴力相談支援センター（女性〈婦人〉相談所等）の相談件数をみると2010（平成22）年度77,334件で，そのうち夫等からの暴力の相談件数および相談全体に占める割合（来所相談27,453件）は，84.1％であった。一時保護等の対象となった数は，2011（平成23）年度でDVケース以外を含めて3,848人（女性本人1,785人，同伴家族2,063人）。DV被害者の実数については，統計上の数倍以上あると言われている。また若者のデートDVなどの問題もなども問題視されており，一方

的な力関係による暴力が増加傾向にある。

2）DVへの対応の課題

DV問題の難しさは，被害者が相手を告発することをためらう傾向にあるということである。好きになったという前提があり「やり直せるかもしれない」，「自分にも悪いことがあった」，「相手を告発することで報復される」，「相手を前科者にはしたくない」，「警察などが信じられない」，「第三者に説明をすることがためらわれる」，「詳細に事案を話すことでプライバシーが暴かれる」などなどの理由が存在をし，その救済や保護は難しい。シェルターに保護されても告発するケースが少ない背景がこのような事由にあるとされ，DV対応の困難さの要因となっている。

（4）ひとり親家庭の経済問題

このような要因でひとり親家庭になった結果，経済的困窮に追い込まれている現状が社会的問題とされている。2011（平成23）年度厚生労働省全国母子世帯等調査の結果によると，平均年間収入は，母子家庭291万円，父子家庭455万円であったと報告されている。この平均年間収入は，国民生活基礎調査による児童のいる世帯（100とすると）との比較では，父子家庭で69.1，母子家庭では44.2となっており，とりわけ母子世帯の収入の低さがわかる。さらに2009（平成21）年に公表をされたOECDの調査結果によると，OECD加盟30か国の中で，日本の貧困率は14.9％，ひとり親家庭の子どもの貧困率は，57.3％ととなり全体の貧困率に比較すると非常に高いことが示された。

さらに特徴的な統計結果として，働いているひとり親家庭の子どもの貧困率が，働いていないひとり親家庭の子どもの貧困率よりも高いことが報告をされている。厚生労働省ひとり親家庭支援について（2011〔平成23〕年度厚生労働省全国母子世帯等調査の結果）の就労状況でも明らかにされているように，わが国の母子家庭の就労率は約81％であり，先進国の中で高い比率（アメリカ73.8％・イギリス56.2％・フランス70.1％・OECD平均70.6％）であり，貧困率も高い結果が示されていることから，わが国ではひとり親家庭では働かなければ暮らせない

状況にあり，働いても貧困からの脱出ができていない現状が示されている。

離婚後の経済的支援となる養育費*の支払いについても，同調査によると母子家庭で養育費を受け取っているのは，約20％に過ぎず養育費の取り決めをしているのも約38％に過ぎない。受給している母子家庭児童が心身共に健やかに育成されるよう，当該児童を監護しない親の児童についての扶養義務の履行を確保するように努めなければならない。

また国および地方公共団体は，母子家庭等の児童が心身共に健やかに育成されるよう，当該児童を監護しない親の当該児童についての扶養義務の履行を確保するために広報その他適切な措置を講ずるように務めなければならない。

養育費の平均も43,482円となっており，養育費に頼れず働かねばならない現状も見えている。

＊**養育費の支払い義務規定**
○母子及び寡婦福祉法における規定
（扶養義務の履行）
第5条　母子家庭等の児童の親は，当該児童が心身ともに健やかに育成されるよう，当該児童の養育に必要な費用の負担その他当該児童についての扶養義務を履行するように努めなければならない。
2　母子家庭等の児童の親は，当該民法における規定
（離婚後の子の監護に関する事項の定め等）
第766条　父母が協議上の離婚をするときは，子の監護をすべき者，父又は母と子との面会及びその他の交流，子の監護に要する費用の分担その他の子の監護について必要な事項は，その協議で定める。この場合においては，子の利益を最も優先して考慮しなければならない。
○民法等の一部改正（平成24年4月1日施行）による規定と対策
改正法において，協議離婚で定めるべき「子の監護について必要な事項」の具体例として，①親子の面会交流，②子の監護に要する費用の分担等について条文上に明示。離婚届に取り決めの有無のチェック欄を設ける。法務省，最高裁判所と連携して，養育費の取り決めを促すためのリーフレットを作成。市町村の戸籍の窓口や児童扶養手当の窓口，裁判所などで配付などの方策が取れている。

（5）ひとり親家庭への支援

このような状況にあるひとり親家庭への支援については，就労支援を中心に経済的困窮（生活保護受給等）や保育所入所優先制度などの子育て支援までさまざまな制度がある。しかし，これらの制度をもってしても先に述べたように，

ひとり親家庭の自立や貧困からの脱出ができていない現状がある。
1）相談支援
①婦人（女性）相談所
②福祉事務所（女性〔婦人〕相談員）
③ハローワーク等
2）就業支援
①母子家庭の就労支援
②母子自立支援教育訓練給付金事業

各都道府県・市・福祉事務所設置町村において実施，母子家庭の母の主体的な能力開発の取組みを支援するもので，雇用保険の教育訓練給付の受給資格を有していない人が対象教育訓練を受講し，修了した場合，経費の20％（4,001円以上で10万円を上限）が支給。ただし受講開始日現在で雇用保険の被保険者であった期間（支給要件期間）が3年以上（初めて支給を受けようとする方については，当分の間，1年以上）あることなど一定の要件を満たす雇用保険の一般被保険者（在職者）または一般被保険者で（離職者）が厚生労働大臣の指定する教育訓練を受講し修了した場合，教育訓練施設に支払った教育訓練経費の一定割合に相当する額（上限あり）が支給されるが，本人が管轄するハローワークに申請をする必要がある。

③高等技能訓練促進費等事業

母子家庭の母が看護師や介護福祉士等の資格取得のため，2年以上養成機関で修業する場合に，修業期間中の生活費の負担軽減のために，高等技能訓練促進費が支給されると共に，入学金の負担軽減のため，入学支援修了一時金が支給対象職種，看護師，介護福祉士，保育士，理学療法士，作業療法士等。

3）経済的支援
①児童手当
②児童扶養手当

離婚や死亡などで父がいない母子家庭などを対象とし，児童を監護している母，または父母以外で児童を養育している人に支給。配偶者からの暴力（DV）

被害者は，これまで1年以上父等から養育放棄等されていることを要件としていたが，2012（平成24）年8月の政令改正により，父等が裁判所から保護命令を受けた場合には，直ちに支給対象とすることとした。

給付条件

ア．父または母が，死亡・離婚・1年以上遺棄・保護命令書等の交付・拘禁・婚姻によらない出生等でいないか重度の障害を有する。

イ．父，母または養育者が，18歳になった年度末（中度以上の障害がある場合20歳未満）までの児を養育している。

給付額（平成23年度額）

児童1人の場合　41,430～9,780円（所得による）

2人目　5,000円を加算，3人目以降　3,000円を加算

③児童育成手当

離婚や死亡などで父もしくは母がいない母子家庭または父子家庭などを対象とし，児童を扶養している人に支給

給付条件

受給者の（児童の保護者）の前年の所得が制限未満をあることが条件とする。

ア．父母が離婚した

イ．父または母が死亡または生死不明

ウ．父または母に1年以上遺棄されている

エ．父または母が法令により1年以上拘禁されている

オ．婚姻によらないで出生した

カ．父または母が重度の障害を有する（身体障害者手帳1級・2級，愛の手帳1度から3度）

キ．父または母が裁判所からのDV保護命令を受けた児童（2012〔平成24〕年8月1日から追加）

給付額（月額）13,500円（児童1人につき）

④母子福祉資金貸付

都道府県，指定都市または中核市から貸付けを受けられる資金で，母子家庭

の母の経済的自立を支援すると共に生活意欲を促進し，その扶養している児童の福祉を増進することを目的に母子家庭・寡婦(かふ)に資金を貸し出す制度。

事業開始資金，事業継続資金，修学資金，技能習得資金，修業資金，就職支度資金，医療介護資金，生活資金，住宅資金，転宅資金，就学支度資金，結婚資金（計12種類）がある。

⑤その他の支援（自治体により異なる）

ア．母子福祉応急小口資金（母子家庭）

20歳未満の児童を養育している母子家庭に，災害，病気，就職，結婚などで緊急に資金が必要な場合，無利子で10万円を限度に貸付

イ．生活福祉資金（母子家庭・父子家庭）

教育支援資金。福祉資金等社会福祉協議会で貸付

ウ．応急小口資金（母子家庭・父子家庭）

低所得世帯が病気などで緊急に資金が必要となった場合，その資金を無利子で貸付等

（6）住居支援（福祉施設等）

1）母子生活支援施設

「配偶者のない女子又はこれに準ずる事情にある女子及びその者の監護(かんご)すべき児童を入所させて，これらの者を保護するとともに，これらの者の自立の促進のためにその生活を支援することを目的とする施設」（児童福祉法第38条）で，児童（18歳未満）およびその保護者（配偶者のない女子またはこれに準ずる事情にある女子）が対象で児童が満20歳に達するまで在所させることができる。DVシェルターとしての機能なども有し，都道府県，市および福祉事務所を設置する町村で児童福祉法にもとづいて入所手続きをして入所できる。施設には，母子世帯の居室のほかに集会・学習室等が設けられ，母子支援員，保育士（保育所に準ずる設備のある場合），少年指導員兼事務員，調理員等，嘱託医は配置されている。

2）婦人（女性）相談所・婦人保護施設

婦人（女性）相談所は，DV相談をはじめさまざまな支援などを行う一方，DVシェルターなどを併せ持っていたり紹介などを行っている。婦人保護施設は，売春防止法に規定された居住型の施設で，売春をしている女性や，売春などを行うおそれのある女性を保護し，自立更生の援助を行うための施設。

用語解説

婦人保護施設

　婦人保護施設は，売春防止法第36条により設置をされているが配偶者暴力防止法により，婦人保護施設が配偶者からの暴力の被害者の保護を行うことができることが明確化，DVなどによって家庭環境の破綻やホームレスなど生活の困窮など社会生活にさまざまな困難な問題を抱えている女性も保護の対象としている。

　出産を支援する施設としては，婦人保護施設「慈愛寮」があり妊娠8か月〜産後5か月の妊産婦と乳児ための施設で，唯一出産から出産後の親子のサポートする婦人保護施設として設けられている。

3）助産施設

　助産施設は，経済的な理由により入院して出産の援助を受けることのできない妊産婦に，安全に出産のできる環境を提供する。

4）母子福祉センター

　母子家庭に対する福祉を目的とした施設である。無料または低額の料金で，生活全般にわたるさまざまな相談に応じたり生活指導や技能の習得支援，短期の職業指導，内職の斡旋，保育などを行っている。

5）ひとり親家庭休養ホーム

　20歳未満の子どものいるひとり親家庭の方は区の指定した遊園地などの日帰り施設を，無料または低額で利用。

　その他，公営住宅などへの優先入居などの自治体によって住宅確保の支援をしている。

（7）優遇制度（自治体により異なる）

　①母子家庭，父子家庭＝申告により所得税，住民税の軽減措置

②医療費助成

国民健康保険など各種健康保険に加入していて、18歳に達する年度の年度末（3月31日）までの子ども（中度以上の障害がある場合は20歳未満）を育成しているひとり親家庭等の方や、両親のいない児童を養育している家庭に、保険診療内の自己負担分を助成

この他に母子・父子家庭等福祉医療費助成制度、JR通勤定期乗車券割引制度等、さまざまな優遇制度が自治体によって行われている。

（8）子育て支援

保育所の優先入所やホームヘルパー派遣など、自治体やNPOなどによってさまざまな子育て支援が行われている。

（9）ひとり親家庭への子育て支援のあり方について

さまざまな制度がある中で、OECDの指摘を見るまでもなくわが国におけるひとり親家庭の状況は、経済の停滞にともなう雇用情勢もあり非常にきびしい。働くひとり親家庭の支援については、保育所優先入所等の措置などや経済的支援などの制度が整備をされてきているが、就学後の支援については非常に乏しいのが現状である。

就労を余儀なくされている現状が統計上に示されている。保育制度での優遇措置があるが、たとえば就学と共に保育は学童クラブに引き継がれることになる。しかし、多くの学童クラブは、保育所が保育園延長を行っているにもかかわらず18時頃に終るケースも多く、また多くの学童クラブの受入学年が小学校3年生になっていることが多い。その後については健全育成事業としての、児童館や放課後健全育成事業にわが子を委（ゆだ）ねることになるが、終了時間も18時頃が多く保育と異なり子どもの見守りかたも大きく異なり、ひとり親家庭の子育てニーズと必ずしも一致をしていない現状がある。そのためにひとり親家庭の子どもの安心と安全を護る術（すべ）が就学以後は非常に少なくなり子育て困難（不安）が増すような現状でもある。

就労をするひとり親家庭への支援が就学後も確保されるような子育て支援策がなければ，ひとり親家庭の子どもの安心としての環境の確保ができず，学習支援などのプログラムや進学支援（奨学金制度など）の拡充などの必要性が指摘できよう。貧困の連鎖を食い止めるためにも，ひとり親家庭の子どもの進路選択の多様性や実現への各種制度がなければひとり親家庭の貧困の克服には向かわないのではないだろうか。

第3節　情緒障害児

　心のハンディキャップと言われている情緒障害などの子どもたちの支援について考えていきたい。障害者の権利に関する条約（障害者権利条約）では，障害持つ子どもを次のように定義をしている（日本国政府訳）。

第七条　障害のある児童
1　締約国は，障害のある児童が他の児童と平等にすべての人権及び基本的自由を完全に享有することを確保するためのすべての必要な措置をとる。
2　障害のある児童に関するすべての措置をとるに当たっては，児童の最善の利益が主として考慮されるものとする。
3　締約国は，障害のある児童が，自己に影響を及ぼすすべての事項について自由に自己の意見を表明する権利並びにこの権利を実現するための障害及び年齢に適した支援を提供される権利を有することを確保する。この場合において，障害のある児童の意見は，他の児童と平等に，その児童の年齢及び成熟度に従って相応に考慮されるものとする。

　障害者への差別について条約の前文で「障害が，発展する概念であり，ならびに障害者と障害者に対する態度および環境による障壁との間の相互作用であって，障害者が他の者と平等に社会に完全かつ効果的に参加することを妨げるものによって生ずることを認め」と定義をしている。もちろん子どもは成長

する権利を有しており，育てられることをその権利擁護の基盤としなければならないのであるから，情調障害を有する子どもへのかかわりもこのような視点で学んでいかなくてはならない。

（1）情緒障害児とは

情緒障害児の定義については，厚生労働省情緒障害児短期治療施設運営指針では，心理的困難や苦しみを抱えて日常生活に行きづらさを感じている子どもとし，心理的治療を必要とする子どもを情緒短期治療施設の対象としている。

一方特別支援教育における情緒障害特別支援学級は，情緒障害を情緒の現れ方が偏っていたり，その現れ方が激しかったりする状態を自分の意志ではコントロールできないことが継続し，学校生活や社会生活に支障となる状態として，発達障害である自閉症などと心因性の選択性かん黙などのある子どもを対象としている。

＊文部科学省の就学基準・学校教育法施行令第22条（2002〔平成14〕年）
※2006（平成18）年4月1日の学校教育法施行規則の改正により，情緒障害と自閉症とは明確に区分された。

（2）障害規定の課題

情緒障害（Emotional Disturbance）の範囲を規定することはむずかしく，発達障害などをその範囲とすると，ADHD（注意欠陥多動性障害）や広汎性発達障害（高機能自閉症やアスペルガー症候群等）などとの境界はあやふやになる。環境による影響をうけやすい子ども期においては，児童虐待や強度のストレスなどによっての心的影響が，発達障害や情緒障害として見られやすい問題などを抱えている，などがあるからである。

このようなカテゴリー化では，不登校の子どもたちも不登校の背景にもよるがその範疇（はんちゅう）に入ることとなる。さらに心理的困難や生きづらさなどの表出は，拒食，過食，異食などの行動，不眠，夜尿や失禁，チック，爪かみなどの行為，虚言や粗暴行為，攻撃的な行為，怠学，窃盗，暴走行為などさまざまであり，情調障害によるカテゴリー化（障害と決めつけること）を安易に行うことは避け

なくてはならない。

　発達障害においては，米国精神医学会の分類と診断ガイドラインなどでも示されているが，医学的な診断を持ってカテゴライズすることが必要であり，いたずらに子どもの行動の特徴などだけで決めつけることなどは行ってはいけないことである。

　知的障害を除くと，広汎性発達障害（自閉症），高機能広汎性発達障害（アスペルガー症候群・高機能自閉症），注意欠陥多動性障害（AD/HD），学習障害（LD）なども発達障害とされており，その原因は諸説あり，遺伝子異常，染色体異常，体内環境の異常，周産期の異常，生まれた後の病気や環境など様々示されているが，かならずしも特定されているわけでもなく，先に述べたように環境による影響も大きいとも言われている。

（3）発達障害
1）注意欠陥多動性障害（ADHD）
　年齢あるいは発達に不相応な注意力の不足や衝動性，多動性を特徴とする行動などによって，不注意やキレるなどの行為などにより集団になじめない障害。
2）広汎性発達障害（自閉症）
　他人との社会的関係（コミュニケーション）が困難，言葉の発達の遅れ，興味や関心が偏り特定のものにこだわることなど特徴とする行動の障害
3）高機能広汎性発達障害（アスペルガー症候群）
　知的発達の遅れをともなわず，かつ，自閉症の特徴のうち言葉の遅れをともなわないもの。
4）学習障害（LD）
　知的発達の遅れはないが，聞く，話す，読む，書く，計算する，推論する，などの特定の能力の習得が困難となる障害。

（4）情緒障害児短期治療施設（児童心理治療施設）
　情緒障害児短期治療施設は，児童福祉法（昭和22年法律第164号）では，「（第43

条の5）情緒障害児短期治療施設は，軽度の情緒障害を有する児童を，短期間，入所させ，又は保護者の下から通わせて，その情緒障害を治し，あわせて退所した者について相談その他の援助を行うことを目的とする施設とする。」と規定をされている。

　2011（平成23）年10月厚生労働省によると全国で施設数は，37か所，1,178人の子どもたちが入所をしている。入所中の子どもたちは，被虐待児が75％を占め，広汎性発達障害の子どもが26％，軽度・中度の知的な課題を有する子どもが12.8％，児童精神科を受診している子どもが40％，薬物治療を行っている子どもが35％であると報告されている。

　この施設を児童心理治療施設と呼称を改めようとする検討がなされている。これは，情緒障害を障害と社会的に認識されやすいことから，心理的対応をすることで社会参加へのサポートをしている現状に合わせて施設機能をわかりやすく説明できるようにしようとするものである。現在の障害者自立支援法が障害者総合支援法に改正される吟味がなされている。この障害者支援の方向性は，地域社会における共生の実現を目指すことが目的化されさまざまなハンディキャップを持つ人のサポートやサービスの構築が新たに模索しようとするものである。この時勢に相応する形で，情緒的なハンディキャップを有する子どもたちへの支援もバリアフリーからインクルージョンへサポートやサービスが拡大され，共に生きるなかでの育ち合いに向かわなくてはならない。

（5）障害児保育

　保育においては，障害児を受け入れるなど統合保育がノーマラゼーションやインクルージョンなどの考え方から取り入れられてきている。全国保育協議会の調査（2011〔平成23〕年）によると，全国で障害児保育を実施しているのは，74.8％（公立保育所83.6％・私立保育所66.2％）である。

　統合保育とは，障害を持つ幼児を，障害を持たない幼児の集団の中で保育するという保育の形態を指し，さらに，治療や訓練を施して身体の生活機能が促進された段階で一般の保育園や幼稚園へ移行していく移行方式，初めから統合

保育の場に在席しながら，障害のための特別に配慮を必要とする個別的治療や訓練（作業療法，理学療法，言語療法等）を別に行うリソース方式，分離保育園と統合保育園がお互いに協力しあって，ある決まった保育時間に共通の保育日課や場所を提供しあって交流を図る交流方式などがある。

わが国は，障害児保育を特別保育事業と位置づけ，特別な支援が必要な児童2人に対し保育士1人配置（加配保育士）などを行うなどして障害児保育の促進に努めている。その結果，厚生労働省の調査によると2008（平成20）年で障害児の受入保育所数は7,260か所である。

①特別保育事業の内容（平成12年3月厚生労働省）

a）延長保育促進事業および長時間延長保育促進基盤整備事業
b）一時保育促進事業
c）乳児保育促進等事業
d）地域子育て支援センター事業
e）保育所地域活動事業
f）障害児保育対策事業
g）家庭支援推進保育事業
h）休日保育事業
i）送迎保育ステーション試行事業
j）駅前保育サービス提供施設等設置促進事業
k）家庭的保育等事業
l）認可化移行促進事業

（6）障害支援の基本的考え方

障害者基本法が，2011（平成23）年に改正をされ，目的に「全ての国民が，障害の有無にかかわらず，等しく基本的人権を享有するかけがえのない個人として尊重されるものであるとの理念にのっとり，全ての国民が，障害の有無によって分け隔てられることなく，相互に人格と個性を尊重し合いながら共生する社会を実現する」ことが示された。

また，目的に沿って「全ての障害者が，障害者でない者と等しく，基本的人権を享有する個人としてその尊厳が重んぜられ，その尊厳にふさわしい生活を保障される権利を有すること」が明記をされ，すべて障害者は，あらゆる分野の活動に参加する機会が確保され，どこでだれと生活するかについての選択の機会が確保され，地域社会において他の人びとと共生することを妨げられないことや言語（手話を含む）その他の意思疎通のための手段についての選択の機会が確保され，情報の取得または利用のための手段についての選択の機会の拡大が図られることなどが目的を達成するために図られるとされている。

　そのためには，障害者の性別，年齢，障害の状態，生活の実態に応じて施策を実施して，障害者その他の関係者の意見を聴き，その意見を尊重するよう努めることが規定をされた。また，障害を理由として，差別することその他の権利利益を侵害する行為をしてはならないことも示された。

　しかし，わが国では「障害者の権利に関する条約」に批准はしておらず，障害者差別禁止法などの具体的な制度化には及んでいない。その理由として特別支援学校（学級）などの障害児などのための制度が，障害者権利条約第24条の規定「締約国は，教育についての障害者の権利を認める。締約国は，この権利を差別なしに，かつ，機会の均等を基礎として実現するため，次のことを目的とするあらゆる段階における障害者を包容する教育制度および生涯学習を確保する」と規定をされており，具体的には，障害者が障害を理由として教育制度一般から排除されないことおよび障害のある児童が障害を理由として無償のかつ義務的な初等教育からまたは中等教育から排除されないこと。障害者が，他の者と平等に，自己の生活する地域社会において，包容され，質が高く，かつ，無償の初等教育の機会及び中等教育の機会を与えられることなども規定され，障害のある人が成人教育や生涯学習まで含めて，**インクルージョン**の理念にもとづいた教育制度によって教育を受けられる機会を与えることが規定をされている。

　さらに個人に必要とされる合理的配慮が提供され，障害のある人も教員に採用し，点字や手話の学習やそれらの利用できる機会を確保するなどの規定に，

現行制度が合致しないことなどがあるとされている。また、障害者の人権擁護をつかさどる専門機関の設置も求めており、そこに当事者参加を確保することも規定をされ、わが国における障害者への差別禁止などの人権擁護の制度が整備をされていないなどの背景もある。

＊2006年12月13日に第61回国連総会において採択された。日本政府署名は、2007年9月28日にしているが批准はしていない。2012年10月現在の批准国は125ヵ国である。

用語解説

インクルージョン（inclusion）

インクルージョンとは、包括するという意味で、障害の有無に関係なく全体に含めるという考え方。用語的には、統合保育や統合教育などと使われており、障害の有無の関係なく一緒に行われる保育や教育などを意味している。障害者も社会においても障害の有無に関係なく共に暮らすことを意味している。

（7）子ども支援と障害

わが国の障害児の教育・支援の先駆者である糸賀一雄氏は、著者『この子らを世の光に』の中で「すべての人間は生まれたときから社会的存在なのだから、それが生きつづけていくかぎり、力いっぱい生命を開花していくのである。問題は子どもたちの発達の段階をどのようにしたら豊かに充実させることが出来るかということである。教育技術が問われるのはこの一点においてである」と述べている。この子らに世の光ではなく、この子らが世の光であるとする考え方は、差別分断を行ってきた障害児への教育や社会への痛烈な批判でもあり、社会への提言でもあった。

社会的養護を必要とする障害児支援では、私財をなげうって取り組んだ宮城まり子氏の「ねむの木学園」の取り組みがある。子どもの可能性を基盤として、暮らしを支え続けることが社会の義務と責任であるとし「ねむの木村」の実践活動や「ねむの木美術館」などの運営でそのことを社会に示し続けている。

インクルージョンからユニバーサルデザインへ、社会は動き出す方向性は示された。しかし、まだその道程は見えてきていないのが、わが国の現状ではないだろうか。保育から教育における差別なきサービスの実現にどれほど力がそ

そがれ，実現を目指しているのかが問われるのはこれからである。

　ハンディキャップを持つ子どもは増え続けている。児童虐待というハンディを持つ子ども増加やハンディキャップすら許されない虐待死（無理心中等）の子ども減ることはない。不登校やいじめで傷つく子どもたちも多くのハンディキャップを抱え込むことになる。子どもにやさしいまちづくりをユニセフが提唱をしている。子どもの声や意見を社会反映させ，子どもの権利を護る仕組みのある社会にしてこそ，わが国は少子化というハンディキャップから抜け出せるのではないだろうか。

〈演習課題〉
1. 少年非行における福祉と司法の連携やサービスについて調べてみよう。
2. DV などと男女共同参画社会における女性の権利について調べてまとめみよう。
3. インクルージョンやユニバーサルデザインがハンディキャップを持つ人にどのような意味を持つのか調べてみよう。
4. それぞれの課題について自治体にどのような計画があるかなど調べてみよう。
5. 児童虐待と少年非行は表裏一体の関係にあるとも言われています。子どもが育つ権利と子どもが育つ環境の基盤である家族の問題について討議をしてみましょう。家族のあり方とそれを支える社会はどのようにあるべきか，グループ次をしてみよう。

　［サブ項目］
　子どもにとってしつけとは何か。
　しつけの結果にだれが責任を負うべきなのか。
　ハンディキャップを持つ子どもの子育てにはどのようなことが必要なのか。
　障害を認知するとはどのようなことなのか。
　家庭における女性の役割と社会における情勢の役割がどのように見られているのか。

第6章　少年非行とひとり親家庭・情緒障害児

　子どもにやさしい国とはどんな国なのか。
　あなたは，この国で子育てをすることを選びますか。そして，自信を持って子育てできますか。
　50年後には，子ども人口は現在の半分になると報告をされている。国民の貧困率も15％を超えてきている。そのような現状でわが国が未来に希望を持つとするならば，次世代を支える子どもたちが未来に夢を描いて行ける環境が必要である。それを支える基盤が若者たちである。社会福祉の大きなテーマでもある社会における幸福は，未来を夢見ることでもあり，次世代を育み，夢を託せること。そのような社会にするにはどうしたらよいか，ぜひ多くを学び考えてください。

〈参考文献〉
・児童自立支援施設
藤井常文『北海道家庭学校と留岡清男——創立者・留岡幸助を引き継いで』三学出版，2003年。
　——北海道家庭学校の設立紗の留岡幸助の業績や北海道家庭学校の取り組みなどについて，その考え方などが詳細に語られている。
谷昌恒『ひとむれ——北海道家庭学校の教育』評論社，1990年。
谷昌恒『教育の心を問いつづけて——北海道家庭学校の実践』岩波書店，1991年。
谷昌恒『教育力の原点——家庭学校と少年たち』岩波書店，1996年。
　——北海道家庭学校の校長（施設長）が，子どもたちの記録，そこにかかわる職員としての思いなどを書き綴り，家庭学校の生活やそこからの学びなどを書き記している。エッセイとして読んでも面白く，子どもの育成に関しての基本的な考え方やWithの精神（子どもと共に）の考え方が書かれているので参考になる。

・地域支援等
日本子ども家庭総合研究所編『子ども虐待——対応の手引き』有斐閣，2009年。
　——児童虐待の対応に関するガイドブックで，児童虐待対応の方法などに関して詳細に記述されている。
児童自立支援計画研究会編『子ども・家族への支援計画を立てるために』財団法人日本児童福祉協会，2005年。
　——子どもの自立支援にかかわるアセスメントの方法や基準，自立支援のあり方などが年齢区分ごとに詳細に記述されている。
森田明美編著『よくわかる女性と福祉』ミネルヴァ書房，2011年。
　——女性に関する制度も詳しくわかりやすく解説をされており，ひとり親支援についてもコンパクトにまとめられている。
杉本貴代栄・森田明美編著『シングルマザーの暮らしと福祉政策』ミネルヴァ書房，2009年。
　——日本とアメリカ・韓国・デンマークの比較調査をもとにひとり親（シングルマザー）の

支援策について制度や課題について書かれており，わが国現状などを各国と比較することで理解ができる。
厚生労働省「情調障害児短期治療施設運営指針」，2012年11月25日。
厚生労働省「特別支援学校施設整備指針」，2009年3月31日。

〈読者のための参考図書〉
『この子らを世の光に——近江学園二十年の願い』糸賀一雄『福祉の思想』NHKブックス67，日本放送出版協会，1968年。
　——糸賀一雄は，「障害者と健常者が区別なく暮らせる社会を」と訴え続けたことをこの本で述べているので，障害児支援を考える時の基本書の櫃として推奨したい。
小沢浩『愛することからはじめよう——小林提樹と島田療育園の歩み』大月書店，2011年。
　——わが国の先駆けである重度障害児療育施設島田療育園の設立とその考え方などが書かれているこれも基本書といってよいものである。
杉山登志郎『発達障害の子どもたち』講談社現代新書，講談社，2007年。
　——ADHD，アスペルガー，学習障害，自閉症など発達障害について書かれた基本書である。

　　　　　　　　　　　　　　　　　　　　　　　　　　　　　　　（井上　仁）

第7章
児童家庭福祉の専門職

　本章では，児童家庭福祉の専門職として，児童家庭福祉行政の実施機関における専門職，児童福祉施設に配置される専門職の資格とその職務，その他の児童家庭福祉に関する専門職について簡潔に説明する。

　なお，2011（平成23）年の改正で，「児童福祉施設最低基準」が，新たに「**児童福祉施設の設備及び運営に関する基準**」と名称が変更され，児童福祉施設やその専門職が改められた。

　キーワード：児童福祉司，児童指導員，家庭支援専門相談員，児童福祉施設長

―― 用語解説 ――

児童福祉施設の設備及び運営に関する基準

　児童福祉法第45条の規定にもとづき制定されていた児童福祉施設最低基準が2011（平成23）年に，「児童福祉施設の設備及び運営に関する基準」に改められ，児童福祉施設の体系化が見直され，障害児入所施設，児童発達支援センター等の新たな名称も生まれた。また，専門職種についても，児童発達支援管理責任者等の新たな役割が定められた。

第1節　児童家庭福祉行政の実施機関における専門職

　児童家庭福祉行政の実施機関における専門職としては，児童家庭福祉中枢機関としての児童相談所の児童福祉司を含む各種の専門職が，また，福祉事務所の児童家庭相談室には，社会福祉主事と家庭相談員が配置されている。

（1）児童相談所の専門職

　児童相談所は，児童福祉法にもとづき，各都道府県および指定都市に設置が義務づけられており，2004（平成16）年の児童福祉法改正により市町村が児童家庭福祉相談の第一義的な窓口として位置づけられたことにともない，相談業務はより高度な専門的対応が求められるものに重点化された。

　児童福祉法に定められている児童相談所には所長，所員として，児童福祉司，**児童心理司**，医師，児童指導員，保育士，心理療法担当職員などが配置され各種の業務を担っている（「児童相談所運営指針」による）。

用語解説

児童心理司

　児童福祉法改正（2004〔平成16〕年12月）にもとづき児童相談所運営指針が改訂され，これまでの心理判定員と呼ばれていた名称が，「児童心理司」に改称された。

1）所　長

　児童相談所長の資格は，児童福祉法において，次のいずれかに該当する者でなければならないと，定められている。

　①医師であって，精神保健に関して学識経験を有する者
　②大学において心理学を専修する学科またはこれに相当する課程を修めて卒業した者
　③社会福祉士
　④児童福祉司として2年以上勤務した者または児童福祉司たる資格を得たのち，2年以上所員として勤務した者
　⑤前の各項目に掲げる者と同等以上の能力を有すると認められる者であって，厚生労働省令で定めるもの

　なお，所長は，厚生労働大臣が定める基準に適合する研修を受けなければならないと，定められている。

2）児童福祉司

　児童福祉法第13条にもとづき都道府県および指定都市に設置されている児童

相談所に配置が定められている児童福祉司は，都道府県知事の補助機関である職員として，人口おおむね4万人から7万人に1人の配置を基準とし，担当区域制をとっている。職務は，担当区域内の子ども，保護者等から子どもの福祉に関する相談に応じること，必要な調査，社会診断を行うこと，子ども，保護者，関係者等に必要な支援・指導を行うこと，子ども，保護者等の関係調整（家族療法など）を行うことなど，である。

児童福祉司の任用資格は，児童福祉法において，次のいずれかに該当する者でなければならないと，定められている。

①厚生労働大臣の指定する児童福祉司もしくは児童福祉施設の職員を養成する学校その他の施設を卒業し，または厚生労働大臣の指定する講習会の課程を修了した者

②大学において心理学，教育学もしくは社会学を専修する学科，またはこれらに相当する課程を修めて卒業した者で，厚生労働省令で定める施設において1年以上児童その他の者の福祉に関する相談に応じ，助言，指導その他の援助を行う業務に従事したもの

③医　師

④社会福祉士

⑤社会福祉主事として，2年以上児童福祉事業に従事した者

⑥前の各項目に掲げる者と同等以上の能力を有すると認められる者で，厚生労働省令で定めるもの

3) 児童心理司

職務は，子ども，保護者等の相談に応じ，診断面接，心理検査，観察等によって子ども，保護者等に対し心理診断を行うこと，子ども，保護者，関係者等に心理療法，カウンセリング，助言指導等の指導を行うことなどである。

学校教育法にもとづく大学において，心理学を専修する学科またはこれに相当する課程を修めて卒業した者またはこれに準ずる資格を有する者と，定められている。

（2）福祉事務所の専門職

　福祉事務所（社会福祉法第14条に規定されている「福祉に関する事務所」）は，第一線の社会福祉行政機関（相談支援機関）として，生活保護法，児童福祉法，身体障害者福祉法，知的障害者福祉法，老人福祉法，母子及び寡婦福祉法のいわゆる福祉6法に定める援護，育成，または更生の措置に関する事務をつかさどり，都道府県および市（特別区を含む）は設置が義務づけられており，町村は任意で設置することができることとされ，2012（平成24）年4月現在，全国に1,249か所設置されている。

　福祉事務所における児童家庭福祉に関する相談支援機能を充実させるために，家庭児童相談室を設置することができるとされており，家庭児童相談室には，児童家庭福祉の業務に従事する社会福祉主事と児童家庭福祉に関する相談指導業務に従事する家庭相談員が置かれている。

　なお，2004（平成16）年の児童福祉法改正にともない，市町村の業務として，児童家庭福祉相談に応じることが明確に規定され，子どもの福祉に関する相談に応じ，必要な調査や指導等を行うこととなった。

1）児童家庭福祉の業務に従事する社会福祉主事

　家庭児童相談室の児童家庭福祉の業務に従事する社会福祉主事は，厚生労働省の通知（「家庭児童相談室の設置運営について」1964〔昭和39〕年4月22日，厚生事務次官通知）において，次のいずれかに該当する者でなければならないと定められている。

　①厚生労働大臣の指定する児童福祉司もしくは児童福祉施設の職員を養成する学校その他の施設を卒業し，または，厚生労働大臣の指定する講習会の課程を修了した者

　②大学において心理学，教育学もしくは社会学を専修する学科またはこれらに相当する課程を修めて卒業した者であって，厚生労働省令で定める施設において1年以上児童その他の者の福祉に関する相談に応じ，助言，指導その他の援助を行う業務に従事した者

　③医　師

④社会福祉士
⑤児童福祉事業に2年以上従事した経験を有する者

2）児童家庭福祉に関する相談指導業務に従事する家庭相談員

家庭児童相談室の家庭相談員は，厚生労働省の通知（「家庭児童相談室の設置運営について」1964〔昭和39〕年4月22日厚生事務次官通知）において，次のいずれかに該当する者でなければならないと，定められている。

①学校教育法にもとづく大学で，児童福祉，社会福祉，児童学，心理学，教育学，もしくは社会学を専修する学科またはこれらに相当する課程を修めて卒業した者
②医　師
③社会福祉士
④社会福祉主事として，2年以上児童福祉事業に従事した者
⑤前各項目に準ずる者で，家庭相談員として必要な学識経験を有する者

（3）児童家庭支援センター

1997（平成9）年の児童福祉法の改正により新たに創設され，地域の児童家庭福祉に関する各種の問題につき，児童，ひとり親家庭，その他の家庭，地域の住民その他からの相談に応じ，児童相談所等の関係機関と連携しつつ，地域に密着したきめ細かな相談支援を行う児童福祉施設として定められた。

児童家庭支援センターの業務は，①地域の子どもの福祉に関するさまざまな問題に関する相談，必要な助言，②継続的指導が必要な子どもやその家庭に対する児童相談所長の委託にもとづく指導，③訪問等の方法による要保護児童および家庭にかかわる状況把握，④児童相談所，福祉事務所，児童福祉施設，民生委員，児童委員，母子相談員，母子福祉団体，公共職業安定所，婦人相談員，保健所，市町村保健センター，学校など関係機関との連携・調整，⑤要保護児童および家庭にかかわる援助計画の作成，⑥その他子どもまたはその保護者などに対する必要な援助，となっており，職員としては，相談・支援職員，心理療法職員等が配置されている。

なお，東京都では，地域住民が身近なところで，どのようなことも気楽に相談でき，適切な援助やサービスが利用できる体制の構築を目的に，1995（平成7）年10月から独自に「子ども家庭支援センター事業」を開始し，その設置促進（区市町村）を図っており，センター職員については，子どもおよび保護者に対して心理的側面も含めて支援を行い，かつ関係機関間を調整していく重要な役割を担うため，経験（福祉事務所におけるケースワーク業務，保健所・保健センターにおける保健師業務，児童相談機関における相談業務等），資格（社会福祉士，臨床心理士等心理学専攻者，保健師，児童の処遇もしくは児童の相談業務の経験が豊富な者等）等を有する職員の配置が望ましいとしている。

（4）社会福祉士

児童相談所や福祉事務所，児童福祉施設等においてソーシャルワーク業務を担う専門職の資格要件の1つに社会福祉士が挙げられているが，福祉人材の確保と資質向上を目的にした社会福祉専門職の国家資格として1987（昭和62）年に「社会福祉士及び介護福祉士法」が制定され，その後，社会経済状況の激変により専門職としての社会福祉士に対する国民や社会の期待が高まり，その対応のために，2007（平成19）年12月に法改正が行われた。社会福祉士とは，「社会福祉士の名称を用いて，専門的知識及び技術をもって，身体上若しくは精神上の障害があること又は環境上の理由により日常生活を営むのに支障がある者の福祉に関する相談に応じ，助言，指導，福祉サービスを提供する者又は医師その他の保健医療サービスを提供する者その他の関係者との連絡及び調整その他の援助を行うことを業とする者をいう」（社会福祉士及び介護福祉士法第2条）と規定されている。

社会福祉士国家試験は，毎年1回1月下旬に行われているが，受験資格としては，以下のいずれかに該当する者でなければ受けることができないと，定められている。

①学校教育法にもとづく大学において文部科学省令・厚生労働省令で定める社会福祉に関する科目を修めて卒業した者，その他その者に準ずるものとして

厚生労働省令で定める者

　②学校教育法にもとづく大学において文部科学省令・厚生労働省令で定める社会福祉に関する基礎科目を修めて卒業した者，その他その者に準ずるものとして厚生労働省令でさだめる者であって，文部科学大臣および厚生労働大臣の指定した養成施設において6か月以上社会福祉士として必要な知識および技能を修得したもの

　③学校教育法にもとづく大学を卒業した者，その他の者に準ずるものとして厚生労働省令で定める者であって，文部科学大臣および厚生労働大臣の指定した学校または厚生労働大臣の指定した養成施設において1年以上社会福祉士として必要な知識および技能を修得したもの

　④学校教育法にもとづく短期大学において指定科目を修めて卒業した者，その他その者に準ずるものとして厚生労働省令で定める者であって，厚生労働省令で定める施設において1年以上相談援助の業務に従事したもの

　⑤学校教育法にもとづく短期大学において基礎科目を修めて卒業した者，その他その者に準ずるものとして厚生労働省令で定める者であって，指定施設において1年以上相談援助の業務に従事した後，社会福祉士短期養成施設等において6か月以上社会福祉士として必要な知識および技能を修得したもの

　⑥学校教育法にもとづく短期大学を卒業した者，その他その者に準ずるものとして厚生労働省令で定める者であって，指定施設において1年以上相談援助の業務に従事した後，社会福祉士一般養成施設等において，1年以上社会福祉士として必要な知識および技術を修得したもの

　⑦学校教育法にもとづく短期大学において指定科目を修めて卒業した者，その他その者に準ずるものとして厚生労働省令で定める者であって，指定施設において2年以上相談援助の業務に従事したもの

　⑧学校教育法にもとづく短期大学において基礎科目を修めて卒業した者，その他その者に準ずるものとして厚生労働省令で定める者であって，指定施設において2年以上相談援助の業務に従事した後，社会福祉士短期養成施設等において，6か月以上社会福祉士として必要な知識および技術を修得したもの

⑨社会福祉法に規定する養成機関の課程を修了した者であって，指定施設において2年以上相談援助の業務に従事した後，社会福祉士短期養成施設等において6か月以上社会福祉士として必要な知識および技術を修得したもの

⑩学校教育法にもとづく短期大学または高等専門学校を卒業した者，その他その者に準ずるものとして厚生労働省令で定める者であって，指定施設において2年以上相談援助の業務に従事した後，社会福祉士一般養成施設等において，1年以上社会福祉士として必要な知識および技術を修得したもの

⑪指定施設において4年以上相談援助の業務に従事した後，社会福祉士一般養成施設等において，1年以上社会福祉士として必要な知識および技術を修得した者

⑫児童福祉法に定める児童福祉司，身体障害者福祉法に定める身体障害者福祉司，社会福祉法に定める福祉に関する事務所に置かれる所員，知的障害者福祉法に定める知的障害者福祉司ならびに老人福祉法に規定する社会福祉主事であった期間が4年以上となった後，社会福祉士短期養成施設等において6か月以上社会福祉士として必要な知識および技術を修得した者

用語解説

社会福祉士国家試験

社会福祉士国家試験受験資格取得には，12の方法（福祉系大学等で指定科目を履修すること等）がある。第24回の試験が2012（平成24）年1月に24都道府県で実施され，全国で42,882人が受験し，11,282人が合格した（合格率26.3％）。

第2節　児童福祉施設に配置される専門職

(1) 児童福祉施設配置職員の状況

児童福祉施設に配置されている専門職は，所属する組織，職種にかかわらず，児童の健全な発達と自立への支援，家庭養育等へ支援する役割を担っており，それぞれの職種は，児童福祉法，児童福祉施設の設備および運営に関する基準，児童福祉法にもとづく指定障害児施設等の人員，設備および運営に関する基準

等で，その職務と資格要件が定められている。以下，児童福祉施設に配置されている専門職を列挙してみる。

【助産施設】
　第一種助産施設　専任職員配置は規定されていない
　第二種助産施設　医療法に規定する職員のほか，1人以上の専任または嘱託の助産師
【乳児院】
　小児科の診療に相当の経験を有する医師または嘱託医，看護師，個別対応職員（入所乳幼児20人以上），保育士，児童指導員，栄養士，調理員（調理業務の全部を委託する施設は不必要），家庭支援専門相談員，心理療法担当職員（心理療法を行う必要があると認められる乳幼児またはその保護者10人以上）
【母子生活支援施設】
　母子支援員，嘱託医，少年を指導する職員，調理員（調理業務の全部を委託する施設は不必要），心理療法担当職員（心理療法を行う必要があると認められる母子10人以上），個別対応職員（個別に特別な支援を行う必要があると認められる母子に特別な支援を行う場合）
【保育所】
　保育士，嘱託医，調理員（調理業務の全部を委託する施設は不必要）
【児童厚生施設（児童遊園，児童館）】
　児童の遊びを指導する者
【児童養護施設】
　児童指導員，嘱託医，保育士，個別対応職員，家庭支援専門相談員，栄養士（入所児41人以上），調理員（調理業務の全部を委託する施設は不必要），看護師（乳児が入所している施設），職業指導員（職業指導を行う場合），心理療法担当職員（心理療法を行う必要があると認められる児童10人以上）
【福祉型障害児入所施設】
　〈主として知的障害のある児童を入所させる福祉型障害児入所施設〉

嘱託医（精神科または小児科の診療に相当の経験を有する者），児童指導員，保育士，栄養士（入所児41人以上），調理員（調理業務の全部を委託する施設は不必要），児童発達支援管理責任者（障害児通所支援または障害児入所支援の提供の管理を行う者として厚生労働大臣が定めるもの），職業指導員（職業指導を行う場合），心理療法担当職員（心理療法を行う必要があると認められる児童5人以上）

〈主として自閉症児を入所させる福祉型障害児入所施設〉

医師（児童を対象とする精神科の診療に相当の経験を有する者），看護師，児童指導員，嘱託医（精神科または小児科の診療に相当の経験を有する者），保育士，栄養士（入所児41人以上），調理員（調理業務をの全部を委託する施設は不必要），児童発達支援管理責任者（障害児通所支援または障害児入所支援の提供の管理を行う者として厚生労働大臣が定めるもの），職業指導員（職業指導を行う場合），心理療法担当職員（心理療法を行う必要があると認められる児童5人以上）

〈主として盲ろうあ児を入所させる福祉型障害児入所施設〉

児童指導員，保育士，嘱託医（眼科または耳鼻咽喉科の診療に相当の経験を有する者），栄養士（入所児41人以上），調理員（調理業務をの全部を委託する施設は不必要），児童発達支援管理責任者（障害児通所支援または障害児入所支援の提供の管理を行う者として厚生労働大臣が定めるもの），心理指導担当職員（心理指導を行う必要があると認められる児童5人以上），職業指導員（職業指導を行う場合）

〈主として肢体不自由のある児童を入所させる福祉型障害児入所施設〉

児童指導員，保育士，看護師，嘱託医（精神科または小児科の診療に相当の経験を有する者），栄養士（入所児41人以上），調理員（調理業務の全部を委託する施設は不必要），児童発達支援管理責任者（障害児通所支援または障害児入所支援の提供の管理を行う者として厚生労働大臣が定めるもの），職業指導員（職業指導を行う場合），心理療法担当職員（心理療法を行う必要があると認められる児童5人以上）

【医療型障害児入所施設】

〈主として自閉症児を入所させる医療型障害児入所施設〉

医療法に規定する病院として必要な職員，児童指導員，保育士，児童発達支援管理責任者（障害児通所支援または障害児入所支援の提供の管理を行う者として厚

生労働大臣が定めるもの）

〈主として肢体不自由のある児童を入所させる医療型障害児入所施設〉

医療法に規定する病院として必要な職員，児童指導員，保育士，児童発達支援管理責任者（障害児通所支援または障害児入所支援の提供の管理を行う者として厚生労働大臣が定めるもの），理学療法士または作業療法士（施設の長および医師は，肢体の機能の不自由な者の療育に関して相当の経験を有する医師）

〈主として重症心身障害児を入所させる医療型障害児入所施設〉

医療法に規定する病院として必要な職員，児童指導員，保育士，児童発達支援管理責任者（障害児通所支援または障害児入所支援の提供の管理を行う者として厚生労働大臣が定めるもの），理学療法士または作業療法士，心理療法を担当する職員（施設の長および医師は，内科，精神科，小児科，外科，整形外科，リハビリテーション科等の診療に相当の経験を有する医師）

【福祉型児童発達支援センター】

嘱託医，児童指導員，保育士，栄養士（入所児41人以上），調理員（調理業務をの全部を委託する施設は不必要），児童発達支援管理責任者（障害児通所支援または障害児入所支援の提供の管理を行う者として厚生労働大臣が定めるもの），機能訓練担当職員（日常生活を営むのに必要な機能訓練を行う場合）

〈主として知的障害のある児童を通わせる福祉型児童発達支援センター〉

嘱託医（精神科または小児科の診療に相当の経験を有する者），児童指導員，保育士，栄養士（入所児41人以上），調理員（調理業務をの全部を委託する施設は不必要），児童発達支援管理責任者（障害児通所支援または障害児入所支援の提供の管理を行う者として厚生労働大臣が定めるもの），機能訓練担当職員（日常生活を営むのに必要な機能訓練を行う場合）

〈主として難聴児を通わせる福祉型児童発達支援センター〉

嘱託医（眼科または耳鼻咽喉科の診療に相当の経験を有する者），児童指導員，保育士，栄養士（入所児41人以上），調理員（調理業務をの全部を委託する施設は不必要），児童発達支援管理責任者（障害児通所支援または障害児入所支援の提供の管理を行う者として厚生労働大臣が定めるもの），機能訓練担当職員（日常生活を営むの

に必要な機能訓練を行う場合），言語聴覚士

〈主として重症心身障害児を通わせる福祉型児童発達支援センター〉

嘱託医（内科，精神科，小児科，外科，整形外科，リハビリテーション科等の診療に相当の経験を有する者），児童指導員，保育士，栄養士（入所児41人以上），調理員（調理業務をの全部を委託する施設は不必要），児童発達支援管理責任者（障害児通所支援または障害児入所支援の提供の管理を行う者として厚生労働大臣が定めるもの），機能訓練担当職員（日常生活を営むのに必要な機能訓練を行う場合），看護師

【医療型児童発達支援センター】

医療法に規定する診療所として必要な職員，児童指導員，保育士，看護師，理学療法士または作業療法士，児童発達支援管理責任者（障害児通所支援または障害児入所支援の提供の管理を行う者として厚生労働大臣が定めるもの）

【情緒障害児短期治療施設】

医師（精神科または小児科の診療に相当の経験を有する者），心理療法担当職員，児童指導員，保育士，看護師，個別対応職員，家庭支援専門相談員，栄養士，調理員（調理業務の全部を委託する施設は不必要）

【児童自立支援施設】

児童自立支援専門員，児童生活支援員，嘱託医，精神科の診療に相当の経験を有する医師または嘱託医，個別対応職員，家庭支援専門相談員，栄養士（入所児41人以上），調理員（調理業務の全部を委託する施設は不必要），職業指導員（職業指導を行う場合），心理療法担当職員（心理療法を行う必要があると認められる児童10人以上）

【児童家庭支援センター】

相談・支援を担当する職員，心理療法等を担当する職員，等

（2）児童福祉施設職員の資格と職務

児童福祉法第7条において，児童福祉施設とは，助産施設，乳児院，母子生活支援施設，保育所，児童厚生施設，児童養護施設，障害児入所施設，児童発達支援センター，情緒障害児短期治療施設，児童自立支援施設および児童家庭

支援センターと規定されており，中核的役割を担う専門職員の職務と資格は，以下の通りである。

1) 児童指導員

児童指導員は，各種の児童福祉施設に配置されており，その主な業務は，児童の自主性を尊重し，基本的生活習慣を確立すると共に豊かな人間性や社会性を養い，児童の自立を支援することと共に，児童の家庭の状況に応じて，その家庭環境を調整することのみならず，自立支援計画の作成，施設内部の連絡調整，関係機関・施設との連絡調整，保護者支援などといった多様な業務を担っており，保育士等と連携を密に取りながら，こうした職務を遂行している。

児童指導員は，児童福祉施設の設備及び運営に関する基準において，次のいずれかに該当する者でなければならないと，定められている。

①地方厚生局長等の指定する児童福祉施設の職員を養成する学校その他の養成施設を卒業した者

②社会福祉士の資格を有する者

③精神保健福祉士の資格を有する者

④学校教育法の規定による大学の学部で，社会福祉学，心理学，教育学もしくは社会学を専修する学科またはこれらに相当する課程を修めて卒業した者

⑤学校教育法の規定による大学の学部で，社会福祉学，心理学，教育学もしくは社会学に関する科目の単位を優秀な成績で修得したことにより，大学院への入学を認められた者

⑥学校教育法の規定による大学院において，社会福祉学，心理学，教育学もしくは社会学を専攻する研究科またはこれらに相当する課程を修めて卒業した者

⑦外国の大学において，社会福祉学，心理学，教育学もしくは社会学を専修する学科またはこれらに相当する課程を修めて卒業した者

⑧学校教育法の規定による高等学校もしくは中等教育学校を卒業した者，大学への入学を認められた者もしくは通常の課程による12年の学校教育を修了した者（通常の課程以外の課程によりこれに相当する学校教育を修了した者を含む）ま

たは文部科学大臣がこれと同等以上の資格を有すると認定した者であって，2年以上児童福祉事業に従事したもの

⑨学校教育法の規定により，小学校，中学校，高等学校または中等教育学校の教諭となる資格を有する者であって，厚生労働大臣または都道府県知事が適当と認めたもの

⑩3年以上児童福祉事業に従事した者であって，厚生労働大臣または都道府県知事が適当と認めたもの

2）保育士

保育士は，1948（昭和23）年の児童福祉法施行令で規定された資格であり，当初の資格名称は「保母」であり，女性に限られていたが，1977（昭和52）年男性の保育者が認められ「保父」と呼ばれていたが，1999（平成11）年，保育士に名称変更が行われた。2001（平成13）年11月に児童福祉法の一部が改正され，2003（平成15）年11月より保育士資格は法定化（国家資格化）された。この改正にともない，信用失墜行為の禁止，秘密保持の原則，名称独占などの規定が設けられた。

保育士とは，「児童福祉法第18条の18第1項の登録を受け，保育士の名称を用いて，専門的知識及び技術をもって，児童の保育及び児童の保護者に対する保育に関する指導を行う者」（児童福祉法第18条の4）と規定されており，児童指導員と同様に，各種の児童福祉施設に配置されており，その主な業務は，児童の保育や養育等を担う中核的職員であり，近年，保護者を含めた家庭支援も重要な職務となっている。

保育士の資格は，児童福祉法において次のいずれかに該当する者でなければならないと，定められている。

①厚生労働大臣の指定する保育士を養成する学校その他の施設を卒業した者
②保育士試験に合格した者

3）母子支援員

母子生活支援施設に配置されている母子支援員は，個々の母子の家庭生活および稼働の状況に応じ，就労，家庭生活および児童の養育に関する相談，助言，

指導ならびに関係機関との連携調整等を行うことをその業務としており，資格要件については，児童福祉施設の設備および運営に関する基準において，次のいずれかに該当する者でなければならないと，定められている。

①地方厚生局長等の指定する児童福祉施設の職員を養成する学校その他の養成施設を卒業した者

②保育士の資格を有する者

③社会福祉士の資格を有する者

④精神保健福祉士の資格を有する者

⑤学校教育法の規定による高等学校もしくは中等教育学校を卒業した者，大学への入学を認められた者もしくは通常の課程による12年の学校教育を修了した者（通常の課程以外の課程によりこれに相当する学校教育を修了した者を含む）または文部科学大臣がこれと同等以上の資格を有すると認定した者であって，2年以上児童福祉事業に従事したもの

4）家庭支援専門相談員

入所した子どもの保護者への支援を行い，早期の家庭復帰と里親への支援を行う体制を強化する目的で，1999年（平成11）年度から，乳児院に，家庭支援専門相談員が配置されるようになり，その後，「乳児院等における早期家庭復帰等の支援体制の強化について」（厚生労働省雇用均等・児童家庭局長通知，2004〔平成16〕年）により，児童養護施設，情緒障害児短期治療施設，児童自立支援施設にも常勤職員として配置が定められた専門職員である。家庭支援専門相談員の主たる業務は，入所した子どもの保護者に対して，早期の家庭復帰を目指すための相談・養育指導，里親の開拓と相談・養育指導，地域の子育て支援，児童相談所など関係機関との連絡・調整などである。

家庭支援専門相談員の資格要件は，児童福祉施設の設備及び運営に関する基準において，次のいずれかに該当する者でなければならないと，定められている。

①社会福祉士もしくは精神保健福祉士の資格を有する者

②当該施設において養育または指導の業務に5年以上従事した者

③厚生労働大臣の指定する児童福祉司もしくは児童福祉施設の職員を養成する学校その他の施設を卒業し，または厚生労働大臣の指定する講習会の課程を修了した者
　④学校教育法にもとづく大学において，心理学，教育学もしくは社会学を専修する学科またはこれらに相当する課程を修めて卒業した者であって，厚生労働省令で定める施設において1年以上児童その他の者の福祉に関する相談に応じ，助言，指導その他の援助を行う業務に従事した者
　⑤医　師
　⑥社会福祉主事として，2年以上児童福祉事業に従事した者
　⑦前各号に掲げる者と同等以上の能力を有すると認められる者であって，厚生労働省令で定める者

5）心理療法担当職員および心理療法指導担当職員

　乳児院，母子生活支援施設，児童養護施設，児童自立支援施設等に配置されている心理療法（指導）等を行う専門職員であり，児童福祉施設の設備および運営に関する基準において，学校教育法の規定による大学の学部で，心理学を専修する学科もしくはこれに相当する課程を修めて卒業した者であって，個人および集団心理療法の技術を有するもの，またはこれと同等以上の能力を有すると認められる者とすると，定められている。

6）児童自立支援専門員

　不良行為をなし，またはなすおそれのある児童や家庭環境その他の環境上の理由により生活指導等を必要とする児童を入所または通所させて，個々の児童の状況に応じて必要な指導を行い，その自立を支援し，あわせて退所した者について相談その他の援助を行うことを目的とする児童自立支援施設において児童の自立支援等を行う中核的専門職員であり，児童自立支援専門員の資格要件については，児童福祉施設の設備及び運営に関する基準において，次のいずれかに該当する者でなければならないと，定められている。
　①医師であって，精神保健に関して学識経験を有する者
　②社会福祉士の資格を有する者

③地方厚生局長等の指定する児童自立支援専門員を養成する学校その他の養成施設を卒業した者

④学校教育法の規定による大学の学部で，社会福祉学，心理学，教育学もしくは社会学を専修する学科もしくはこれらに相当する課程を修めて卒業した者，または同法の規定による大学の学部で，社会福祉学，心理学，教育学もしくは社会学に関する科目の単位を優秀な成績で修得したことにより，大学院への入学を認められた者であって，1年以上児童自立支援事業に従事したもの，または以下に掲げるイからハまでに掲げる期間の合計が2年以上であるもの

　イ．児童福祉司となる資格を有する者にあっては，児童福祉事業に従事した期間

　ロ．社会福祉主事となる資格を有する者にあっては，社会福祉事業に従事した期間

　ハ．社会福祉施設の職員として勤務した期間

⑤学校教育法の規定による大学院において，社会福祉学，心理学，教育学もしくは社会学を専攻する研究科またはこれらに相当する課程を修めて卒業した者であって，1年以上児童自立支援事業に従事したものまたは，④のイからハまでに掲げる期間の合計が2年以上である者

⑥外国の大学において，社会福祉学，心理学，教育学もしくは社会学を専修する学科またはこれらに相当する課程を修めて卒業した者であって，1年以上児童自立支援事業に従事したもの，または，④のイからハまでに掲げる期間の合計が2年以上であるもの

⑦学校教育法の規定による高等学校もしくは中等教育学校を卒業した者，同法の規定により大学への入学を認められた者，もしくは通常の課程による12年の学校教育を修了した者（通常の課程以外の課程によりこれに相当する学校教育を修了した者を含む），または文部科学大臣がこれと同等以上の資格を有すると認定した者であって，3年以上児童自立支援事業に従事したものまたは，④のイからハまでに掲げる期間の合計が5年以上であるもの

⑧学校教育法の規定により，小学校，中学校，高等学校または中等教育学校

の教諭となる資格を有する者であって，1年以上児童自立支援事業に従事した者，または2年上教員としてのその職務に従事したもの

7) 児童生活支援員

児童自立支援施設において，児童自立支援専門員と同様に中核的役割を果たし，主に児童の生活支援を行う者が，児童生活支援員であり，資格要件については，児童福祉施設の設備および運営に関する基準において，次のいずれかに該当する者でなければならないと，定められている。

①保育士の資格を有する者
②社会福祉士の資格を有する者
③3年以上児童自立支援事業に従事した者

8) 児童の遊びを指導する者

児童厚生施設は，児童福祉施設の一種であって児童館，児童遊園など児童に健全な遊びの場を与え，その健康を増進し，情操を豊かにすることを目的とする施設で，児童の遊びを指導する者が置かれ，その施設の所在する地域社会との連携を密にし，母親クラブ，子ども会などの児童福祉のための地域組織活動の拠点としての機能を持っている。

児童の遊びを指導する者は，児童福祉施設の設備および運営に関する基準において，次のいずれかに該当する者でなければならないと，定められている。

①地方厚生局長等の指定する児童福祉施設の職員を養成する学校その他の養成施設を卒業した者
②保育士の資格を有する者
③社会福祉士の資格を有する者
④学校教育法の規定による高等学校もしくは中等教育学校を卒業した者，大学への入学を認められた者もしくは通常の課程による12年の学校教育を修了した者（通常の課程以外の課程によりこれに相当する学校教育を修了した者を含む），または文部科学大臣がこれと同等以上の資格を有すると認定した者であって，2年以上児童福祉事業に従事したもの
⑤学校教育法の規定により，幼稚園，小学校，中学校，高等学校または中等

教育学校の教諭となる資格を有する者
　⑥次のいずれかに該当する者であって，児童厚生施設の設置者が適当と認めたもの
　　イ．学校教育法の規定による大学において，社会福祉学，心理学，教育学，社会学，芸術学もしくは体育学を専修する学科またはこれらに相当する課程を修めて卒業した者
　　ロ．学校教育法の規定による大学において，社会福祉学，心理学，教育学，社会学，芸術学もしくは体育学を専修する学科またはこれらに相当する課程において優秀な成績で単位を修得したことにより，大学院への入学が認められた者
　　ハ．学校教育法の規定による大学院において，社会福祉学，心理学，教育学，社会学，芸術学もしくは体育学を専攻する研究科またはこれらに相当する課程を修めて卒業した者
　　ニ．外国の大学において，社会福祉学，心理学，教育学，社会学，芸術学もしくは体育学を専修する学科またはこれらに相当する課程を修めて卒業した者

（3）児童福祉施設長の資格と研修
　児童福祉施設の設備および運営に関する基準が2011（平成23）年に新たに公布され，施設長にかかわる資格要件が明確化され，また，研修が義務化されたので，以下，簡潔にまとめてみる。
　A．乳児院，母子生活支援施設，児童養護施設および情緒障害児短期治療施設の施設長の資格要件
　次の，①から④までのいずれかに該当し，かつ，厚生労働大臣が指定する者が行う研修を受けた者であって，人格が高潔で見識が高く，施設を適切に運営する能力を有するものでなければならないと，定められている。
　①精神保健または小児保健（乳児院については，小児保健）に関して学識経験を有する医師

②社会福祉士の資格を有する者

③勤務する施設と同じ種別の施設に3年以上勤務した者

④ ①から③までと同等以上の能力を有する者であると都道府県知事等が認める者であって，かつ，次のイからハまでの期間の合計が3年以上の者，または厚生労働大臣が指定する講習会を修了したもの

　イ．児童福祉司となる資格を有する者にあっては，児童福祉事業（国，都道府県または市町村の内部組織における児童福祉に関する事務を含む）に従事した期間

　ロ．社会福祉主事となる資格を有する者にあっては，社会福祉主事に従事した期間

　ハ．社会福祉施設の職員として勤務した期間（イまたはロの期間を除く）

B．乳児院，母子生活支援施設，児童養護施設，情緒障害児短期治療施設の施設長の研修

乳児院，母子生活支援施設，児童養護施設，情緒障害児短期治療施設の施設長は，2年に1回以上，厚生労働大臣が指定する者が行う研修を受けなければならないこと，ただし，やむを得ない理由があるときは，この限りではないことが，定められている。

C．児童自立支援施設の施設長の資格要件

児童自立支援施設の施設長は，次の各号のいずれかに該当する者であって，児童自立支援専門養成所が行う児童自立支援施設の運営に関し必要な知識を習得させるための研修またはこれに相当する研修を受けた者でなければならないと，児童福祉施設の設備及び運営に関する基準第81条に，定められている。

①医師であって，精神保健に関して学識経験を有する者

②社会福祉士の資格を有する者

③児童自立支援専門員の職にあった者等，児童自立支援事業に5年以上従事した者

④都道府県知事が前各号に掲げる者と同等以上の能力を有すると認める者であって，次に掲げる期間の合計が5年以上である者

イ．児童福祉司となる資格を有する者にあっては，児童福祉事業（国，都道府県，指定都市または児童相談所設置市の内部組織における児童福祉に関する事務を含む）に従事した期間
ロ．社会福祉主事となる資格を有する者にあっては，社会福祉事業に従事した期間
ハ．社会福祉施設の職員として勤務した期間（イまたはロの期間に該当する期間を除く）

なお，児童福祉施設の設備及び運営に関する基準が2011（平成23）年に公布された際に，「人格が高潔で見識が高く，施設を適切に運営する能力を有する者でなければならない」ことが，施設長の資格要件に加えられた。

（4）その他の児童福祉に関する専門職

児童家庭福祉行政の実施機関や児童福祉施設に配置されている児童福祉専門職以外にも，以下のような児童家庭福祉に関する専門職や専門職に準ずる職種があり，それぞれ一人ひとりの児童の最善の利益を守ってさまざまな面で活動を行っている。

1）児童委員・主任児童委員

児童委員は，児童福祉法にもとづき地域社会の児童福祉を増進することを目的として市町村の区域におかれている民間の奉仕者であり，民生委員を兼ねており，厚生労働大臣の委嘱により任命される。

その職務は，市町村区域内の児童や妊産婦について，①その生活と取り巻く環境の状況を適切に把握すること，②その保護，保健その他の福祉に関し，サービスを適切に利用するために必要な情報の提供その他の援助および指導を行うこと，③児童および妊産婦にかかわる社会福祉を目的とする事業を経営する者，または児童の健やかな育成に関する活動を行う者と密接に連携し，その事業または活動を支援すること，④児童福祉司または福祉事務所の社会福祉主事の行う職務に協力すること，⑤児童の健やかな育成に関する気運の醸成に努めること，⑥必要に応じて，児童および妊産婦の福祉の増進を図るための活動

を行うこと，である。

　なお，複雑多様化する児童家庭福祉問題により適切に対応するため，1994（平成6）年1月から，児童委員に関する事項を専門的に担当する主任児童委員が設置され，2001（平成13）年12月の児童福祉法の一部改正において，法律上の機関としての位置づけの明確化が図られた。

　主任児童委員は，児童の福祉に関する相談支援機関と地域担当の児童委員との連絡調整を行うとともに，区域担当の児童委員の活動に対する支援・協力を行うことを職務としている。児童委員・主任児童委員の任期は3年で，2010（平成22）年12月1日現在の定数は，両者を合わせて233,905人である。

2）里　親

　里親制度は，保護者のない児童または保護者に監護させることが不適当であると認められる児童の養育を里親に委託する制度であり，1948（昭和23）年の児童福祉法が施行されてから発足し，発足当初以降は毎年増加したが，昭和30年代後半を頂点に，それ以降は漸減の一途をたどっているが，近年，児童が委託されている里親数と委託児童数は増加傾向にあり，児童の健全な育成を図ることを目的とする有意義な制度であり，今後一層の発展が望まれている。

　里親とは，「養育里親及び厚生労働省令で定める人数以下の要保護児童を養育することを希望する者であって，養子縁組によって養親となることを希望する者その他のこれに類する者として厚生労働省令で定める者のうちから，都道府県知事が児童を委託する者として適当と認めるものをいう」と児童福祉法第6条の4に定められている。里親の種類には，養育里親，親族里親，養子縁組希望里親，養育里親に含まれる専門里親があり，養育里親とは，保護者のない児童や要保護児童を保護者に代わって養育することを希望し，かつ都道府県知事が適当と認めた者を言い，専門里親とは，とくに家庭での親密な援助を必要とする被虐待児童等に対し，家庭的な援助を提供することにより，家庭復帰を前提として問題性の改善や治療を図り，自立を支援することを目的とするもので，一定の要件を満たした上で，おおむね3か月以上の専門的な研修を受け，認定された者である。養子縁組希望里親とは，養子縁組を目的として，それま

での間，里親として，子どもを養育してもらう家庭のことを言う。

また，親族里親とは，保護者が行方不明・死亡・疾病・拘禁などの理由からその養育が期待できない時に，三親等以内の親族に対して委託を認めたものとなっている。

なお，里親としての要件等については，「里親制度の運営について（里親制度運営要綱）」等のなかで，心身共に健全であること，児童の養育ついての理解および熱意ならびに児童に対する豊かな愛情を有していること，経済的に困窮していないこと，児童の養育に関して虐待等の問題がないと認められること，児童福祉法および児童買春，児童ポルノにかかわる行為などの処罰および児童の保護等に関する法律の規定により，罰金以上の刑に処されたことがないこと等と，定められている。

3）家庭的保育者

都市部における3歳未満児の保育需要の高まりや，子どもの出生数が減少している山間・離島部などの保育所の運営が困難となっている地域における柔軟で弾力的な保育サービスの1つに家庭的保育事業（いわゆる「保育ママ」）があり，これまで自治体の一部では，保育所待機児童の受け皿確保の一環として，「家庭福祉員」，「家庭保育室」などの名称によって実施されたていたが，2008（平成20）年12月の児童福祉法の改正により，家庭的保育事業が法律上創設されると共に，保育所における保育を補完するものとして位置づけられ，2010（平成22）年度から事業が開始された。

家庭的保育事業の実施主体は市町村で，家庭的保育者（保育士または研修により市町村長が認めた者）の居宅等において少人数の乳幼児の保育を実施することで，保育サービスの供給を増やし，待機児童の解消を図ると共に，地域の実情に応じた多様な保育サービスを提供することを目的としている。

4）スクールカウンセラー

学校現場では教育相談のなかで教員による学校カウンセリングが行われていたが，文部科学省のスクールカウンセラー事業（「スクールカウンセラー活用調査研究委託事業」1995〔平成7〕年度から）が開始されてからスクールカウンセラー

という言葉が広くゆきわたり，教育現場にスクールカウンセラーが配置されることになった。スクールカウンセラーの配置の目的は，「学校を取り巻く諸環境の変化などを背景とするいじめや登校拒否など，児童生徒の問題等の実態がますます複雑化・深刻化しつつある中で，学校におけるカウンセリング等の機能の充実を図るため，高度に専門的な知識・経験を有するスクールカウンセラーの活用，効果等に関する実践的な調査研究を行う学校数を大幅に拡充する」ことである。具体的な職務内容としては，①児童生徒へのカウンセリング，②カウンセリング等に関する教職員および保護者に対する助言・援助，③児童生徒のカウンセリング等に関する情報収集・提供，④その他の児童生徒のカウンセリング等に関し，各学校で適当と思われるもの，などである。

なお，一方では，不登校やひきこもりの早期対応や学校，家庭，地域に働きかけながら問題解決を支援する**スクールソーシャルワーカー**が導入され始めている。

埼玉県所沢市では，1981（昭和56）年からスクールソーシャルワーカーの取り組みが始められ，以降，埼玉県，神奈川県，兵庫県，香川県，茨城県，千葉県，大阪府，愛知県などにおいもスクールソーシャルワーカー導入されることになったが，2008（平成20）年度に文部科学省が「スクールソーシャルワーカー活用事業」を実施することを通して，教育機関等にスクールソーシャルワーカーが導入されることが本格化されるようになった。

スクールソーシャルワーカーは，社会福祉士や精神保健福祉士などの資格のほか，教育と福祉の両面に関して，専門的な知識・技術を有すると共に，過去に教育や福祉の分野において活動経験の実績等がある者のうちから選考され，その主な職務内容は，①問題を抱える児童生徒が置かれた環境への働きかけ，②関係機関等とのネットワークの構築，連携・調整，③学校内におけるチーム

用語解説

スクールソーシャルワーカー

今日，実践力の高いソーシャルワーカーの養成が求められるようになり，日本社会福祉士養成校協会では，2009（平成21）年度よりスクールソーシャルワーク教育

課程認定事業を実施し，課程を修了しかつ社会福祉士の資格を有する人に対して，修了証を交付している。

体制の構築，支援，④保護者，教職員等に対する支援・相談・情報提供，⑤教職員への研修活動，などである。

5）人権擁護委員

人権擁護委員は，市町村（特別区を含む）の区域で人権擁護活動を行う，人権擁護委員法に基づいて法務大臣から委嘱された民間人であり，同法第2条によると，「人権擁護委員は，国民の基本的人権が侵犯されることのないように監視し，若し，これが侵犯された場合には，その救済のため，すみやかに適切な処置を採るとともに，常に自由人権思想の普及高揚に努めることをもってその使命とする」と規定されており，また，その職務については，同法第11条で，①自由人権思想に関する啓蒙および宣伝をなすこと，②民間における人権擁護運動の助長に努めること，③人権侵犯事件につき，その救済のため，調査および情報の収集をなし，法務大臣への報告，関係機関への勧告等適切な処置を講ずること，④貧困者に対し訴訟援助その他その人権擁護のため適切な救済方法を講ずること，⑤その他人権の擁護に努めること，と定められている。

なお，1994（平成6）年度から子どもの人権問題を主体的，重点的に取り扱うために，新たに「子ども人権専門委員」が設置されることになった。その職務内容は，①子どもの人権侵犯事件の調査処置および人権相談を受けること，②子どもの人権擁護に関する啓発活動（講演会，映画会等）の企画・立案をすること，③子どもの人権擁護をより効果的・効率的に推進するため，PTA・子ども会・婦人会等地域住民および学校等教育機関・家庭裁判所・児童相談所・福祉事務所・警察等子どもの人権に関係のある機関との連携を深めること，④子どもの人権またはこれにかかわる環境整備について意見を述べること，⑤以上の活動を通じ，さらには子どもに対するアンケートを実施し，子ども自身からの情報を収集する等，子どもの人権問題に関する情報の収集に努めること，などである。

6) 保護司

保護司とは，保護司法にもとづいて法務大臣より委託され，法務大臣が定めている保護区に所属して保護観察官と協力して，保護観察や犯罪予防活動等に従事している。保護司法の第1条には，「保護司は，社会奉仕の精神をもって，犯罪をした者及び非行のある少年の改善更生を助けるとともに，犯罪の予防のため世論の啓発に努め，もって地域社会の浄化をはかり，個人及び公共の福祉に寄与することを，その使命とする」と定められている。

保護司は，次の4つの条件を備えている人の中から，法務大臣によって委嘱されており，その任期は2年間だが，再任は妨げないことになっている。①人格および行動について，社会的信望を有すること，②職務の遂行に必要な熱意および時間的余裕を有すること，③生活が安定していること，④健康で活動力を有すること。

保護司の役割については，保護司法第8条の2で，地方更生保護委員会（仮出獄の許可・取消・仮退院および退院の許可などに関する事務を行っている法務省の地方支分局）または保護観察所（保護観察を実施している法務省の機関）の所長から指定を受けて事務に従事するほか，保護観察所の所長の承認を得た保護司会の計画の定めるところにしたがって，次の4つの事務に従事することが，定められている。

①犯罪を犯した者の改善および非行のある少年の改善更生を助けまたは犯罪の予防を図るための啓発および宣伝の活動

②犯罪を犯した者の改善および非行のある少年の改善更生を助けまたは犯罪の予防を図るための民間団体の活動への協力

③犯罪の予防に寄与する地方公共団体の施策への協力

④その他犯罪を犯した者の改善および非行のある少年の改善更生を助けまたは犯罪の予防を図ることに資する活動で法務省令で定める者

7) 家庭裁判所調査官

最高裁判所，高等裁判所，地方裁判所とならぶ裁判所の1つに家庭裁判所があり，家庭裁判所が取り扱う事件は，家事審判法にもとづく家事事件（夫婦関

係問題，子どもの親権問題，遺産相続問題，後見制度問題等）と少年法にもとづく少年保護事件（未成年者が起こした犯罪やぐ犯事件等）と人事訴訟事件である。

家庭裁判所調査官は，裁判所法にもとづいて各家庭裁判所および高等裁判所に配置され，家庭裁判所における家事事件の審判および家事調停に必要な調査，少年保護事件の審判に必要な調査，面接などを行っている。

近年，家事審判や少年保護事件はますます複雑化，困難化を呈する傾向にあり，家庭裁判所調査官に期待される役割も高まってきている。

家庭裁判所の少年保護事件については，少年法第8条によると，「通告又は報告により，審判に付すべき少年があると思料(しりょう)するときは，事件について調査しなければならない」とされており，その調査は，家庭裁判所調査官が中心になって行われるが，必要に応じて警察官，保護観察官，保護司，児童福祉司，児童委員などに援助させることができるようになっている。

家庭裁判所調査官になるためには，最高裁判所が実施している家庭裁判所調査官補採用Ⅰ種試験に合格して，家庭裁判所調査官補に採用され，約2年間の家庭裁判所調査官研修所で養成研修を受け，その後，家庭裁判所調査官に任命され，全国の家庭裁判所に配属されることになっている。

8）保健師

保健所は，地域保健法に規定されている公衆衛生の第一線機関で，地域住民の健康の保持・増進，疾病の予防や地域の生活環境，公衆衛生の向上と増進等において重要な役割を担っており，職員としては，医師，歯科医師，薬剤師，診療放射線技師，臨床検査技師，保健師，助産師，管理栄養士などが配置されている。また，1994（昭和59）年に地域保健法において法定化され，任意設置できるようになった市町村保健センターでは，地域住民に対する健康相談や保健指導，健康診査などの保健サービスを総合的に提供しており，中でも乳幼児に関する保健サービスとしては，乳幼児健康診査，訪問指導，予防接種，健康相談，食育相談，子育て支援，乳児家庭全戸訪問事業等を行っている。保健所や市町村保健センターで保健指導を専門的に行うのが保健師であり，2001（平成13）年に「保健師助産師看護師法」と改題され，看護婦・看護士が看護師に，

保健婦・保健士が保健師に統一された。

保健師の免許を取得するためには，保健師助産師看護師法にもとづく保健師国家試験に合格しなければならず，受験資格としては，看護師国家試験に合格した者，看護師国家試験の受験資格を有する者等であって，次のいずれかに該当するものとなっている。

①文部科学大臣の指定した学校において1年以上保健師になるのに必要な学科を修めた者

②厚生労働大臣の指定した保健師養成所を卒業した者

③外国の保健師学校を卒業し，または外国において保健師免許を得た者であって，厚生労働大臣が，①または②に掲げる者と同等以上の知識および技能を有すると認めた者

④保健師助産師看護師法および看護師等の人材確保の促進に関する法律の一部を改正する法律の施行の際，現に改正法による改正前の保健師助産師看護師法第19条第1号に該当する者，等

なお，2007（平成19）年4月以降からは新たに保健師になるためには，保健師国家試験の合格と共に，看護師国家試験にも合格しなければならず，保健師国家試験に合格しても，看護師国家試験が不合格の場合は免許が取得できなくなった。

9）栄養士

児童福祉施設の設備および運営に関する基準によると栄養士の配置が求められている児童福祉施設は，乳児院，児童養護施設，福祉型障害児入所施設，医療型障害児入所施設，福祉型児童発達支援センター，医療型児童発達支援センター，情緒障害児短期治療施設，児童自立支援施設であり，栄養士の資格には，栄養士と管理栄養士の2つがある。前者は，都道府県知事の免許を受けて，栄養士の名称を用いて栄養の指導に従事することを業とする者で，後者は，傷病者に対する療養のための必要な栄養の指導，個人の身体の状況，栄養状態等に応じた高度の専門的知識および技術を要する健康の保持増進のための栄養の指導，特定多数人に応じた継続的に食事を供給する施設における利用者の身体の

状況，栄養状態，利用の状況等に応じた特別の配慮を必要とする給食管理およびこれらの施設に対する栄養改善上必要な指導等を行うことを業とする者である。

栄養士の免許は，栄養士養成施設において2年以上栄養士として必要な知識および技能を修得した者に対して，都道府県知事が与えることになっており，管理栄養士の免許は，栄養士免許を得た後に一定期間栄養の指導に従事した者，または管理栄養士養成施設を修了して栄養士免許を得た者等が，厚生労働省の実施する管理栄養士国家試験に合格した者に対して，厚生労働大臣が与えることになっている。

10）理学療法士・作業療法士

児童福祉施設の設備および運営に関する基準によると，理学療法士または作業療法士の配置が求められている児童福祉施設は，主として肢体不自由のある児童を入所させる医療型障害児入所施設，主として重症心身障害児を入所させる医療型障害児入所施設，医療型児童発達支援センターであり，理学療法とは，「身体に障害のある者に対し，主としてその基本的動作能力の回復を図るため，治療体操その他の運動を行わせ，及び電気刺激，マッサージ，温熱その他の物理的手段を加えること」で，理学療法士は，医師の指示のもと理学療法を行う者と，また，作業療法とは「身体又は精神に障害のある者に対し，主としてその応用的動作能力又は社会的適応能力の回復を図るため，手芸，工作その他の作業を行なわせること」で，作業療法士は，医師の指示のもと作業療法を行う者と，理学療法士及び作業療法士法によって定められている。

理学療法士または作業療法士の免許を取得するためには，理学療法士及び作業療法士法にもとづく理学療法士国家試験または作業療法士国家試験に合格しなければならず，受験資格としては，次のいずれかに該当するものとなっている。

①学校教育法の規定により大学に入学することができる者で，文部科学省令・厚生労働省令で定める基準に適合するものとして，文部科学大臣が指定した学校，または厚生労働大臣が指定した理学療法士養成学校または作業療法士

養成学校において，3年以上理学療法士または作業療法士として必要な知識および技能を修得したもの（2007〔平成19〕年3月30日までに修業し，または卒業する見込みの者を含む）

②外国の理学療法または作業療法に関する学校もしくは養成施設を卒業し，または外国で理学療法士または作業療法士の免許に相当する免許を得た者で，厚生労働大臣が，①に掲げる者と同等以上の知識及び技能を有すると認めたもの

③理学療法士及び作業療法士法の施行の際（1965〔昭和40〕年8月28日），現に文部大臣または厚生大臣が指定した学校または施設において，理学療法士または作業療法士となるのに必要な知識及び技能を修業中のものであって，法施行後に当該学校または施設を卒業したもの

11）地域子育て支援を含む児童家庭福祉領域の民間団体等の支援者

高齢者福祉を含めた社会福祉領域においては，福祉サービスを提供するNPO法人等の民間団体や地域住民による主体的な活動が増加しており，それらの実践活動を推進している支援者等には，資格の有無を要件としていない場合が多く，そのことは，地域子育て支援領域においても同様で，民間団体や地域住民による支援活動がじょじょに増加しており，実践活動している支援者等は有資格者である必要はあまり問われていない。

具体的な例を挙げてみると，これまで，保育所等において育児不安について専門的な相談ができる地域子育て支援センター事業や子育て親子が気軽に集い，交流かできるつどいの広場事業により，子育て支援の拠点づくりが推進されてきたが，2007（平成19）年度からは，地域子育て支援センター事業やつどいの広場事業とともに児童館の活用も図り，新たに地域子育て支援拠点事業（ひろば型，センター型，児童館型）として再編されることになった。その事業の実施主体は，市町村であり，社会福祉法人，NPO法人，民間事業者などへの委託が可能であり，従事者に対する要件としては，センター型の従事者としては，保育士などが挙げられているが，ひろば型や児童館型においては，子育て親子の支援に関して意欲があり，子育ての知識と経験を有する専任の者等と定めら

れており，適切に事業が実施できると認められるのであれば，資格の有無は要件としていないとも定められている。

　これからは，地域子育て支援を含む児童家庭福祉領域では，専門職種がNPO法人等の地域住民による主体的活動の実践者との積極的な連携や協力を図ることや，それらの活動を支援することなどが重要な役割として求められる。

〈演習問題〉
1. 児童福祉施設が新たな体系化を図り，それにともない新たな専門職種が生まれたが，その専門職種の役割について理解を深めよう。
2. 児童家庭福祉行政実施機関や児童福祉施設のそれぞれの専門職種がどのような形で支援のネットワークを形成しているのか考えてみよう。
3. 児童福祉施設長の機能や役割を改めて考えみよう。
4. それぞれの専門職が，資質の向上のために，どのような現任研修等を受けているのかについて理解を深めよう。
5. 児童福祉施設内で各専門職種が，どのような形で連携を図っているのかについて理解を深めよう。
6. 児童家庭福祉領域における専門職と非専門職との連携協力や役割分担等ついて理解を深めよう。

〈引用・参考文献〉
厚生労働統計協会編『国民の福祉と介護の動向2012/2013』第59巻第10号，2012年。
『保育所運営ハンドブック（平成24年版）』中央法規出版，2012年。
社会福祉学習双書2012『社会福祉学習双書』編集委員会編『児童家庭福祉論』（第5巻）社会福祉法人全国社会福祉協議会，2012年。
社会福祉士養成講座編集委員会編『新・社会福祉士養成講座15　児童や家庭に対する支援と児童・家庭福祉制度』中央法規出版，2009年。
橋本真紀・山縣文治編『よくわかる家庭支援論』ミネルヴァ書房，2011年。
福祉臨床シリーズ編集委員会編／植木信一責任編集『社会福祉士シリーズ15　児童や家庭に対する支援と児童・家庭福祉制度』引文堂，2009年。
芝野松次郎・高橋重宏・松原康雄編著『MINERVA社会福祉士養成テキストブック13　児童や家庭に対する支援と子ども家庭福祉制度』ミネルヴァ書房，2009年。
山縣文治編『やわらかアカデミズム・〈わかる〉シリーズ　よくわかる子ども家庭福祉（第8

版)』ミネルヴァ書房，2012年。
大豆生田啓友・太田光洋・森上史朗編『やわらかアカデミズム〈わかる〉シリーズ　よくわかる子育て支援・家族援助論（第2版）』ミネルヴァ書房，2011年。

〈読者のための参考図書〉
　児童家庭福祉を体系的に学習するためのテキストとして，以下の図書を推薦する。推薦した図書の中には，それぞれの視点により，児童家庭福祉にかかわる専門職に関する章が設けられ，専門職種の概要が簡潔に述べられている。
1) 社会福祉学習双書2012『社会福祉学習双書』編集委員会編『児童家庭福祉論』（第5巻）社会福祉法人全国社会福祉協議会，2012年。
2) 山縣文治編『やわらかアカデミズム・〈わかる〉シリーズ　よくわかる子ども家庭福祉（第8版)』ミネルヴァ書房，2012年。
3) 大豆生田啓友・太田光洋・森上史朗編『やわらかアカデミズム〈わかる〉シリーズ　よくわる子育て支援・家族援助論（第2版）』ミネルヴァ書房　2011年。
4) 芝野松次郎・高橋重宏・松原康雄編著『MINERVA社会福祉士養成テキストブック13　児童や家庭に対する支援と子ども家庭福祉制度』ミネルヴァ書房，2009年。
5) 福祉臨床シリーズ編集委員会編　植木信一責任編集『社会福祉士シリーズ15　児童や家庭に対する支援と児童・家庭福祉制度』引文堂，2009年。

（横倉　聡）

おわりに──監修のことばにかえて

　本書『保育の今を問う児童福祉』を用いての学習はいかがでしたでしょうか。きっと児童家庭福祉に関する理解が深まったことでしょう。

　本書の各章を担当執筆した先生方は，現在，短期大学や大学で教鞭をとっています。その経験から学ぶ人により深く理解でき，使いやすい教科書（テキスト）をとの想いから得意分野の担当をしました。

　本書で学ぶ人は，将来，保育士として「乳幼児・児童の保育・養護」に携わることを夢見ていることでしょう。そんなみなさんにこそ，ぜひとも，児童家庭福祉を学び理解してほしいのです。

　なぜなら，社会状況の変化の中で，家庭・児童のあり方も変化してきています。その結果，保育士の仕事が，今まで以上にむずかしくなってきているからです。これまでなら保育士は保育所等にやってくる乳幼児童を待ち構えて保育をすれば良かったわけですが，現在では乳幼児童を理解するために，保育所の中で保育をするだけでなく，乳幼児童が生活する家庭や地域社会を理解する必要性が増してきています。

　また，現在では食育をはじめとする生活全般に問題のある家庭も少なくなく，躾の名のもとに，極端な場合には児童虐待に至るケースもめずらしくなくなってきています。そのような乳幼児童には，行動やパーソナリティに問題が見られる場合があります。

　保育士としてあなたの保育が立派に行われ，乳幼児童と親の信頼を得て，児童の正常な発達に寄与できるように，乳幼児童の生活環境を理解し，問題解決の手がかりを得る道標として，本書を活用していただきたいと思います。

　ここで，全体を通して改めて本書の特色を述べておきます。

　第1章では，児童家庭福祉の理念と発展について，特に少子化の進行が家族構造の変化に与えた影響と子どもの権利条約による「子どもの最善の利益」，親権と次世代育成支援対策の推進について解説し，続く第2章では，児童の法

体制について，特に児童福祉法と児童に対する諸手当，児童虐待防止法，DV防止法，障害者虐待防止法など，児童の家庭生活に大きな影響を与える事柄を重視しています。

　第3章では，児童家庭福祉の実施体制について，特に児童相談所，福祉事務所，保健所，市町村保健センターなどの相談機関，育成期間，保育士の実習先になっている児童福祉施設について述べ，第4章では，児童福祉施策に関して，特に少子化と子育て支援の各施策に関して，子育て支援事業の法制化，健全育成，保育士が一番多い保育所について詳述しています。

　第5章では，児童虐待防止と障害児保育について，特に近年増加の一途をたどる児童虐待に関してはかなりの頁数を割き詳述しており，保育所に入所してくる障害児の保育についても解説しています。

　第6章では，少年非行とひとり親家庭・情緒障害児について，特に現代型非行を行った非行少年の更生保護，子どもの貧困につながるひとり親家庭の状況を理解し，第7章では，児童家庭福祉の専門職として，相談機関の専門職と児童福祉施設の専門職について述べられています。

　最後に，本書の刊行が企画されてから2年が経過しました。刊行の遅れはひとえに監修者である私の責任です。刊行の企画と同時期から，私自身が病を得たことに起因しますが，監修者として，どこか1章を担当執筆する予定が困難になり，他の先生に急遽その章の執筆を依頼することなどが遅れた原因でもあり，監修者としては恥じ入るばかりです。監修者として私の名前が挙がったのは，ミネルヴァ書房編集部の戸田隆之氏の配慮と，各執筆者の先生方の好意によるところであり，感謝に堪えません。

　保育士は，「子どもの最善の利益を守る」ための資格者となるなるために，本書を活用されることで知識を豊かなものにされることでしょう。

　「子どもの良き理解者たる保育者たれ」です。

　2013年2月

監修者　馬場茂樹

索　引

あ　行

アスペルガー症候群　169
新しい少子化対策について　31
恤給規則　25
生きる権利　18
育児・介護休業法　63
育児ストレス　138
育児ノイローゼ　11
育成相談　69
池上感化院　181
池上雪枝　181
意見表明権　16, 19
石井十次　26
石井亮一　26
一時預かり保育事業　140
一時保護　69
1歳6か月児健診　172
「1.57」ショック　2
一般財源化　137
糸賀一雄　28
居場所　10
医療型児童発達支援　93, 167
医療型児童発達支援センター　214
医療型障害児施設　89
医療型障害児入所施設　212
医療事務員　85
医療費助成　192
インクルージョン（inclusion）　198, 199
ウェルビーイング（well-being）　ii, 14, 15
Well-being　1
A型児童館　121
栄養士　85, 230
駅型保育施設　134
NPO法人　232
M字カーブ　9

エンゼルプラン　5, 31, 102
延長保育　29, 140
エンパワメント　32
近江学園　28
大型児童館　121
大型児童センター　121
岡山孤児院　26
オレンジリボン運動　163

か　行

介護福祉士　85
介護保険事業　62
核家族　7
核家族化　i, 7, 9
学童疎開促進要綱　28
過疎化　6
家族の週間　114
家族の日　114
過疎地域　6
家庭裁判所　33, 147
家庭裁判所調査官　179, 228
家庭支援専門相談員　217
家庭相談　77
家庭相談室　64
家庭的保育事業（保育ママ）　i, 35, 138
家庭的保育者　225
家庭内暴力　8
過密化　6, 7
川崎市条例　21
鰥寡孤独貧窮老疾　23
感化事業　26
監護　150
寛政の改革　24
企業委託型の保育サービス　134
北川波津　26
虐待を受けた子どもの特徴　157

237

救護法　27
休日保育　141
行政通知　124
共同生活援助（グループホーム）　57
共同生活介護（ケアホーム）　57
享保の改革　24
緊急保育対策5か年事業　29
緊急保育対策等5か年事業　31
虞犯少年　176
ケイ（Key, E.）　26
経済的虐待　156
経済的な格差　101
刑罰主義　177
現業員（ケースワーカー）　76
現業職員　74
健康診査　47
健康増進　48
検察官送致　179
健全育成　10
権利条約　1
高学歴化　4
合計特殊出生率　2
後見制度問題　229
公衆衛生　61
更生保護制度　176
厚生労働省　61
厚生労働省情緒障害児短期治療施設運営指針　194
公的救済制度　23
公的責任　42
高等技能訓練促進費等事業　188
行動計画策定指針　114
高度情報社会　1
広汎性発達障害　165
公立保育所　64
高齢者医療確定法　62
高齢者世帯　8
小型児童館　119
国連児童基金（ユニセフ）　18
5歳児健診　171
個人的自立　13

子育てバリアフリー　113
国庫負担金　137
子ども子育て応援プラン　5
子ども・子育て応援プラン　30, 31, 103
子ども・子育てビジョン　ii, 5, 31, 108
子ども会　125
子ども家庭センター　68
子ども相談センター　68
子どもと家族を応援する日本　115
子どもの権利条約　18, 32
子どもの権利に関する条約　12
子どもの最善の利益　ii, 1, 19
子どもの発達保障　32
五人組制度　24
この子らを世の光に　28
コミュニケーション・スキル　171
コミュニティ　7
雇用均等・児童家庭局　61
雇用均等児童家庭局　61
孤立化　88

　　　　　　さ　行

作業療法士　231
査察指導員　76
里親　35
里親制度　35
参加する権利　19
3歳児健診　171
三世代家族　8
GHQ　40
C型児童館　122
四箇院　23
歯科衛生士　85
事業者内保育施設　134
自己実現の原則　18
仕事と子育ての両立支援等の方針　31
次世代育成支援対策推進センター　114
次世代育成支援対策推進法　30, 31, 110
次世代育成支援対策地域協議会　114
慈善救済制度　23
思想信条の自由　19

索　引

肢体不自由児施設　41	203
七分積立金制度　25	児童福祉審議会　64, 66
市町村保健センター　84	児童福祉制度　39
実施機関　41	児童福祉法　16, 28, 32
疾病の予防　79	児童福祉六法　39
児童委員　42, 86	児童扶養控除　105
児童家庭局　61	児童扶養手当法　43
児童家庭サービス　64	児童文化財　118
児童家庭支援センター　41	児童遊園　119
児童家庭相談室　86	児童養護施設　41, 90
児童家庭福祉　1	自閉症　169
児童館　65, 119	社会・援護局　61
児童館設置運営要綱　120	社会的支援　183
指導監督　63	社会的自立　13
児童虐待　11	社会的養護　35
児童虐待ケースマネージメントモデル事業　149	社会福祉基礎構造改革　29
児童虐待相談対応件数　147	社会福祉士　76, 204
児童虐待防止市町村ネットワーク事業　149	社会福祉事業法　74
児童虐待防止等に関する法律　49	社会福祉士国家試験　208
児童虐待防止法　29	社会福祉主事　42, 76, 206
児童憲章　17	社会福祉法人　232
児童健全育成施策　117	社会保障　61
児童厚生員　120	就業支援　188
児童厚生施設　41, 119	重症心身障害児施設　41
児童指導員　215	重度障害児　44
児童自立支援施設　41, 91	受動的権利　13
児童自立支援専門員　218	主任児童委員　87
児童心理司　204	守秘義務違反　159
児童生活支援員　220	障害系施設　91
児童センター　120	障害児　44
児童相談所　30, 67, 68	障害児入所支援　91
児童手当法　43	障害児保育　139, 165
児童の権利宣言　13	障害者虐待防止法　49, 57
児童買春児童ポルノ法　29	障害者差別禁止法　198
児童発達支援　92, 167	障害者自立支援法　29
児童発達支援事業　167	障害者総合支援法　57
児童福祉行政　61	障害福祉課　61
児童福祉司　42, 204	障害保健福祉部　61
児童福祉施設　39, 41	少子化　i, 1
児童福祉施設の設備及び運営に関する基準	少子化社会対策会議　110
	少子化社会対策基本法　30, 31

239

少子化社会対策大綱　　30, 31
少子化対策　　2
少子化対策推進基本方針　　31
少子化対策プラスワン　　30, 31
少子化対策プロジェクトチーム　　107
少子化の要因　　4
情緒障害児　　193
情緒障害児短期治療施設　　41, 91, 214
小児医療　　128
少年鑑別所　　179
少年救護法　　27
少年教護院　　27
少年警察活動規則　　176
少年審判　　178
少年非行　　174
少年法　　49
情報化時代　　10
情報処理　　170
食育　　129
食育基本法　　129
触法少年　　176
助産施設　　41
女性の職場進出　　4
所得税制　　105
自立　　17
自立性　　13
新エンゼルプラン　　5, 29, 31, 103
親権　　1, 33
親権者　　33
親権者の権利・義務　　33
人権侵犯事件　　227
人権擁護　　227
人権擁護委員　　227
人事訴訟事件　　229
心身障害相談　　69
親族里親　　164
新待機児童ゼロ作戦　　31, 116
身体障害者更生相談所　　64
身体的虐待　　151
審判　　179
人民相互の情誼　　25

心理的虐待　　155
心理療法担当職員および心理療法指導担当職員　　218
賑給　　24
スクールカウンセラー　　225, 226
スクールソーシャルワーカー　　226
健やか親子21　　127
生活環境衛生の向上　　79
生活福祉資金　　190
生活保護受給者　　74
生活保護世帯数　　75
成熟性　　13
整肢療護園　　27
精神保健福祉士　　77
精神保健福祉センター　　162
性的虐待　　152
政令指定都市　　64
セツルメント　　25
全件送致主義　　178
全国保育士倫理綱領　　32
戦災孤児　　28
戦災孤児等保護対策要綱　　28
専門里親　　164
惣　　24
早期発見・早期療育　　169
総合こども園　　144
総合こども園法案　　31
相互扶助　　24
ソーシャルウェルフェア（social welfare）　　14, 15
育つ権利　　19
尊厳性の原則　　18

た　行

第1次ベビーブーム　　2
第2次ベビーブーム　　2
待機児ゼロ作戦　　5
対人保健　　81
体調不良児対応型　　140
第二種社会福祉事業　　132
対物保健　　81

索　引

高木憲次　27
高瀬真卿　26
滝野川学園　26
男女共同参画　62
単親世代　8
単独世帯　8
地域子育て支援拠点事業　35, 123
地域子育て支援センター　29
地域社会の変化　6
地域組織活動　120
地域福祉　88
地域福祉教育　88
地域保健法　79
地域母子保健活動　128
地域ボランティア　120
知的障害児施設　41
知的障害児通園施設　41
知的障害者更生施設　64
地方裁量型　142
地方障害者施策推進協議会　65
注意欠陥多動性障害（ADHD）　165
中央障害者施策推進協議会　65
忠孝思想　24
調査審議内容　67
チルドレン・ファースト　ⅱ
通告義務／通告先　158
つどいの広場　183
DV（ドメスティック・バイオレンス）　156
デューイ（Dewey, J.）　26
天保の改革　25
東京家庭学校　26
東京感化院　26
登校拒否　8
当事者参加　199
徳政令　24
特定非営利活動法人　123
特別支援学校（学級）　198
特別児童扶養手当等の支給に関する法律　43
特別障害者　44
都市化　6
留岡幸助　26

な　行

ニート　6
乳児院　41, 90
乳児家庭全戸訪問事業（こんにちは赤ちゃん事業）　35, 139
乳児保育　139
乳幼児の健康の保持増進　47
認可外保育所　134
認可保育所　134
妊産婦検診　129
認証保育所　134
認定こども園　30, 133
ネグレクト　153
能動的権利　13
野口幽香　26

は　行

パートタイム労働法男女雇用機会均等法　63
配偶者　46
配偶者からの暴力の防止および被害者の保護に関する法律　49
配偶者暴力相談支援センター　162, 185
売春防止法　62
発達障害者支援法　29
母親クラブ　125, 126
晩婚・晩産化　4
犯罪少年　176
反社会的行為　177
ハンディキャップ　200
反応性愛着障害　165
B型児童館　122
非行相談　69
ひとり親家庭　184
秘密漏示罪　159
表現の自由　19
病後児対応型　140
病児・病後児保育事業　139
病児対応型　140
費用徴収基準額　137
福祉3法　40

241

福祉型児童発達支援センター　213
福祉型障害児施設　89
福祉型障害児入所施設　211
福祉サービスの普遍化　16
福祉事務所　63, 64
福祉総合センター　68
婦人（女性）相談所・婦人保護施設　190
婦人相談所　64
双葉幼稚園　26
扶養義務　46
フリーター　6
浮浪児　28
分別生　13
ベビーホテル　134
保育・救済事業　26
保育士　43
保育所　41
保育所型　142
保育所待機児童　6
保育所等訪問支援　93, 167
保育所保育指針　136
保育に欠ける児童　135
放課後児童健全育成事業　123
放課後児童健全育成事業の実施　65
放課後等デイサービス　93
放課後等デイサービス　167
方面委員　28
ホームヘルパー　85
保健師　229
保健指導　47, 127
保健所　63, 64
保健相談　69
保護観察（保護観察所）　179
保護司　228
保護受託者　64
母子及び寡婦福祉法　43
母子家庭の就労支援　188
母子健康手帳　127
母子支援員　216
母子自立支援教育訓練給付金事業　188
母子生活支援施設　41, 90

母子生活支援施設（旧母子寮）　190
母子相談　77
母子福祉応急小口資金　190
母子福祉資金　47
母子福祉資金貸付　189
母子保健　126
母子保健施設　48
母子保健法　43, 63, 126
母子保護法　28
母性の尊重　47
北海道家庭学校　26

　　　　　　　ま　行

学ぶ権利　19
守られる権利　18
未成年後見人　150
民間虐待防止団体　162
民間事業者　232
民生委員制度　86
民法　34
無告の窮民　25
無差別平等の原則　18
目指すべき社会の姿　103
盲ろうあ児施設　41
森島峰　26

　　　　　　　や　行

夜間保育　141
優遇制度　191
ユニバーサルデザイン　199
養育医療　48
養育里親　164
養護系施設　90
養護相談　69
養子縁組　35, 164
幼稚園型　142
幼稚園連携型　142
幼保一元化　133
要保護児童　30
要保護児童対策地域協議会　162

ら・わ行

ライフスタイル　7
ライフステージ　168
理学療法士　231
理学療法士及び作業療法士法　231
リスク要因　160
利用者意向調査　107
利用者の代弁　32
臨床心理士　85
老健局　61
老人福祉法　62
労働基準法　34, 63
ワークライフ・バランス憲章　9
ワークライフバランス　i

■執筆者一覧（＊は監修・編著者，執筆順）

＊馬場　茂樹（ばば　しげき）　監修者紹介参照──────おわりに──監修のことばにかえて

＊和田　光一（わだ　こういち）　編著者紹介参照──────はじめに，第1章

畠中　耕（はたけなか　こう）　近畿医療福祉大学専任講師──────第2章

＊田中　利則（たなか　としのり）　編著者紹介参照──────第3章

小野澤　昇（おのざわ　のぼる）　育英短期大学保育学科長教授──────第4章

椎名　清和（しいな　きよかず）　つくば国際大学産業社会学部社会福祉学科准教授──────第5章

井上　仁（いのうえ　じん）　日本大学文理学部社会福祉学科教授──────第6章

＊横倉　聡（よこくら　さとし）　編著者紹介参照──────第7章

《監修者紹介》

馬場茂樹（ばば・しげき）
- 1948年　生まれ。
- 　　　　東洋大学大学院社会学研究科修了（社会学修士）。
- 現　在　創価大学文学部人間学科社会福祉専修教授。
- 主　著　『初めて学ぶ現代社会福祉』（編著）学文社，『社会福祉士国家試験対策一問一答』（編著）ミネルヴァ書房，『現代社会福祉のすすめ』（編著）学文社，『現代児童家庭福祉のすすめ』（編著）学文社，『社会保障制度・介護福祉の制度と実践』（編著）建帛社，『改訂版・現代社会福祉のすすめ』（編著）学文社，『福祉サービスの組織と経営』（共著）弘文堂，『現代社会と福祉』（共著）弘文堂，『現代高齢者福祉のすすめ』（編著）学文社，など。

《編著者紹介》

和田光一（わだ・こういいち）
- 1950年　生まれ。
- 　　　　駒澤大学大学院，東京都職員，東京都補装具研究所，（財）東京都高齢者研究・福祉振興財団，つくば国際大学を経て，
- 現　在　創価大学文学部人間学科社会福祉専修教授。
- 主　著　『子どもの育成と社会』（編著）八千代出版，『生活支援のための福祉用具・住宅改修』（共著）ミネルヴァ書房，『現代社会福祉のすすめ』（編著）学文社，『現代児童家庭福祉のすすめ』（編著）学文社，『社会福祉士一問一答2012』（編著）ミネルヴァ書房，など。

横倉　聡（よこくら・さとし）
- 1951年　生まれ。
- 1978年　明治学院大学大学院社会学研究科修了（社会学修士）。
- 　　　　医療ソーシャルワーカー勤務，横浜国際福祉専門学校，横浜女子短期大学を経て，
- 現　在　東洋英和女学院大学人間科学部教授。
- 主　著　『社会保障制度・介護福祉の制度と実践』（編著）建帛社，『〔改訂版〕精神保健の基礎と実践』（共著）文化書房博文社，『初めて学ぶ現代社会福祉』（編著）学文社，など。

田中利則（たなか・としのり）
- 1953年　生まれ。
- 1977年　法政大学法学部法律学科卒業。
- 1979年　日本社会事業大学大学院博士前期課程修了（社会福祉学修士）。
- 　　　　社会福祉法人富士聖ヨハネ学園棟長，武蔵野短期大学幼児教育学科助教授を経て，
- 現　在　ソニー学園・湘北短期大学保育学科教授，社会福祉士，介護支援専門員。
- 主　著　『子育て支援』（編著）大学図書出版，『養護内容の基礎と実際』（編著）文化書房博文社，『子どもの生活を支える社会的養護』（編著）ミネルヴァ書房，『子どもの生活を支える社会的養護内容』（編著）ミネルヴァ書房，など。

保育の今を問う
児童家庭福祉

2013年4月20日　初版第1刷発行　　〈検印省略〉

定価はカバーに
表示しています

監 修 者	馬　場　茂　樹
編著者	和　田　光　一
	横　倉　　　聡
	田　中　利　則
発 行 者	杉　田　啓　三
印 刷 者	坂　本　喜　杏

発行所　株式会社　ミネルヴァ書房
607-8494　京都市山科区日ノ岡堤谷町1
電話代表　(075)581-5191
振替口座　01020-0-8076

©馬場・和田・横倉・田中, 2013　冨山房インターナショナル・新生製本

ISBN978-4-623-06615-5
Printed in Japan

ミネルヴァ書房編集部編　　　　　　　　　　　　　　四六判・1,120頁
社会福祉小六法2013［平成25年版］　　　　　　本体1,600円

福田公教・山縣文治編著　　　　　　　　　　　　　Ａ５判・176頁
児童家庭福祉［第２版］　　　　　　　　　　　　本体1,800円

小野澤　昇・田中利則編著　　　　　　　　　　　　Ａ５判・244頁
保育士のための福祉施設実習ハンドブック　　　　本体2,400円

小野澤　昇・田中利則・大塚良一編著　　　　　　　Ａ５判・280頁
子どもの生活を支える社会的養護　　　　　　　　本体2,500円

山縣文治・林　浩康編　　　　　　　　　　　　　　Ｂ５判・220頁
よくわかる社会的養護　　　　　　　　　　　　　本体2,500円

加藤孝正・小川英彦編著　　　　　　　　　　　　　Ａ５判・256頁
基礎から学ぶ社会的養護　　　　　　　　　　　　本体2,500円

小池由佳・山縣文治編著　　　　　　　　　　　　　Ａ５判・192頁
社会的養護（第２版）　　　　　　　　　　　　　本体1,800円

小野澤　昇・田中利則・大塚良一編著　　　　　　　Ａ５判・280頁
子どもの生活を支える社会的養護内容　　　　　　本体2,600円

小木曽宏・宮本秀樹・鈴木崇之編　　　　　　　　　Ｂ５判・252頁
よくわかる社会的養護内容　　　　　　　　　　　本体2,400円

──── ミネルヴァ書房 ────
http://www.minervashobo.co.jp/